DEUTSCHE COMICFORSCHUNG

Band 10 (2014)

Herausgegeben von Eckart Sackmann

comicplus+

Umschlag mit dem Ausschnitt aus einer Illustration von Ernst Heilemann: »Lieb Vaterland, magst ruhig sein!« In: *Lustige Blätter* 16/1915 (37. Kriegsnummer).

Die Illustration auf der Titelseite, »Bringing up Father« von George McManus, stammt aus »Kobold« 12/1924, der Beilage zum *Helmstedter Kreisblatt.* Es war dies eine der frühesten Übernahmen von US-Comics in Deutschland, blieb aber ein Einzelfall.

Arbeiten Sie zu deutschsprachigen Comics, und möchten Sie Kontakt zu uns aufnehmen? Dann wenden Sie sich bitte an

Dr. Eckart Sackmann
Hoher Weg 2
31134 Hildesheim
eMail sackmann@comic.de

Informationen zum Projekt »Deutsche Comicforschung« im Internet unter
www.comicforschung.de
www.patrimonium.de

PATRIMONIUM
DEUTSCHE COMICFORSCHUNG

1. Auflage 2013

Originalausgabe
Druck: Westermann Druck Zwickau

ISBN 978-3-89474-245-4

Worte auf den Weg

Wenn wir in diese Ausgabe Beiträge zu einem aktuellen Thema aufnehmen, so entspricht das eigentlich nicht unserem Prinzip, von Jubiläen und Events frei sein zu wollen. Es gibt Gründe, es dennoch zu tun. Ein Jubiläum betrifft uns selbst. Dies ist die zehnte Ausgabe von »Deutsche Comicforschung«. Wie fing alles an? Wo stehen wir jetzt? Wo könnten wir in zehn Jahren stehen? Auch die Geschichte der Comicforschung gehört zur Geschichte des Comic. Wir arbeiten hier in dem Bewusstsein, dass jeder unserer Beiträge dem Status quo entspricht und dass unsere heutigen Erkenntnisse nicht auf ewige Zeiten allgemeingültig sind. Grund genug, den Status quo des Unternehmens »Deutsche Comicforschung« offenzulegen.

Weiter: Der Beginn des 1. Weltkriegs vor 100 Jahren ist ein gewichtiges, bis heute nachwirkendes Datum. 1914 gab es in Deutschland auch rudimentäre Comics; diese Comics transportierten Kriegsbegeisterung und Hurrapatriotismus. Im Deutschland der Kaiserzeit war die Bild-Erzählung formal rückständig, anders als beispielsweise in Frankreich. Zwar waren die Sprechblasen auch dort noch nicht heimisch geworden, doch kannten die französischen »Illustrés« 1914 bereits realistisch gezeichnete Abenteuercomics, mitunter sogar in langen Fortsetzungen. Ein Blick auf die nebenstehende Seite aus *Les belles images* (einer Comiczeitschrift für Kinder) zeigt, dass das »Abenteuer Krieg« beim Kriegsgegner Frankreich sehr viel tiefgehender, anschaulicher und realitätsnäher dargestellt werden konnte als bei uns. Dabei ist auch die zwei Seiten lange Geschichte »L'épreuve« Propaganda.

Auf einen anderen Beitrag in diesem Buch blicken wir voller Stolz. Erstmals ist es gelungen, einen Ausschnitt aus dem Leben eines der wohl bedeutendsten deutschen Comicverleger, Rolf Kauka, aufzuarbeiten, und zwar Kaukas Wirken und Vita »vor Fix und Foxi«. Ausgangspunkt war natürlich das Verlagsporträt von Peter Wiechmann in der Fachzeitschrift *Die Sprechblase*; für die Details unserer Biografie wandten wir jedoch Methoden an, die selbst in »Deutsche Comicforschung« in diesem Umfang noch nicht zum Einsatz kamen.

Neben Anfragen bei Verwandten und Bekannten haben die drei beteiligten Forscher stark auf Register und Archive zurückgegriffen: die des Büros für Stadtgeschichte in Kaukas Geburtsstadt Markranstädt, auf das Militärarchiv des Bundesarchivs in Freiburg, auf die Einwohnermeldeämter in München und Prien, auf Handelsregister, Adress- und Telefonbücher. Auch wenn weiterhin Unklarheiten über Kaukas Umgang mit anderen Menschen und über manche nach Kriegsende von ihm genutzte Beziehung bestehen, so ist das Leben und Wirken des Verlegers vor 1953 nun doch sehr viel nachvollziehbarer geworden.

Auch die anderen Themen in dieser Ausgabe sind wieder uneingeschränkt empfehlenswert – man kann sie gut in einem Rutsch lesen, aber eben auch als Arbeitsgrundlage heranziehen, wenn man darauf aufbauen möchte. So soll es sein. Aut prodesse aut delectare.

Der Herausgeber

Unten Der 1. Weltkrieg in einer französischen Comiczeitschrift (*Les belles images* 565, 24. Juni 1915): Ein mit einer Belgierin verheirateter Deutscher muss beim Vormarsch durch Belgien miterleben, wie seine Frau wegen Widerstands erschossen wird.

»Winnetou I«, erschienen 1980 in der Programmzeitschrift *Gong*. Der Film stammte von 1963; im selben Jahr hatte *Bild und Funk* nach derselben Vorlage bereits einen Fotoroman traditioneller Art (ohne Sprechblasen) veröffentlicht. Obige Seite aus *Gong* 45/1980.

Inhalt

2005 bis 2014 – zehn Jahre »Deutsche Comicforschung«

Von Eckart Sackmann

Mit inzwischen zehn Ausgaben kann die Reihe »Deutsche Comicforschung« auf eine ansehnliche und wertvolle wissenschaftliche Arbeit verweisen. Wie kam es zu diesem Projekt, und was hat es in den Jahren seines Bestehens bewirkt? Wo steht die Aufarbeitung der deutschen Comicgeschichte heute?

Im Vorlauf der Expo Hannover im Jahr 2000 stand ich mit dem Wilhelm-Busch-Museum in der Planung zu einer Ausstellung, die die gesamte deutschsprachige Comicgeschichte seit dem 19. Jahrhundert abbilden sollte. Das Museum verfolgte damals gerade die Edition der Bildergeschichten Wilhelm Buschs durch Hans Ries.[1] Wenn mein Projekt letztlich am fehlenden Geld scheiterte, so auch deswegen, weil dieses Wunderwerk alle dem Museum zur wissenschaftlichen Arbeit verfügbaren Mittel verschlang.

Heute sage ich: Das war auch gut so. Es war gut so, weil ich damals vielleicht eine sehenswerte Schau zusammengestellt hätte; der comic-historische Hintergrund war zu jener Zeit aber absolut rudimentär. Der geplante Katalog von rund 300 Seiten hätte die 50 oder 60 ausgestellten Zeichner quasi lexikalisch abgehandelt, mit allen bekannten Lücken und unbekannten Fehlern – ein Coffeetable Book, wie ja inzwischen so viele die Shops der Museen verstopfen. Was mich eigentlich reizte, nämlich die in der gängigen Sekundärliteratur offensichtlichen weißen Flecken zu erforschen, wäre im Rahmen dieser »Bilderpossen« wahrscheinlich nicht möglich gewesen.

Der Wunsch blieb und nährte ein neues Projekt mit einer Buchreihe in Vordergrund und einer spezialisierten Sammlung in der Hinterhand. »Das Neueste von Onkel Jupp« sollte die Reihe heißen, nach einem zu seiner Zeit sehr fortschrittlichen Comic von Emmerich Huber. Das Konzept muss hier nicht vorgestellt werden – es ist das von »Deutsche Comicforschung«, denn unter diesem Titel ging die Reihe bald darauf in Produktion. Nur eines: Dass der Kanon derart verändert wurde, dass nun auch »Comics aus dem Mittelalter« berücksichtigt wurden, verdanke ich dem Einfluss der internationalen Forschergruppe PlatinumAgeComics[2], der ich seit dem Jahr 2000 angehöre.

Anfang 2004 waren die Vorbereitungen abgeschlossen, die ersten Beiträge vor der Fertigstellung. Über die Hälfte der Texte stammte aus meiner Hand. Der Mitarbeiterstab des ersten Bandes war klein, weshalb

BILDERPOSSEN
Deutsche Comic-Künstler seit Wilhelm Busch
Ein Ausstellungsprojekt des Wilhelm-Busch-Museums Hannover
Deutsches Museum für Karikatur und kritische Grafik
September – Oktober 2000

Links das Titelblatt meines Ausstellungs-Konzepts für das Wilhelm-Busch-Museum von 1998.

Unten: »Das Neueste von Onkel Jup« von Emmerich Huber (*Blaubandwoche* 33/1930) wäre beinahe titelgebend für die Reihe zur deutschen Comicforschung geworden – als fortschrittlicher Comic zur Zeit der Nazi-Diktatur, der man gern die Rückschrittlichkeit deutscher Comics anlastet. Wir wollten die 30er und 40er Jahre erkunden, auch um diese These zu überprüfen.

Oben und unten: Das Mittelrhein-Museum in Koblenz mit der Ausstellung »Comic – Kunst« (2004).

Andreas Platthaus später in seiner freundlichen Rezension in der *FAZ* schrieb:

> Der Disziplin wird das neue Forum hoffentlich Impulse geben, so daß der Herausgeber seltener selbst zur Feder greifen muß und weitere interessante Themen anregen und sich ums Organisatorische kümmern kann.[3]

Mit Gerd Lettkemann hatte ich um 1980 eine Bibliografie deutschsprachiger Zeitungscomics vorbereitet. Kurz vor Fertigstellung des ersten Bandes (zu Illustriertencomics) wurde ich Lektor bei Carlsen und fand keine Zeit mehr, quer durchs Land zu reisen, um in den Archiven zu blättern. Gerd Lettkemann hatte nicht nur einen guten Überblick über die Comics der Vorkriegszeit, er ist zusammen mit Michael F. Scholz auch Experte für DDR-Comics. Heiner Jahncke war und ist der größte Kenner deutscher Comics des 20. Jahrhunderts – es war mir eine Ehre, ihn zur Mitarbeit bewegen zu können. Andreas Kraegermann hatte den Superheldencomic »Famany« in der *Gartenlaube* entdeckt und als höchst interessantes Thema beigesteuert. Günter Dammann, mein ehemaliger »Doktorvater«, hatte jahrelang norddeutsche Zeitungen auf Comics hin untersucht, und René Granacher war der ausgewiesene »Lurchi«-Fachmann.

Bei den Folgebänden variierten die Mitarbeiter. Es blieben aber wenige, was darauf schließen lässt, dass es nur wenige mit Fachwissen zu dem Thema gibt, das wir beackern wollten. Die Themenfindung geschieht damals wie heute so, dass ich mich als Herausgeber auf die Vorarbeiten und auf das Forschungsinteresse des Beitragenden stütze und dann auspeile, ob dies in den historischen Kanon des jeweiligen Bandes passt. Wichtig ist das gute Zusammenspiel, die Verlässlichkeit im Ablauf und die Übereinstimmung in Fragen wissenschaftlicher Leistung. Viele Beiträge entstehen in Kooperation – ein im akademischen Betrieb, in dem jeder eifersüchig darüber wacht, dass ihm kein Gleichwertiger zu nahe kommt, immer noch ungewöhnliches Prozedere. Vielleicht war es gutes Augenmaß, vielleicht auch nur Glück, dass es in den letzten zehn Jahren im Standard unserer Beiträge qualitativ keinen »Ausrutscher« gab.

Anfang 2004 erreichte mich eine Einladung von Dietrich Grünewald. Er hatte in Eigeninitiative am Standort seiner Uni, in Koblenz, eine Ausstellung zur deutschen Comicgeschichte auf die Beine gestellt, ganz ähnlich dem, was ich in Hannover geplant hatte (wovon er aber nichts wusste). An dieser Ausstellung[4] konnte ich die Schwierigkeit abmessen, die das Thema mit sich brachte. Jeder lässt sich für Loriot oder Ralf König interessieren, aber ein Sammlung aller, die über die Jahrzehnte zur Entwicklung der deutschen Comic-Tradition beigetragen

[1] Hans Ries (Ed.): Wilhelm Busch. Die Bildergeschichten. Historisch-kritische Gesamtausgabe. 3 Bde. Hannover 2002.

[2] Im Internet unter groups.yahoo.com/group/PlatinumAgeComics

[3] Andreas Platthaus: Ist der Superheld eine deutsche Erfindung? In: *Frankfurter Allgemeine Zeitung* vom 15. Juni 2005, S. 37.

[4] Comic – Kunst. Vom Weberzyklus zum Bewegten Mann. Deutschsprachige Bildgeschichten des 20. Jahrhunderts. 12. Juni bis 1. August 2004, Mittelrhein-Museum Koblenz.

Das Treffen vom 9. Juli 2004 in Koblenz. Ganz links Dietrich Grünewald und Anneli Karrenbrock-Berger, die Kuratorin des Mittelrhein-Museums. Daneben Eckart Sackmann und Bernd Dolle-Weinkauff. Unten Heiner Jahncke und Martin Frenzel in der Ausstellung.

haben? Das ist mühsam, verlangt es vom Besucher doch die intellektuelle Vorleistung einer historischen Einschätzung. Der Koblenzer Katalog war Studenten anvertraut worden; er kam erst zum Ende der Ausstellung und war schlecht gemacht. Folgestationen, also Museen, die »Comic – Kunst« übernommen hätten, gab es keine. Für mich als Kenner der Materie war die Ausstellung einfach nur großartig, aber für den Museumsfachmann war sie ein Flop.

Viele hundert Blätter von über 130 deutschen Comiczeichnern hatte der Kurator zusammengetragen. Grünewalds Vorstellung von dem, was ein Comic ist, deckte sich weitgehend mit der meinen. Es gab in Koblenz 19. Jahrhundert zu sehen und auch Kollwitz und Meffert, Herrenberger und Press, Lavater und Hillmann – Namen, mit denen der Comic-»Fan« im allgemeinen wenig anzufangen weiß.

Dietrich Grünewald hatte zum 9. Juli 2004 nicht nur mich zu diesem Sondierungsgespräch nach Koblenz geladen, sondern gleichzeitig auch Bernd Dolle-Weinkauff (Institut für Jugendbuchforschung Frankfurt/M), Martin Frenzel (Mainz), Burkhard Ihme (ICOM-Vorsitzender, Stuttgart), Heiner Jahncke (Hamburg), Ralf Palandt (München) und Andreas Platthaus (Redakteur *FAZ*, Frankfurt/M). Er wollte uns in seine Ausstellung einführen, aber auch ein Projekt mit uns besprechen, das die Erforschung der deutschsprachigen Comics vor 1945 zum Thema hatte. Ich konnte an jenem Tag meine Buchreihe vorstellen und wurde von den Anwesenden rasch davon überzeugt, dass »Das Neueste von Onkel Jup« kein Titel war, der die »scientific community« begeistern könnte.

Weiterhin diskutierten wir über die geringe Präsenz des Themas Comic im akademischen Bereich – lediglich am Frankfurter Institut für Jugendbuchforschung fanden regelmäßig Lehre und Sammlung von Comics statt – und darüber, wie Abhilfe zu schaffen sei.

> Ganz allgemein war der Wunsch zu spüren, die verschiedenen Anstrengungen zu bündeln, einen Informationsaustausch zu gewährleisten und sich in ähnlicher Form wie aktuell jetzt in Koblenz regelmäßig zu treffen.[5]

Schon im Vorfeld des Folgetreffens war als Ziel die Gründung einer Gesellschaft für Comicforschung (später kurz ComFor genannt) vereinbart worden. Gründungsmitglieder waren am 11. Februar 2005 – wiederum in Koblenz – die Teilnehmer der ersten Treffens mit Ausnahme von Andreas Platthaus sowie zusätzlich Günter Dammann (ArGL, Universität Hamburg). Als Vorsitzenden wählte die Runde Dietrich Grünewald, zu dessen Stellvertreter Eckart Sackmann.

Über die Zielsetzung der Gesellschaft war in der Satzung neutral formuliert:

> Die Gesellschaft für Comicforschung hat sich zur Aufgabe gemacht, die Comicforschung im deutschsprachigen Raum zu fördern und zu vernetzen.[6]

Die Gründungsmitglieder hatten allerdings mehrheitlich den Wunsch, die Erforschung des Comic in Deutschland, Österreich und

Unten die Gründungsmitglieder der Gesellschaft für Comicforschung (ComFor) am 11. Februar 2005 in Koblenz: v. l. n. r. Eckart Sackmann, Dietrich Grünewald, Ralf Palandt, Heiner Jahncke, Martin Frenzel, Burkhard Ihme, Bernd Dolle-Weinkauff, Günter Dammann.

[5] Eckart Sackmann: Comic – Kunst. In: ders. (Hg.): Deutsche Comicforschung 2005. Hildesheim 2004. S. 131.

[6] Zielsetzung. Satzung der Gesellschaft für Comicforschung vom 11. Februar 2005.

Aktivitäten der ComFor: Rechts der Vorstand Dietrich Grünewald und Eckart Sackmann im Mai 2007 auf der Mitgliederversammlung in Frankfurt (April 2007). Daneben ein Podium beim Comicfestival München im Juni 2007 (v. l. n. r. Heiner Lünstedt, Eckart Sackmann, Anne Hoyer, Ralf Palandt, Helmut Kronthaler, Burkhard Ihme). Darunter links das Podium der ComFor auf dem Comic-Salon Erlangen im Juni 2008 (v. l. n. r. René Mounajed, Clemens Heydenreich, Ralf Palandt, Eckart Sackmann, Martin Frenzel, Heiner Jahncke). Rechts daneben Ralf Palandt auf der Frankfurter Buchmesse 2008. Unten Michael F. Scholz und Dietrich Grünewald auf der Tagung im November 2008.

der Schweiz voranzutreiben. Entsprechend äußerte sich der Vorsitzende 2005 in einem Interview:

[...] so haben wir die Gesellschaft für Comicforschung gegründet. Dahinter steckt der Wunsch, insbesondere die deutschsprachige Bildgeschichte aufzuarbeiten. [...] Und mein Wunsch ist es, langfristig Bausteine zu einer Geschichte der deutschen Bildgeschichte beizutragen.[7]

Auf dieser Linie lag das Projekt von Dietrich Grünewald, auf dieser Linie lag »Deutsche Comicforschung«. Mit der Aufnahme neuer Mitglieder geriet dieses Anliegen ins Abseits; die meisten Neuzugänge bevorzugten den Diskurs über den Comic als einem internationalen Phänomen. Aus falsch verstandener Liberalität wurden auch Interessierte als Mitglied aufgenommen, die kaum Erfahrung mit Comics hatten, die das Thema »irgendwie spannend« fanden, aber keine Kontinuität versprachen. Systematische Arbeit war mit solchen Leuten nicht zu betreiben, schon gar nicht zur deutschen Comicgeschichte. Ich beschloss daher im Herbst 2010, aus der ComFor auszutreten, unter anderem mit der Begründung:

Dietrichs und auch mein Wunsch war es, insbesondere die Erforschung der deutschen Comicgeschichte zu forcieren. Ich nehme an, dass dies auch anderen Gründungsmitgliedern vordringlich erschien. Wie bis heute in der Satzung zu lesen, sollte »Deutsche Comicforschung« als Berichtsorgan die Unterstützung der Gesellschaft erfahren. Diese Unterstützung war nicht mehr als ein Lippenbekenntnis; zu mehr war die ComFor auch gar nicht in der Lage. Wir waren uns darüber im klaren, dass eine Erweiterung der ComFor über die acht Gründer hinaus andere Akzente setzen könnte. So war es denn auch. Das ursprüngliche Anliegen, den deutschen Sprachraum in der Comicforschung zu bevorzugen, steht inzwischen völlig im Hintergrund. Es wird allein durch die Reihe »Deutsche Comicforschung« vertreten, die inzwischen vieles von dem aufgeschlüsselt hat, was Dietrich Grünewald in dem 2004 vorgestellten Projekt erarbeiten wollte. [...]

Ich selbst habe mit der jetzigen Ausrichtung der ComFor große Probleme. Dies ist nicht mehr die Gesellschaft, die ich 2004 im Sinn hatte. Ich sehe keinen Reiz darin, mit ein wenig Basiswissen möglichst viel Wirbel zu machen. Ein Überfliegertum funktioniert nur, solange man sich in Zirkeln von ähnlichem Niveau bewegt. Es hat auch keinen Bestand, da ihm die Grundlage fehlt. Leider ist die scientific community ein guter Nährboden für diesen Ansatz. Die ComFor wurde seinerzeit auch gegründet, um solche Art von »Comicforschung«, wie wir sie ja schon aus früheren Jahrzehnten kannten, zu ersetzen.

Mir liegt die Erforschung unserer eigenen Comic-Kultur am Herzen. Das ist es doch, was ausländische Comicforscher von uns erwarten: dass wir uns erst mal um unsere eigene Historie kümmern, bevor wir besserwisserisch über amerikanische oder französische Modethemen dozieren. Ich werde nicht, wie es jetzt unser Vorsitzender getan hat, die Aufnahme von Mitgliedern begrüßen, die in der Aufarbeitung der eigenen Comicgeschichte Nationalismus festmachen wollen. Ich hatte auch überhaupt kein Verständnis dafür, dass auf der Kölner Tagung vom letzten Jahr so gut wie niemand die Chance nutzte, die Kölner Comic-Börse zu besuchen. Dies ist für mich ein wertvoller Arbeitsplatz, an dem ich Kontakte vertiefen und Wissen aufnehmen kann – mehr als in jedem Universitätssaal. Der ComFor fehlt es deutlich an Bodenhaftung. Ich sehe meine Zielvorstellungen in dieser Gesellschaft nicht mehr abgebildet.

Von den 2004 und 2005 in Koblenz gesteckten Zielen war nur »Deutsche Comicfor-

[7] Klaus Schikowski: »Ich bin ein Fan der Sprechblase«. Interview mit Dietrich Grünewald. In: Burkhard Ihme (Hg.): COMIC! Jahrbuch 2006, Stuttgart 2005. S. 99.

[8] Ole Frahm: Unsäglich. Zum Stand der deutschen Comic-Forschung 2009. In: *Kultur & Gespenster* 9 (2009). S. 197f.

[9] Ole Frahm: Die Sprache des Comics. Hamburg 2010. Vorwort S. 7ff.

[10] ebd. Kleine Forschungskritik. S. 24.

[11] ebd. S. 21.

[12] ebd.

[13] Frahms Dissertation von 2001 (Universität Hamburg) trägt den Titel »Genealogie des Holocaust: Art Spiegelman's Maus – a survivor's tale«. Seine Magisterarbeit von 1997 steht in der Bibliothek des Fachbereichs Neuere Deutsche Literatur als »Figurale Darstellung im Comic, untersucht am Beispiel von Art Spiegelman's Maus«, in der Bibliothek der ArGL als »Lebendige Masken: Die Darstellung rassifizierter Identitäten in Art Spiegelman's Maus«.

schung« übriggeblieben. Grünewalds Projekt scheiterte letztlich an fehlenden Drittmitteln; es ist durch die in unserer Reihe in den letzten Jahren veröffentlichten Artikel auch obsolet geworden.

Mit der Aufnahme von Ole Frahm war für mich der Punkt erreicht, an dem ich die ComFor nicht mehr mittragen mochte. Frahm hatte 2009 in der ihm eigenen Gestelztheit über »Deutsche Comicforschung« geschrieben:

> Niemand muss den philologischen Wert manchen Beitrags oder Wiederabdrucks verachten, um sich vom Unternehmen selbst in seiner uninspirierten Tristesse, die sich aus der Nationalisierung des Gegenstandes wie der fehlenden Kritik an der Nation erklären könnte, deprimieren zu lassen. Diese Stimmung wird auch nicht durch Studien aufgehellt, die eine allgemeine Formbeschreibung vornehmen und dabei elegant vermeiden, sich zur politischen Ambivalenz des Mediums, seinen Stereotypen, seinen Abwertungen und Rassismen, aber auch zu seinen reflexiven Qualitäten zu verhalten.[8]

Frahm disqualifizierte sich später als Wissenschaftler, als er ernstlich versuchte, den Comic mit Nietzsche (»Comics lachen über sich selbst wie über alles Hohe«), Goethe und Kracauer zu erklären.[9] Die Geschichte des Comic impliziert für ihn »Kulturkämpfe«:

> Ihre Zeichen lassen sich nicht vom materiellen Erscheinen im historischen Kontext trennen. Comics beginnen erst zu sprechen, wenn diese Kämpfe um Deutungsmacht und Wahrheit mitgelesen werden.[10]

Wieder unterstellte er »Deutsche Comicforschung« Nationalismus:

> Wäre die von aller Materialität abgehobene semiotische Analyse die Skylla, ließe sich als Charybdis die Tendenz zu einer rein philologischen Beschreibung verstehen, wie sie hierzulande insbesondere im Jahrbuch »Deutsche Comicforschung« gepflegt wird. Abgesehen davon, dass die dort vorgenommene Beschränkung der Erforschung eines der Medien, das die internationale Vermarktung kultureller Produkte maßgeblich beschleunigt hat, auf ein nationals Feld überraschen könnte, begnügt sich ein Großteil der Beiträger mit biografischen Skizzen oder deskriptiven, tendenziell hagiografischen Darstellungen, die in ihren Kategorien einer traditionellen Ästhetik verhaftet bleiben.[11]

Grundlagenforschung, die eigentlich doch Basis jeder Literaturkritik sein sollte, lehnt Frahm ab. Philologie scheint für ihn eine überholte Kategorie zu sein:

> Wer meint, dass die Forschung zuerst eine philologische Phase durchlaufen müsse, um den Bestand des zu untersuchenden Gegenstands zu sichern, sollte bedenken, warum die Wissenschaft sich in den letzten zehn Jahren überhaupt verstärkt diesem Gegenstand zuwendet, der diese in ihrem nüchternen, systematischen und archivarischen Ansinnen doch auszulachen droht.[12]

Offensichtlich war es diesem Herrn möglich, ein Studium der Literatur abzuschließen, ohne sich groß die Werke dieser Literatur zu erschließen. Das gilt auch für seine Erfahrung mit Comics. Was qualifiziert mich zum »Comicforscher«, wenn ich nicht viel mehr als »Maus«[13] oder »Krazy Kat« im wissenschaftlichen Handgepäck habe?

Diese Art von »fröhlicher Wissenschaft« wird auch von Teilen der ComFor betrieben. Man arbeitet sich an einigen gerade populären Comics (oder besser noch, weil es dem Zeitgeist entspricht: »Graphic Novels«) ab, ohne an der Vielfalt der Ausdrucksform – gerade auch im eigenen Land – Anteil zu nehmen. Diese Art von »Comicforschung« ist Augenwischerei und dient lediglich dazu, dass sich eine Reihe Gleichgesinnter, aber eigentlich Arbeitsunwilliger ein Netzwerk

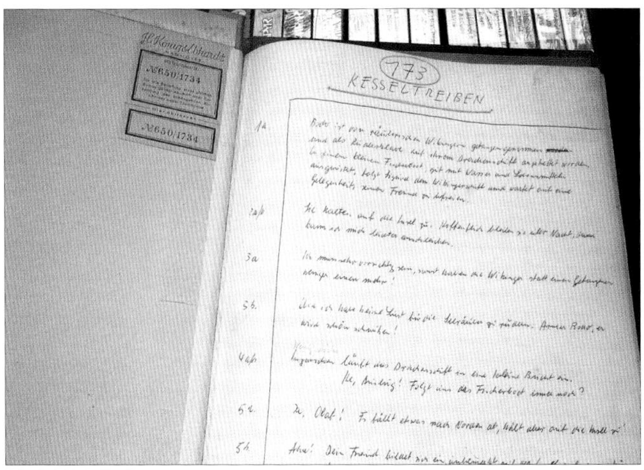

Oben und unten links: Die Kölner Comic-Messe im November 2010 – ein wichtiger Ort, um Informationen zu sammeln, von den Teilnehmern der gleichzeitig stattfindenden Tagung der ComFor verschmäht.

Unten rechts: Ein auf dieser Messe angebotenes Original-Szenario von Hansrudi Wäschers »Sigurd«. Für die Comicforschung verzichtbar?

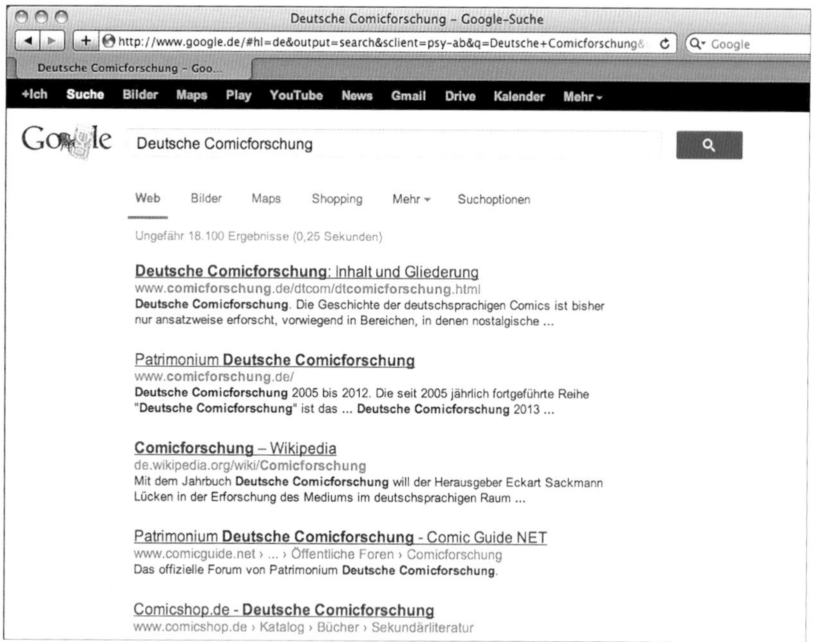

Das Internet als Steinbruch und Geröllhalde des Wissens der Welt: Nur mit Google kann man keine Comicforschung betreiben – ohne Google kann man keine Comicforschung betreiben.

zum Aufstieg in der Uni-Hierarchie schafft. Der Vorstand der Gesellschaft muss sich vorwerfen lassen, dieses Laissez-faire zu unterstützen oder doch wenigstens zu tolerieren. Dietrich Grünewald, der dazu neigt, immer an das Gute im Menschen zu glauben, geht Konflikten gern aus dem Weg. Er profitiert allerdings davon, der Vorsitzende der Gesellschaft zu sein – gilt er dadurch doch erst recht als Experte für Comics und wird entsprechend hofiert.

Die Erforschung der Geschichte deutschsprachiger Comics ist durch die ComFor bisher nicht geleistet worden – wohl aber durch Mitglieder der ComFor, die an »Deutsche Comicforschung« mitarbeiten. Neben den Gründungsmitgliedern Dammann, Dolle-Weinkauff, Grünewald, Jahncke und Palandt (meine Person eingeschlossen) gehören auch Helmut Kronthaler, Michael F. Scholz und Guido Weißhahn zu unseren regelmäßigen und geschätzten Beiträgern.

Die diversen Vorworte zu »Deutsche Comicforschung« haben es im Grunde schon gesagt, trotzdem sei es hier wiederholt: Comicforschung ist kein Sonnenbaden, sondern harte Arbeit, verbunden mit einer auf Erfahrung gründenden Detektivarbeit. Es ist das Erkennen von Fehlstellen der Comicgeschichte, die Fähigkeit, mit dem angeeigneten Handwerkszeug diesen Fehlstellen nachzuspüren, um so – in Zusammenwirken mit anderen, Gleichgesinnten – das Gesamtwerk dieser Literatur abzubilden. Wer nur schwadroniert, seine nebulöse Vorstellung »vom Comic« auf kulturelle Hirngespinste aufpfropft, wird der Sache nicht gerecht.

Dank der ComFor haben Comics an einigen deutschen Universitäten Auftrieb bekommen. Auftrieb? Nicht in Form der Anerkennung, nicht in Form von Lehrplänen, sondern lediglich als Marotte einiger, die glauben, sie könnten sich mit diesem immer noch als exotisch geltenden Zweig der Literatur schmücken. Lehrkräfte ohne fundiertes Fachwissen, aber mit Sinn für Modethemen, die dem Studierenden nicht mehr zu bieten haben als die Folie desjenigen, der Abschlussarbeiten zu Comics sanktioniert, gibt es inzwischen an mehreren deutschen Universitäten. Multiplizieren wir Unwissen mit Unwissen, kommt vielleicht intellektuelles Geschwafel dabei heraus, aber noch lange kein Wissen, noch lange kein Anspruch der Alma Mater, über den Stoff des Gegenstands zu verfügen.

Bei der Recherche zu Comics, die in Zeitschriften erschienen sind, helfen die Bibliotheken weiter. Rechts der Große Lesesaal in der Deutschen Nationalbibliothek in Leipzig. Ohne Bibliotheken kann man keine Comicforschung betreiben – nur mit Bibliotheken kann man keine Comicforschung betreiben.

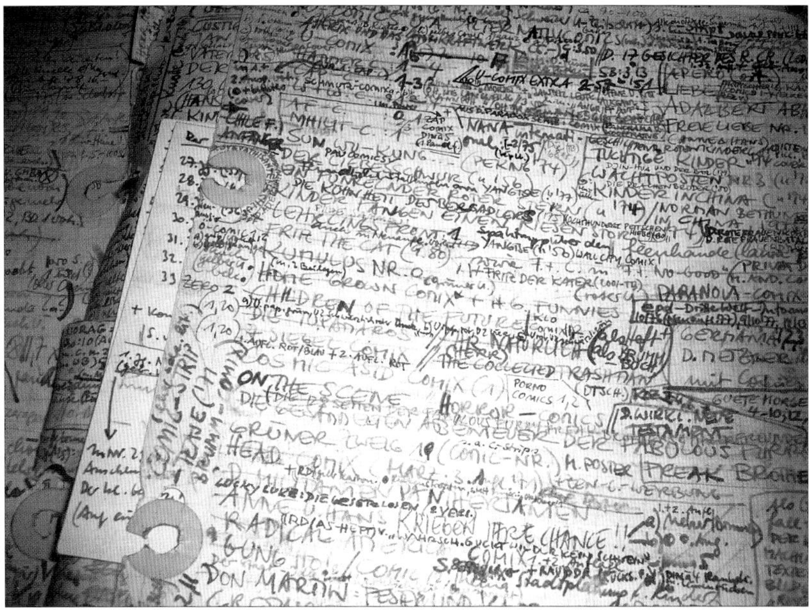

Oben der Blick in die voluminöse Kladde des Comicsammlers Heiner Jahncke: eine beim Rundgang über Flohmärkte und Comicbörsen hilfreiche Bestands- und Suchliste.

Man staunt immer wieder darüber, wie wenig Studenten in der Lage sind, Recherche zu betreiben. Ein Blick in eine Universitätsbibliothek ist aufschlussreich: Wo früher Bücherstapel den Arbeitsplatz dominierten, ist es heute der Laptop mit Internetanschluss. Google[14] ersetzt aber nicht das Durchforsten von Literaturlisten. Über Comics zu arbeiten, ist besonders schwierig, weil die zu behandelnde Literatur nur selten in öffentlichen Bibliotheken zu finden ist. Wenn der Student nicht lernt, welche Wege er beschreiten, welche Methoden er anwenden muss, wird das Ergebnis oberflächlich sein. Wenn der betreuende Professor sich mit Comics nicht auskennt, also selbst nicht das Handwerkszeug besitzt, um Grundlagen zu erforschen, kann er seinen Studenten keine Hilfestellung anbieten.

Ein Beispiel aus der Praxis, Universität Freiburg/Br. Der Student hat sich die Comicserie »Karl« zum »Untersuchungsobjekt« erkoren und recherchiert dazu.

> In den Datenbanken der UB Freiburg wurde ich dazu leider nicht fündig. Also machte ich mir zunächst Gedanken zu Kernthemen und somit Schlüsselwörtern, die mir für mein Projekt essenziell erscheinen: Fantasiewelt, Fiktion in Literatur, Karikatur etc. Bevor ich mich mit diesen Begriffen daran machte, die Datenbanken zu durchkämmen, verschaffte ich mir einen terminologischen Überblick mit Hilfe von Google und den Verweisen auf verschiedene Online-Lexika. In den Datenbanken erwies es sich als sehr schwer, überhaupt einmal die Wahl zu treffen, welche der zahlreichen Datenbanken zu durchsuchen sinnvoll sei.
>
> Viele der Datenbanken, die vielversprechend klingen, sind leider nicht ohne Weiteres zugänglich. In der MLA fand ich jedoch gute Literaturhinweise bei der Suche nach den Schlagwörtern »Comic« in Verbindung mit »Karikatur«. Das Glück war auf meiner Seite: Das Buch war sogar in der UB verfügbar – Synkretistische Semiotik, Interpretationen zu Karikatur, Bildergeschichte und Comic nach der Zeichentheorie der Pariser Schule. Bei weiterer Recherche stieß ich zudem auf eine Anleitung zur Analyse und Interpretation von Karikaturen von der Universität zu Konstanz. Diese zwei vielversprechendsten Funde und ihre Auswertung werden mich die kommenden Tage beschäftigen. Das wird hoffentlich weiteren Aufschluss über den comicseitigen Ansatz der Verquickung geben.[15]

Er kommt überhaupt nicht auf die Idee, Texte zu »Karl« außerhalb der Datenbanken zu suchen. Auch der Kontakt zu den Autoren oder – was man erwarten sollte – eigenes Denken stehen nicht auf der Agenda. Das Ergebnis ist absehbar; der Comic »Karl« ist offenbar völlig nebensächlich geworden. Nicht der hilflose Student ist zu kritisieren, sondern die Lehrperson, die ihn in seiner Hilflosigkeit herumirren lässt.

Wer Grundlagenforschung zu deutschen Comics betreibt, muss wissen, wo er sich Informationen beschafft. Hier gibt es keine starre Regel – der Weg ist zum Beispiel abhängig von der Entstehungszeit, von der Verbreitungsform, von der Bekanntheit des Zeichners oder Autors. Wenn ich zu einem Comic der Kaiserzeit arbeite, werde ich mit ganz anderen Schwierigkeiten konfrontiert als bei einem Werk der 50er Jahre. Ein Comicforscher wird sein Forschungsobjekt nie isoliert betrachten, sondern immer im Umfeld seiner Entstehung. Wer waren Urheber und Auftraggeber, wie waren diese in ihre Zeit eingebettet, wie hat die Zeit auf das Schaffen von Comic-Künstlern gewirkt? Heute wird Comicforschung vorzugsweise mit Blick auf das Werk und seinen Urheber betrieben – wir erleben jedoch immer wieder, dass die Entscheidungen eines Verlegers (bzw. das Fehlen einer Verlegerpersönlichkeit) für die Ausprägung des Marktes und damit für die Comic-Kultur entscheidend sein kann.[16]

Auch in »Deutsche Comicforschung« stand die historisch-biografische Arbeit bisher im Vordergrund. Das soll keinesfalls so bleiben. Es war jedoch notwendig, weil zunächst einmal das einfachste Gerüst zu erarbeiten war: Welche Comics hat es gegeben, wer hat sie geschaffen? Wir haben uns bemüht, nicht modische oder populäre Themen herauszugreifen, sondern solche, deren Aufarbeitung Einblicke in die Zusammenhänge ihrer Entstehung gibt. Die übergeordnete Perspektive muss immer die Erschließung der Comic-Literatur in ihrer Gesamtheit sein.

Das gelingt nicht, indem man sich auf Darstellungen im Internet oder auf die (immer noch höchst fehlerhaften) Sekundärwerke verlässt. Das gelingt nur durch eigene Anschauung, durch Kennenlernen der gesamten Bandbreite des Comic vom Wandbild bis zum Werbestrip. Auch von daher ist

[14] Dass Comicforschung *ohne* Googeln kaum noch denkbar ist, steht auf einem anderen Blatt.

[15] Im Internet unter www.freiburgercomicanalysen.de (17. Februar 2013). Eine andere Arbeit, auch aus Freiburg, untersucht das Verhältnis von Text und Bild bei »Max und Moritz« und stellt den »exakten Proporz« mit 16 Stellen hinter dem Komma dar. Was für einen Sinn macht so etwas?

Rechts das neue Comicmuseum, die »Cité«, in Angoulême. Unten das dem neuen auf der anderen Seite der Charente gegenüberliegende alte Comicmuseum von Angoulême, zunächst »Centre National de la Bande Dessinée et d'Illustration« (CNBDI) und jetzt umgetauft auf »Vaisseau Moebius«.

der Besuch einer Comicbörse zu empfehlen. Hier trifft man auf Comics, die man in keiner Buchhandlung findet; hier trifft man auf Comics, die man noch nicht kennt. Ein Comicforscher ergeht sich nicht über das allseits Bekannte; er ist immer Entdecker des Unbekannten.

Was am Anfang der ComFor stand, war der Wunsch, aus verschiedenen akademischen Fakultäten Mitarbeiter zu rekrutieren, die dank ihrer Erfahrung die Comicforschung vorantreiben. Um die Geschichte des Comic zu ergründen, müssen Kunsthistoriker, Zeitungswissenschaftler, Volkskundler, Mediävisten, Historiker befragt werden und dazu, wenn noch erreichbar, Beteiligte, Zeitzeugen, Künstler, Autoren, Verleger und wer immer im Prozess der Entwicklung der Comicliteratur seine Finger im Spiel hatte. Traten auf den Tagungen der ComFor solche Fachleute auf, so doch nicht, weil sie die Zusammenhänge begriffen hatten, sondern immer nur, um ein ihnen wichtiges, klitzekleines Thema in den Kochtopf Comicforschung zu werfen – ein Thema, das kaum jemand in das Gesamtbild einarbeiten konnte (oder wollte).

Die Beliebigkeit der Tagungsthemen (die Tagungen sind überhaupt der einzige Berührungspunkt der Mitglieder der Gesellschaft) verhindert, dass die Arbeit auf frühere Forschungen aufbaut. Beim Blick auf alle in den letzten Jahren gehaltenen Vorträge wird deutlich, dass hier kein Fortschritt zu verzeichnen ist.

Was in Deutschland fehlt, ist – nach dem Schritt, dass der Comic als eine Kultur angesehen wird, die nicht nur kurzlebigen internationalen Moden folgt, sondern langlebig, traditionell verankert und zukünftig ertragreich ist – die Einrichtung eines Zentrums dieser Comic-Kultur. Wir brauchen einen Ort, an dem die Comic-Kultur unseres Sprachraums so gepflegt wird, dass sie im nationalen und internationalen Kontext wahrgenommen wird. Die deutschsprachige, das heißt, die in deutscher Sprache publizierte Comicliteratur stammt zu einem überwiegenden Teil aus dem Ausland. Auch der Aspekt des Kultur-Imports wird natürlich Bestandteil der deutschen Comicforschung sein, neben der Aufarbeitung des eigenen Beitrags zur internationen Comicliteratur. Dass das Zentrum dem Geschehen im deutschsprachigen Raum gewidmet sein muss (wie ja auch die Nationalbibliotheken in Leipzig und Frankfurt sich auf das deutschsprachige Schriftgut konzentrieren), steht außer Frage und hat nichts mit Nationalismus zu tun.

Ein nationales Comiczentrum ist schon allein deswegen von höchster Dringlichkeit, weil in naher Zukunft größere Sammlungen

[16] Vgl. Eckart Sackmann: Der Verleger als künstlerischer Entscheider: Caspar Braun. In: ders. (Hg.): Deutsche Comicforschung 2011. Hildesheim 2010. S. 7-14. Dem Fehlen einer deutschen Verlegerpersönlichkeit, wie damals in Italien Lotario Vecchi oder in Frankreich der Agent Paul Winkler, ist hierzulande möglicherweise die fehlende Einführung US-amerikanischer Comics in den 30er Jahren zu verdanken.

frei werden und weil für Sammlungen und Nachlässe hierzulande keine bewahrenden Depots existieren, vergleichbar etwa den Comic-Museen in Angoulême oder Brüssel. Die auch staatlich geförderte Cité internationale de la bande dessinée et de l'image in Angoulême ist weit mehr als ein Museum: Es ist ein Ort, an dem Comics nicht nur systematisch gesammelt, erforscht und ausgestellt werden – hier wird über Comics publiziert; hier geschieht (in Zusammenwirken mit dem jährlichen Comicfestival) eine Aufnahme und eine Beeinflussung der modernen Comic-Kultur.

Wie groß ist die Kluft zwischen dieser Institution und dem außenwirksamsten deutschen Museum für Comics, dem Wilhelm-Busch-Museum in Hannover (das sich jetzt sehr gespreizt »Wilhelm Busch Deutsches Museum für Karikatur und Zeichenkunst« nennt)! Hier werden Comics *zufällig* ausgestellt, *zufällig* gesammelt; hier fehlen nicht nur die Zeit und das Geld, um Comics wissenschaftlich zu erarbeiten, es mangelt auch an Kompetenz. Die bescheidene Bibliothek des Museums platzt aus allen Nähten; aus personaltechnischen Gründen ist sie nicht digital katalogisiert und damit kaum nutzbar. Publiziert wird so gut wie gar nicht mehr, seit das »Wilhelm-Busch-Jahrbuch« und sein populär aufgemachter Nachfolger, »Satire«, eingestellt wurden. Die zu Ausstellungen erscheinenden Kataloge sind in der Regel, soweit sie nicht fremd erarbeitet wurden, belanglose Bilderschauen ohne wissenschaftlichen Wert. Gesammelt (gebunkert) werden nur Originale (die »Zeichenkunst«), kaum aber Druckwerke und schon gar keine trivialen Comic-Hefte.

Gedrucktes findet dagegen Aufnahme im Institut für Jugendbuchforschung an der Goethe-Universität in Frankfurt am Main. Allerdings ist der Comic hier nur ein Segment, das der Kinder- und Jugendliteratur untergeordnet ist. Zwar hat man einen guten Bestand an Comics von den 50er Jahren bis heute, dieser wird aber nicht systematisch gesammelt und ergänzt. Geld ist für diese Comicsammlung nicht vorhanden, Raum auch immer weniger, seit das Institut ins Hauptgebäude der Universität umgezogen ist und jetzt in Konkurrenz zu anderen Fachbereichen und Instituten steht. Publiziert wird zu Comics nichts Wesentliches.[17] Nur Sprechblasencomics werden in Frankfurt als Comics begriffen, was den Blick auf alles vor 1945 Erschienene verschleiert.

Die Sammler der 70er und 80er Jahre nähern sich ihrem Lebensende. Wenn es keine Anlaufstelle für ihre Sammlungen gibt, werden diese bestenfalls in alle Winde zerstreut, schlimmstenfalls aber dem Altpapier und der Müllverbrennung übergeben. Hier wartet eine kulturelle Aufgabe, die darüber entscheidet, ob unsere Comic-Kultur auch in hundert Jahren noch »bei Wilhelm Busch anfängt« oder ob es gelingt, ein differenziertes Bild der Ausdrucksform Comic im deutschen Sprachraum zu erarbeiten.

Ich habe bei einer Tagung der ComFor (der ich damals noch angehörte) im November 2007 in Koblenz dazu aufgefordert, das Konzept eines Forschungszentrums zu erarbeiten.[18] Das sollte die wichtigste Aufgabe einer Gesellschaft für Comicforschung sein, ein Anliegen von oberster Priorität. Ich hatte nicht den Eindruck, dass irgendeiner der anwesenden Tagungsteilnehmer mir gedanklich folgen konnte. Die Forderung blieb ohne jede Resonanz. Die ComFor ist offenkundig nicht in der Lage, die Notwendigkeit und Dringlichkeit eines solchen Projekts zu

Oben das Hauptgebäude der Frankfurter Goethe-Universität mit dem Sitz des Instituts für Jugendbuchforschung. Unten das Wilhelm-Busch-Museum in Hannover.

Eine Alternative zur Bewahrung der Comic-Kultur in einem Comic-Zentrum ist die moderne Altpapierverwertung.

Unten Heft 224 (2012) des von Gerhard Förster herausgegebenen Fachmagazins *Die Sprechblase*.

erkennen. In dieser Runde von Einzelinteressen fehlt es am Willen zur Zusammenarbeit für ein Ziel, das eine Gemeinschaft betrifft; vielleicht hat der akademische Einfluss dazu geführt, dass man die eigene Kraft nur für eigene Ziele einsetzt.

Die Leitung eines solchen Comiczentrums muss – das steht heute leider im Vordergrund – in der Lage sein, die Kulturform Comic (Comic im deutschen Sprachraum, sprich: deutscher Comic) so zu vermitteln, dass für die Bewahrung dieser Kultur Gelder eingeworben werden können. Nachdem Kultur immer weniger aus öffentlichen Geldern finanziert wird, gehören (politisches) Management und Fundraising inzwischen wie selbstverständlich zu den Aufgaben eines Museumsleiters, der sich früher nur um die Sammlung seines Hauses kümmern konnte. Der Comic steht in Konkurrenz zu weit populäreren Medien mit eingeführter Lobby: dem Film, der »geschriebenen Literatur«, der »Hochkunst«, ja selbst dem – von Museen inzwischen zwangsläufig aufgegriffenen – Event.

Erforderlich ist neben solchen »externen« Aufgaben natürlich Erfahrung in der Archivierung von (Comic-)Literatur und im Umgang mit Comic-Originalen. Weiterhin muss die Leitung einer solchen Institution umfassend über das Wesen und die Historie des Comic informiert sein – allein das ist nach dem derzeitigen Stand der Dinge ein Handicap. In Frankreich ist das alles machbar, und wieder einmal ist Frankreich für den deutschen Comic das Vorbild.

Wir haben »Deutsche Comicforschung« auch mit dem Ziel begonnen, Anstöße zu geben. Dass die in den vergangenen zehn Jahren erschienenen Beiträge nicht allgemein diskutiert werden, lässt nur die Schlussfolgerung zu, dass zu einer solchen fachlichen Diskussion niemand qualifiziert ist. Ein Beispiel: Man sollte meinen, dass mein Abriss über die Entwicklung des Comic im 19. Jahrhundert mit besonderem Augenmerk darauf, dass in diesem Zeitraum ein Adressatenwandel vom Erwachsenen zum Kind stattgefunden hat[19], ein breites Interesse gefunden hätte. Der Ansatz war neu und sensationell. Es gab keine Reaktion, überhaupt keine.

Vielleicht sollte mich das gar nicht verwundern: Ich kenne in Deutschland niemanden, der über den Comic in diesem Zeitraum Bescheid weiß. Die Experten für Kinder- und Jugendliteratur kennen nicht die Zeitschriften für erwachsene Konsumenten, die Zeitungswissenschaftler haben den Comic weitestgehend ignoriert, die Comicfans fangen erst beim Sprechblasencomic an zu denken und haben weder das Bilderbuch noch Zeitungen und Zeitschriften im Visier. Von den »intellektuell« gehypten Mitgliedern der ComFor will ich erst gar nicht reden; die wissen am allerwenigsten.

Wissenschaftliche Forschung zu deutschsprachigen Comics, soweit sie nicht spezialisiert ist wie die von Fans und Fachleuten getragene Forschung zu DDR-Comics oder verschiedentlich in Einzelaufsätzen publiziert, findet heute nur in »Deutsche Comicforschung« statt. Daneben gibt es einen Bereich zwischen Fanszene und Forschungsinteresse, etwa in den Ausgaben des Comic-Fachmagazins *Die Sprechblase* oder getragen von Mitarbeitern des Internetforums Comic

[17] Die einzige größere Publikation war der in Zusammenarbeit mit der Deutschen Nationalbibliothek Frankfurt entstandene Ausstellungskatalog »Comics made in Germany – 60 Jahre Comics in Deutschland« (Frankfurt am Main 2008). Der Titel lässt erahnen, dass das Comicverständnis eingeschränkt ist.

[18] Eckart Sackmann: Zwischen den Stühlen, oder: Die Wespen. Tagung der Gesellschaft für Comicforschung am 16./17. November 2007 in Koblenz (Zusammenfassung unter www.comicforschung.de/Tagungen/07nov/07nov_sackmann.html)

[19] Eckart Sackmann: Das 19. Jahrhundert: Vom Bilderbogen zur Comic Section. In: ders. (Hg.): Deutsche Comicforschung 2013. Hildesheim 2012. S. 22-46.

Guide Net, die seit kurzem auch in Buchform veröffentlichen. Was in dieser »Grauzone« an Erkenntnissen zusammengetragen wird, ist immer wieder hilfreich.

Der Zustand der »deutschen« Comicforschung in Deutschland, Österreich und der Schweiz ist also wenig zufriedenstellend: hier eine weitgehend unbrauchbare akademische Gruppe, die ComFor, die an der Erarbeitung der deutschen Comicgeschichte wenig Interesse zeigt, dort ein paar emsige, punktuell hoch spezialisierte, aber im wissenschaftlichen Arbeiten ungeschulte Einzelkämpfer. Dazwischen steht das Team von »Deutsche Comicforschung«. Meinen Mitarbeitern möchte ich nach zehn Jahren der Zusammenarbeit danken, dass sie immer wieder selbstlos ihre Zeit für ein Projekt geopfert haben, das derzeit zwar wenig Beachtung und Widerhall findet, das irgendwann einmal aber sicher als ein Schatz der Grundlagenforschung erkannt werden wird. Die Substanz ist bereits jetzt vorhanden, es fehlt allein an Aufmerksamkeit.

Wir machen weiter; das ist die Perspektive für die nahe Zukunft. Schwieriger wird es schon, wenn es um die Frage geht, wer mich als Herausgeber einmal ablösen kann. Die jetzige Arbeitsweise ist ja nicht so, dass Artikel und Bildmaterial hier automatisch einlaufen, vom »zuständigen Redakteur« bearbeitet und »an die Grafikabteilung des Verlags« weitergereicht werden. Der ganze Arbeitsprozess liegt in meinen Händen: von der Konzeption des Bandes, dem Einwerben von Mitarbeitern, der (Mit-)Recherche über das Einscannen und Bearbeiten der Bilder bis hin zum fertigen Layout. Das bringt ein zufriedenstellendes Ergebnis, ist aber nur machbar, weil ich mehr Zeit als üblich investiere – eine »normale« Buchproduktion wäre überhaupt nicht zu bezahlen. Auch unter den jetzigen Umständen ist »Deutsche Comicforschung« defizitär. Die Druckkosten übersteigen die Verkaufserlöse. Im Grunde sind 39 Euro pro Buch zu wenig; der Verlag leistet es sich, die Reihe zu bezuschussen. Hinzu kommt, dass jeder Band größere Summen an Recherchekosten verschlingt. Ob nach mir irgend jemand willens ist, sich ein so teures und zeitaufwendiges »Hobby« zu leisten, ob er noch dazu das detektivische und literaturwissenschaftliche Handwerkszeug beherrscht, in der Lage ist, mit Text und Bild kreativ am Computer zu arbeiten und das fertige Produkt verlegerisch zu vermarkten, wird sich zeigen.

Meine Mitarbeiter sind hochmotiviert, und ich schätze ihre fachliche Qualifikation. Auch sie arbeiten nicht für Geld, sondern aus Interesse an der Sache. Sie forschen quasi in ihrer Freizeit. Ich kann es ihnen nicht verübeln, wenn sie darüber hinaus nicht mit mir zusammen an die Öffentlichkeit gehen wollen, um »Deutsche Comicforschung« gegenüber dem, was die ComFor treibt, zu behaupten. Solange wir nicht mehr in Sachen Öffentlichkeitsarbeit tun, werden wir weiter für einen kleinen Kreis von Eingeweihten arbeiten. Es fehlt an Besprechungen in der Presse; es fehlt an guter Medienarbeit. Das ist etwas, das ich nicht auch noch leisten kann. Vielleicht findet sich ja jemand, der sich dazu berufen fühlt und Erfahrung und Ausdauer mitbringt. Bis dahin steht unser Licht unter dem Scheffel – und sollte doch eigentlich leuchten, denn es gibt weltweit nichts Vergleichbares.

Nach zehn Jahren »fröhlicher Fron« haben wir einiges erreicht. Der Anspruch, am Comic zu forschen, ist ein anderer geworden. So könnte es weitergehen – das wird es aber nicht, wenn sich in der Struktur unserer Arbeit nicht etwas ändert.

Die Ausstellung als Forschungsresultat und Informationsquelle: links »Helmut Nickel: Mit Robinson und Winnetou in die Welt der Abenteuercomics« (Jagd- und Fischereimuseum München, 2011). Unten »Mecki« 2010 im Wilhelm-Busch-Museum, mit dem Zeichner Volker Reiche am Rednerpult.

Französische Siegesmeldungen.
„Bei Altkirch lachte uns Schlachtenglück.
Hurra! Wir ziehn uns bis Belfort zurück!"
„Wir haben in Belgien den Feind dezimiert
Und sind als Sieger nach Lille retiriert!"
„Bei Darmstadt zeigte sich Frankreichs Elan.
Wir rücken jetzt weiter vor Orléans!"
„Ein Sieg bei Freiburg! O Tag der gloire!
Das Heer eilt mutig zurück zur Loire!"
G. Mühlen-Schulte
„Die Schlacht bei Erfurt verlief für uns bon,
Wir drangen rückwärts bis nach Chalons!"
„Verrat! Eh' zum Sturm auf Berlin es blies,
Hat Deutschland den Frieden diktiert — in Paris."

Georg Mühlen-Schulte: Französische Siegesmeldungen (*Lustige Blätter* 34/1914). Dass die deutschen Armeen rasch bis Paris vorrücken würden, stand für die Patrioten 1914 außer Zweifel.

Propaganda im 1. Weltkrieg: Lustige Blätter in »ernster Zeit«

Von Eckart Sackmann

Mit Beginn des 1. Weltkriegs änderten die deutschen Witzblätter ihre Ansage. Statt satirisch-humoristisch Kritik am Kaiserreich zu üben, stieß man nun unisono ins Horn der Propaganda. Verlag und Redaktion der Berliner »Lustigen Blätter« taten das nicht uneigennützig. Für sie war der Krieg ein gutes Geschäft.

Im Oktober 1907 veranstalteten die *Lustigen Blätter* als Antwort auf den Pariser Salon des Artistes Humoristes vom Juni desselben Jahres am Kurfürstendamm 208/09 einen Salon der Humoristen, mit großer französischer Beteiligung. Im Vorwort zum Katalog der Ausstellung hieß es:

Indem der Salon der Humoristen französischen Geist, französische Kunst und französischen Humor weiteren Kreisen in Deutschland zur Kenntnis bringt, dürfte er das gegenseitige Verstehen der beiden großen Nachbarnationen fördern und die gegenseitigen Beziehungen vertiefen. [...] Und die frohe politische Zuversicht, die solch Austausch der feinsten Freude menschlichen Geistes durchweht, erhöht den Genuß an der guten Laune, die aus all diesen Bildwerken zu uns spricht.[1]

Mit dem Kriegseintritt des Deutschen Reichs am 1. August 1914 durchwehte die Redaktionsräume der *Lustigen Blätter* ein ganz anderer Geist: Aus Freunden waren über Nacht Feinde geworden, die man besser totschoss, bevor sie selbst einen totschießen konnten. Die *Lustigen Blätter* kämpften an vorderster Front mit, an der Berliner Propagandafront. Gerd Krollpfeiffer schrieb in seiner 1935 veröffentlichten Dissertation mit dem Thema »Die Lustigen Blätter im Weltkrieg 1914/18«, der Verleger Otto Eysler habe bei Kriegsbeginn erwogen, die rundum populäre Zeitschrift *Lustige Blätter* einzustellen, weil »in dieser ernsten Zeit kein Platz für Humor sei«. Eysler habe sich schließlich aber dem Wunsch der Redaktion und insbesondere dem Rudolf Presbers gebeugt.[2] Nach allem, was der Verlag der *Lustigen Blätter* in den folgenden vier Jahren unternahm, um vom Weltgeschehen zu profitieren, ist das (kolportierte) Verhalten Eyslers allerdings kaum nachvollziehbar.

Die satirisch-humoristische Publikation *Lustige Blätter* war 1886 in Hamburg von dem gebürtigen Wiener Dr. Otto Eysler gegründet worden[3] und übersiedelte nur wenige Monate später nach Berlin. Vorbilder für die Zeitschrift waren österreichische Magazine wie *Der Floh*, aber auch die Publikation eines anderen Wieners, nämlich Joseph Kepplers *Puck*, bildete sich im Äußeren der *Lustigen Blätter* ab.[4] Redaktionell federführend war von Anfang an Alexander Moszkowski (1851-1934) gewesen (zunächst zusammen mit Paul von Schönthan), der diese Aufgabe mit Kriegsbeginn jedoch abgab, so dass nun ein Team von Rudolf Presber, Gustav Hochstetter, Paul Kraemer und Georg Mühlen-Schulte das Heft zusammenstellte. Zu Moszkowskis Rückzug schreibt Krollpfeiffer geheimnisvoll:

Vom Oktober 1914 ab zeichnete er aus bestimmten Gründen nicht mehr verantwortlich, blieb aber bis 1927 in der Redaktion der »Lustigen Blätter« beschäftigt.[5]

Und über seinen Nachfolger Rudolf Presber:

Die Lustigen Blätter wurden unter seiner geistigen Führung zu dem nationalen Kampforgan, das wir im folgenden in einer Einzelbetrachtung kennen lernen werden.[6]

Presber wird mit den Worten zitiert:

»Die Zeit hat mir damals die Rolle aufgedrängt, die ich – übrigens mit ehrlicher Begeisterung und auch noch siegläubig bis zuletzt – gespielt habe.«[7]

Der Krieg wird die Mitarbeiter der Zeitschrift, die sich in der Vergangenheit nicht eben selten gegen das Kaiserreich gestellt hatten, in mehrerlei Hinsicht gefordert haben. Die Kriegsbegeisterung war 1914 beinahe allgemein; wer eine andere Meinung vertrat, geriet in den Ruch, ein Vaterlandsverräter zu sein. Insofern wäre es für die *Lustigen Blätter* gefährlich gewesen, sich dem Motto der Stunde zu entziehen. Henny Moos, die 1915

Georg Mühlen-Schulte (1882-1981), Autor, Zeichner und künstlerischer Leiter der *Lustigen Blätter*, dürfte das Gesicht der Zeitschrift zur Zeit des 1. Weltkriegs maßgeblich geformt haben (Foto von 1925).

Links: Walter Trier war nicht nur der fähigste Zeichner der *Lustigen Blätter*, mit vielen Titelbildern und Comics war er auch die Speerspitze der Propaganda des Hefts (*Lustige Blätter* 36/1914).

Rechts: Georg Mühlen-Schulte: Der zeitgemäße Struwwelpeter (*Lustige Blätter* 50/1914). Heinrich Hoffmanns Klassiker wurde von beiden Kriegsparteien propagandistisch ausgeschlachtet.

der Veröffentlichung ihrer Studie mit dem Thema »Zur Soziologie des Witzblattes« einen tendenziösen Anhang »Das moderne Witzblatt im Kriege« beifügte, jubilierte:

> Gott sei Dank, in wunderbarer Begeisterung, stand unser Volk auf wie ein Mann. […] einen Augenblick schien unserm Witzblatt vollkommen der Boden seines Wirkens weggerissen; einen Augenblick lang schien der Herzschlag unserer Intelligenz zu stocken, dem plötzlichen Kriegsausbruche gegenüber.
>
> Wir haben gesehen, wie gerade das Witzblatt, das als »antinational« oft gegolten hat, zuerst den Zusammenhang begriff, zwischen der Sache der Kultur und der Sache Deutschlands.[8]

Das mochte die Gefühlslage sein, war doch aber nur Pathos und Oberfläche. Tatsächlich stand für die Zeitschriften die Existenz auf dem Spiel. *Die Lustigen Blätter* hatten 1914 eine Auflage von wöchentlich rund 60 000 Exemplaren erreicht und gehörten auch inhaltlich und künstlerisch zu den führenden Publikationen ihrer Art im Reich. Krollpfeiffer verweist auf das mit Kriegsbeginn schlagartig zurückgehende Anzeigenaufkommen.[9] Das galt für alle Zeitschriften. Die *Lustigen Blätter* konnten die neue Situation nur durch Anpassung meistern. Mit anderen Worten: Hätte der Verlag sich nicht zum Sprachrohr des Krieges gemacht, wäre er möglicherweise untergegangen. Existenziell war die neue Linientreue nicht zuletzt auch für die Zeich-

[1] Anon.: Vorwort. In: Salon der Humoristen (Katalog). Berlin 1907. S. 4.

[2] Gerd Krollpfeiffer: Die Lustigen Blätter im Weltkrieg 1914/18. (Zeitung und Leben Bd. 19., Diss.). Emsdetten 1935. S. 48. Krollpfeiffer, der kurz darauf selbst zum »Hauptschriftleiter« der *Lustigen Blätter* ernannt wurde, beruft sich auf »das Ergebnis persönlicher Besprechungen mit der Redaktrice der *Lustigen Blätter*, Fräulein Käthe Mehlitz und Herrn Dr. Rudolf Presber« (ebd., S. 110). Es ist allerdings anzunehmen, dass Presber seine eigene Sicht der Dinge eingebracht hat.

[3] »Dem Begründer Dr. Otto Eysler (1861-1927) aus Wien hatte ursprünglich der Plan vorgeschwebt, dem österreichischen Typus in Norddeutschland eine Heimstätte zu bereiten […] Immerhin kam ein gewisser eigener Stil des Blattes schon um die Wende der neunziger Jahre zum Durchbruch. […] Allmählich verflüchtigte sich im Felde der politischen Glosse die Mehrheit der Österreicher, und an die Stelle der weichen Phäakenzeichnerei trat eine energischere, vorwiegend reichsdeutsche Illustrationskunst.« (Alexander Moszkowski: Das Panorama meines Lebens. Berlin 1925. S. 95f.) – Vgl. auch Hans-Detlef Kirch: Dr. Otto Eysler u. Co. Ein Berliner Verlag. In: *Börsenblatt für den deutschen Buchhandel*. Beilage: Aus dem Antiquariat, 2/1998. S. 45-49.

[4] Vgl. Eckart Sackmann: Puck – Illustrirtes humoristisches Wochenblatt! In: ders. (Hg.): Deutsche Comicforschung 2009. Hildesheim 2008. S. 33-50.

[5] Gerd Krollpfeiffer: Die Lustigen Blätter im Weltkrieg 1914/18. a. a. O., S. 110 (FN 64). Moszkowski hat seine Entscheidung selbst nicht kommentiert. Sein Austritt aus dem Verlag 1927 fällt zusammen mit dem Tod Otto Eyslers und der Übernahme der *Lustigen Blätter* durch den national-konservativen Erich Zander.

ner und Autoren, die sich durch ihre Propaganda die Freistellung vom Fronteinsatz erkauften.

Die »Waffe« der humoristisch-satirischen Witzblätter war die politische Karikatur als Einzelbild, weit weniger in Form des Comic. Allerdings hatte die Bild-Erzählung vor dem 1. Weltkrieg künstlerische Höhen erreicht, so dass es erlaubt sein mag, die Comicbeispiele isoliert zu betrachten. Im Folgenden sollen die zwischen 1914 und 1918 in den *Lustigen Blättern* veröffentlichten Comics zur Sprache kommen, soweit sie Kriegs- und Propagandathemen transportieren. Mit einbezogen werden die vom selben Verlag bestückte Zeitungsbeilage »Lustiges Blatt« sowie die bei Kriegsbeginn als reine Propagandazeitschrift gegründete Publikation *Der Brummer*.

Wie auch immer die Stimmung im Verlag zuvor gewesen sein mag, schon mit der Ausgabe 32/1914 vom 12. August 1914 (Deutschland war offiziell am 1. August in den Krieg eingetreten) war die Wandlung der *Lustigen Blätter* vollzogen. Das als »1. Kriegsnummer« bezeichnete Heft (es sollten derer bis zum 24. Oktober 1918 insgesamt 223 solcher »Kriegsnummern« werden), wurde von Presber unter dem Titel »Entscheidung« mit Versen eingeleitet:

Haß und Neid wirft Feuerbrände / In der Völker stilles Glück: / Doch wir waschen unsre Hände / Ueber solchem Bubenstück. / Und gebetet und gesungen / Sei's, was uns die Faust bewehrt: Die uns in den Kampf gezwungen, / Zwinge unser reines Schwert!

Waren die *Lustigen Blätter* zuvor nicht selten mit ihrer Kritik an den herrschenden Verhältnissen aufgefallen, gefiel sich die Publikation nun in offenem, ganz und gar unkritischem Hurra-Patriotismus. Erzwungen war das nicht, erwartet wurde es wohl. Und der

Wandel zahlte sich aus, wie sich an Auflagensteigerung und weiteren Geschäftsinitiativen ablesen lässt.[10] Für den Verlag war der Krieg eine Goldgrube. Selbst als die Schlacht längst verloren war, ließen sich die 223 »Kriegnummern« noch gut vermarkten. Eine Anzeige in Heft 52/1918 der *Lustigen Blätter* preist die insgesamt 8 Bände mit den Heften der Kriegsjahre an:

Geschenk- und Erinnerungswerke aus Deutschlands größter Heldenzeit sind die Kriegs-Albums der »Lustigen Blätter«, die nach einstimmigem Urteil der berufenen Kritik durch ihren außergewöhnlich reichen Bilderschmuck und ihre packenden zeitgemäßen Textbeiträge als wirklich interessante Stimmungsbilder Deutschlands im Weltkrieg steigenden Wert erhalten und auch noch späteren Geschlechtern willkommene Unterhaltung bieten werden!

Vier Jahre Not und Elend als »willkommene Unterhaltung«. Jeder Band war »in Original-Prachtdecke geschmackvoll gebunden«. Die

Unten: Vor 1914 befanden sich die *Lustigen Blätter* noch auf Konfliktkurs zum Staat. Hier eine (vermutlich nicht veröffentlichte) Skizze aus dem Nachlass Georg Mühlen-Schultes aus dieser Zeit. »S. M.« (der Kaiser) und Mitglieder der Reichsregierung sitzen über die *Lustigen Blätter* zu Gericht. Reichskanzler Theobald von Bethmann Hollweg (stehend) äußert den Vorwurf: »Schlaflose Nächte bereiten Sie mir!« Rechts auf der Anklagebank Alexander Moszkowski (unten links, »m.«), dann im Uhrzeigersinn Paul Kraemer (»P. K.«), Rudolf Presber (»M. Sp.« = »Mirza Spiral«), Gustav Hochstetter (»G. H.«) und Georg Mühlen-Schulte (»M-e«).

Oben der Entwurf für eine Bildfolge von W. A. Wellner, einem der Hauszeichner der *Lustigen Blätter* (im Besitz d. Verf.). Wellners Ausführung in *Lustige Blätter* 51/1917 auf der gegenüberliegenden Seite.

Nachfrage muss so groß gewesen sein, dass viele der Hefte extra für diese Sammelbände nachgedruckt wurden.

Schon bald nach Kriegsbeginn fand der Verlag neben der Zeitschrift andere Arten der Vermarktung. Da gab es »Kriegs-Postkarten« und »farbige Kunstdrucke« mit den im Heft doppelseitig veröffentlichten kriegsverherrlichenden Illustrationen, die als »prächtiger Zimmerschmuck und wohlfeiler Geschenkartikel willkommen sein werden« (Anzeige in der 23. Kriegsnummer 2/1915). Eine kleinformatige, »Tornister-Humor« genannte Reihe erreichte sechsstellige Auflagen pro Band; Heinrich Zilles »Vadding in Frankreich«[11] erzielte als Buch große Nachfrage.

Auch von den verbliebenen Anzeigenkunden versuchten einige, aus dem Gemetzel Profit zu ziehen. Das reichte von der Aufforderung, bestimmte Waren wie etwa Zigaretten als »Liebesgaben« an die Front zu schicken (»Eitel Freude und Sonnenschein herrscht im Schützengraben, wenn die Feldpost echte Salem Aleikum oder Salem Gold Zigaretten bringt«) bis hin zur Kreation einer Sektmarke namens »Feist Feldgrau« (»Sendungen ins Feld sind steuerfrei«). Das Bild des Krieges, wie es dem Leser der *Lustigen Blätter* entgegentrat, war ein ganz und gar freudvolles. Wo Untersuchungen fehlen, lässt sich über die in einer Zeitschrift enthaltene Werbung auf die Zusammensetzung der Leserschaft rückschließen – bei den *Lustigen Blättern* ist der Adressat weniger der Normalbürger als das gutsituierte Bürgertum. Vor 1914 hatte die Redaktion es darauf abgesehen, zwar eine betuchte, aber doch keine fest umrissene Klientel zu bedienen:

> Denn für ein Blatt, das die Parole »Lustig« auf seine Fahne geschrieben hat, kann es nur ein oberstes Prinzip, nur eine durchgreifende Tendenz geben: nicht einseitig und nicht langweilig sein![12]

Die unterhaltende, intelligente und dabei künstlerisch beachtliche Beliebigkeit des Blattes wich mit Kriegsbeginn einem dezidierten Ziel, das sich von Außenstehenden als entschiedener Patriotismus deuten ließ. So empfindet es Moos:

> Diesmal unterscheiden sich die *Lustigen Blätter* von allen anderen aufs schärfste dadurch, daß sie mit den drastischsten Mitteln arbeiten, d. h. mit den Mitteln der äußersten bildlichen Komik. Dabei bedienen sie sich nicht einmal scharfer grotesker Gegensätze; nur wird eben der Feind in seiner Kläglichkeit äußerer Niederlagen, in den schreiendsten Farben (übertragen und wörtlich gemeint) gemalt: der Franzose und der Engländer ganz zerfetzt, aus der Nase und anderen Körperteilen blutend. Poincaré als ganzes Jammerbild mit eingedrücktem Zylinder, Tränen im Auge, seinen Groll in »Bordeaux« ersäufend. Der Russe, eine Schnapsflasche in der Hand, in den Masurischen Seen zappelnd etc.[13]
>
> Dies alles Umschlagbilder, die an Drastik kaum hinter den Ansichtskarten zurückstehen; die aber durch gute technische Ausführung und vor allem durch flotte Zeichnung doch den ganz annehmbaren Typ eines modernen Kriegswitzblattes darstellen, das eben vor allem auf eine verblüffende, rein komische Wirkung ausgeht.

Rechts Franz Jüttner: Unser Generalstab: »Auch Briten und Russen haben als Lenker / Im Stabe ihre Schlachtendenker; / Der Unterschied ist wichtig: / Die unsern denken richtig!« (*Lustige Blätter* 47/1914)

Auch die Kriegsgedichte sind ganz frisch und flott; und so sind die *Lustigen Blätter*, jetzt, wie im Frieden, ein zwar stark zu Konzessionen an's große Publikum geneigtes, doch ganz hübsches, modernes, und daher eben populäres Witzblatt.[14]

Diese eklatante Fehleinschätzung der Situation muss heute bestürzen. Moos geht noch weiter:

... sicher ist ja, daß unsere Volksstimmung nicht der Haß anstachelnden Witze und Karikaturen bedarf, um die Kriegslust nicht erlahmen zu lassen. Doch ganz sicher ist auch, daß es nur gut sein kann, dieser elementaren eigensten Volksstimmung entgegenzukommen; daß die Kunst der Groteske, die Karikatur nie berechtigter, nie bedeutsamer ist als im Krieg. Daß kein wahreres und besseres Dokument der Volksstimmung auf die Nachwelt überkommen kann, als unsere Kriegswitzblätter.[15]

Das wissen wir heute besser; es mag als zeitgenössische, immerhin akademische Meinung stehenbleiben. Einem Verleger, einem Kaufmann, wird es in jenen Tagen im Herbst 1914 nicht nur um sein Vaterland, sondern sicher auch um seine eigenen Belange gegangen sein. Aus verlegerischer Perspektive, wie sie sich aus der Gesamtheit der Aktivitäten ablesen lässt, hatten die *Lustigen Blätter* mit dem Krieg ein neues Terrain entdeckt, das sie fortan nach bestem Geschick auszubeuten bereit waren. Ein Krieg hinterlässt nicht nur Opfer, sondern auch solche, die vom Elend profitieren.

Wir wissen heute nicht, inwieweit Verleger, Redaktion und künstlerische Mitarbeiter an einem Strang zogen. Es wird sich eine Art Notgemeinschaft gebildet haben, mit dem Ziel, möglichst unbeschadet durch die

[6] ebd., S. 48. – Rudolf Presber (1868-1935) blieb bis zu seinem Tod in der Redaktion der *Lustigen Blätter*. Er war auch als Schriftsteller erfolgreich. Gemeinsam mit Georg Mühlen-Schulte und vielen anderen unterschrieb Presber im Oktober 1933 das »Gelöbnis treuester Gefolgschaft« für Adolf Hitler.

[7] ebd.

[8] Henny Moos: Zur Soziologie des Witzblattes. Mit einem Anhange Das moderne Witzblatt im Kriege. München 1915. S. 112 bzw. 140.

[9] Gerd Krollpfeiffer: Die Lustigen Blätter im Weltkrieg 1914/18. a. a. O., S. 43f. Die Zeitschrift kompensierte den Verlust durch Verdoppelung der Auflage im ersten Kriegsjahr und später durch eine Anhebung des Verkaufspreises. Der erzielte Zugewinn wurde durch kriegsbedingt steigende Papierpreise geschmälert (ebd., S. 42).

[10] Vgl. den Brief des Verlegers Otto Eysler an W. A. Wellner vom 14.8.1914 (Nachlass W. A. Wellner, Akademie der Künste Berlin), in dem eine Kürzung des garantierten Honorars mit dem Wegfall der Anzeigen begründet wird. Doch schon am 18.9.1914 schreibt Eysler an Wellner: »Ich weiß ja, dass Sie jetzt sehr viel zu tun haben [...]« (Nachlass, ebd.)

[11] Erschienen ab 1914 in der Zeitungsbeilage »Ulk«. Zille (Jg. 1858) »verarbeitete« hier Erlebnisse aus seiner Rekrutenzeit in den 1880er Jahren.

[12] Alexander Moszkowski: Die »Lustigen Blätter«. Naturgeschichte des Blattes. In: *Lustige Blätter* 8/1904. S. 469-480; hier S. 480.

[13] Hier meint sie sicher das Titelbild der ersten Ausgabe des *Brummer*.

[14] Henny Moos: Zur Soziologie des Witzblattes. Anhang. a. a. O., S. 135.

[15] ebd., S. 139.

[16] Kurt Tucholsky: Mit 5 PS. Auswahl 1924 bis 1925. Berlin 1977, S. 449. Zit. nach Renate Altner: Heinrich Zille. In: *Jahrbuch des Märkischen Museums* V/1979. Berlin 1979. S. 117f.

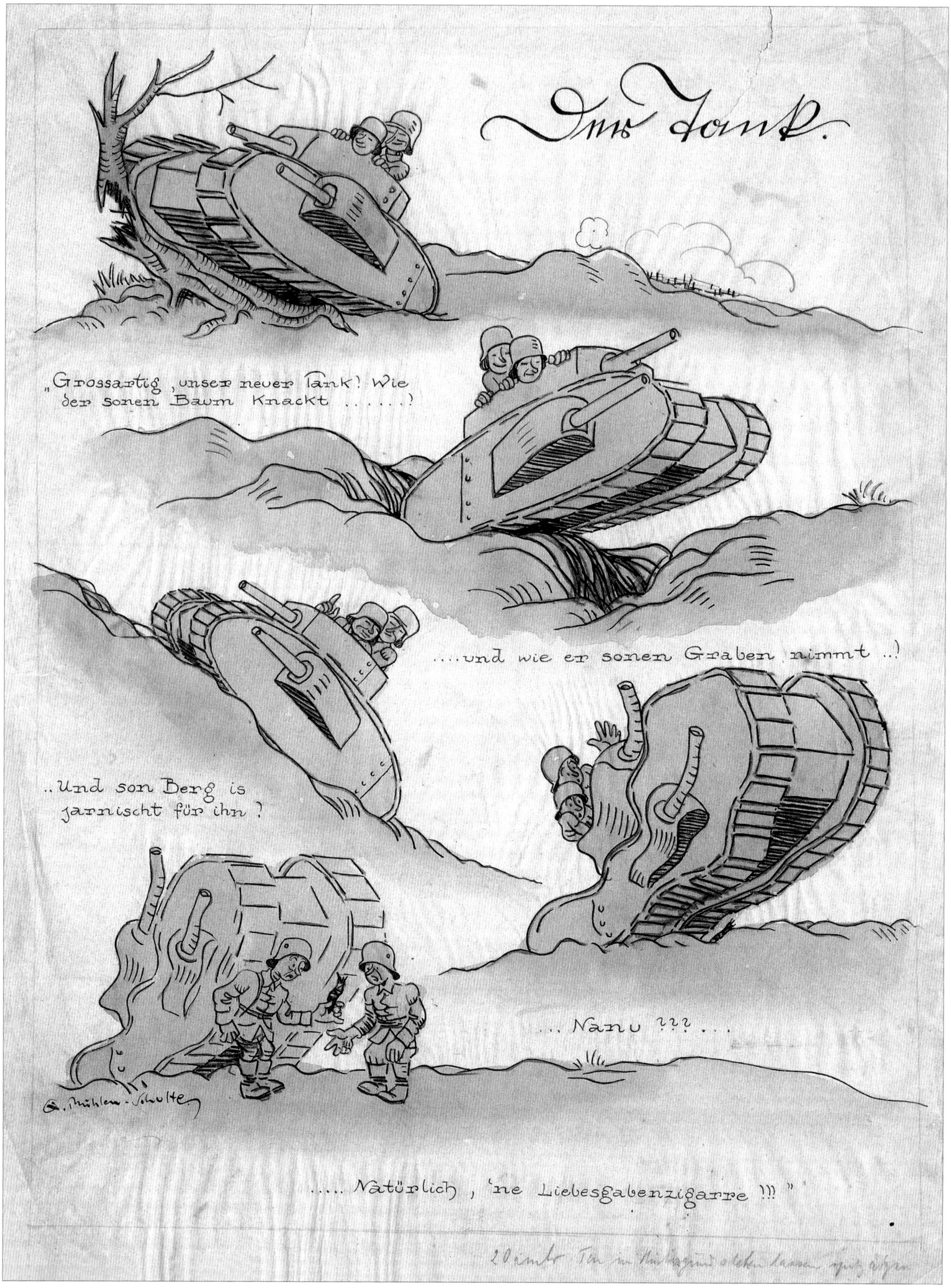

Georg Mühlen-Schulte: Der Tank. Reinzeichnung auf Pergamentpapier 41 cm x 32 cm. Verkleinert auf 26,5 cm x 20 cm, gedruckt in Grautönen in *Lustige Blätter* 38/1918. Da Mühlen-Schulte viele seiner Skizzen auf billigem Pergamentpapier anlegte, muss die Papierwahl nicht der kriegsbedingten Papierknappheit geschuldet sein.

»ernste Zeit« zu kommen. Das gelang denn auch: Es ist nicht bekannt, dass einer der Hauptzeichner des Verlags den Krieg aus der Perspektive des Schützengrabens kennengelernt hat. So einseitig, wie Kurt Tucholsky es mit Blick auf Zille und dessen »Vadding«-Zyklus im »Ulk« angab, wird das Verhältnis Redaktion – Zeichner/Autoren bei den *Lustigen Blättern* nicht gewesen sein:

> Heinrich Zille ist vor dem Kriege und im Kriege manchmal das Opfer dieser Auftraggeber geworden. Er hat Sachen zeichnen müssen, die man ihm aufgegeben hat und die ein andrer ein bisschen schlechter gezeichnet hätte: er hat im Kriege eine geradezu schauerliche Serie vom Stapel lassen müssen, die von Berlin und vom Kriege gleich weit weg log und mit beiden nur die Gemeinsamkeit hatte, dass sie beiden zum Verkauf angeboten wurde; er hat manchmal ulken müssen, wo er ganz etwas andres tun wollte.[16]

Eine Abhängigkeit bestand gleichwohl, und diese weit mehr als heute nachvollziehbar auch in künstlerischer Weise. Wie es aus erhaltenen Skizzen[17] Georg Mühlen-Schultes ersichtlich wird und wie es (allerdings schon 1904) auch Alexander Moszkowski schreibt, arbeitete ein Zeichner nur selten nach eigenen Vorlagen:

> Soweit die Aktualität in Frage kommt, werden die Bilder der *Lustigen Blätter* zu wenigstens 80% »ausgegeben«. Der Redakteur entwirft sie nach ihrem Inhalt, bezeichnet sie in der Regel bis in die Details und verlangt vom Zeichner, daß er seinen Gedanken folge. Das legt dem Zeichner allerdings einen Zwang auf, bewahrt ihn aber auch vor der Entgleisung und bietet ihm – sofern das Thema etwas taugt – eine gewisse Garantie für die Wirkung... ich kann wohl sagen, dass gerade die besten Zeichner in der Mehrzahl der Fälle mit offensichtlicher Schaffensfreude an die redaktionell präzisierte Aufgabe herangegangen sind.[18]

In den *Lustigen Blättern* stößt man immer wieder auf Arbeiten mit dem Vermerk »nach M-e« – nach Mühlen-Schulte. Der Chef-

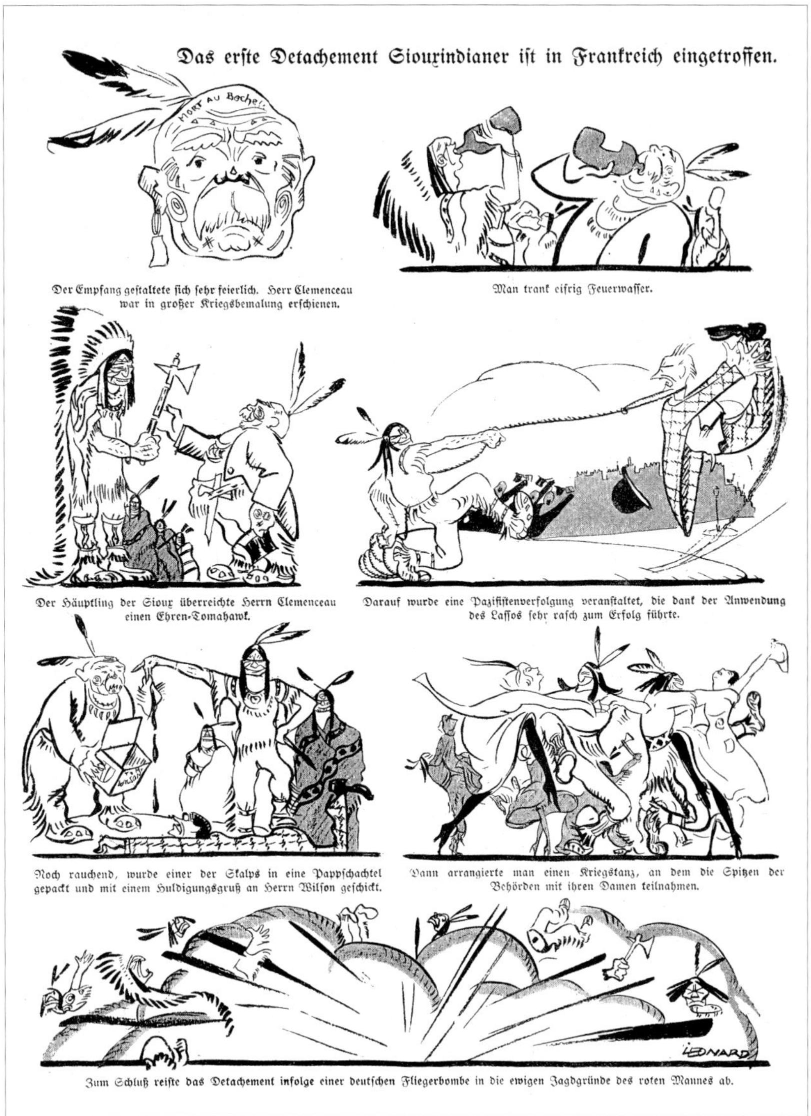

Leonard: Das erste Detachement Sioux-Indianer in Frankreich eingetroffen (*Lustige Blätter* 27/1918). Pikanterweise wanderte der Zeichner Robert L. Leonard, der sich hier völlig unangemessen zum Kriegsgegner äußert, 1923 in die USA aus.

Ganz links: Der im Krieg Verwundete wird romantisiert und als Damenheld porträtiert (*Lustige Blätter* 17/1915). Rechts daneben: Für die Leserschaft der Zeitschrift ist der Kriegsgewinnler offenbar eine rundum sympathische Figur (*Lustige Blätter* 26/1918). Seit Ende September 1916 (mit Heft 41/1916, der »114. Kriegsnummer«) war der Titel »Lustige Blätter« wieder an prominente Stelle auf dem Cover gerückt. Beide Titelillustrationen von Ernst Heilemann.

redakteur und (im Gegensatz etwa zu Presber) künstlerische Leiter war nicht nur unermüdlicher Ideenlieferant, sondern auch selbst ein passabler Zeichner. Seine Skizzen gingen nicht selten über das Notwendige hinaus; sie wurden gedruckt. Wenn 1904 lediglich ein Fünftel der Zeichnungen ohne Vorgabe der Redaktion entstand, so wird sich in den darauffolgenden zehn Jahren die künstlerische Selbständigkeit nicht entscheidend erhöht haben. Nicht einmal ein Ausnahmekünstler wie Walter Trier konnte sich diesem Usus entziehen.

Das damalige Selbstverständnis des Pressezeichners unterscheidet sich vom heute Gewohnten. Antón, die dieser Frage am Beispiel W. A. Wellners nachgegangen ist, kommt zu dem Schluss:

> Die Rolle Wellners bei den *Lustigen Blättern* erscheint auf den ersten Blick als die eines Handwerkers, der zuverlässig und diszipliniert die an ihn gestellten Forderungen erfüllt. Diese eindimensionale Beurteilung seine Leistungen greift allerdings schon deshalb zu kurz, weil sie die Virtuosität und Flexibilität Wellners im Umgang mit seinen Aufgaben vernachlässigt. Eine derartige Reduzierung seiner Tätigkeit ließe sowohl Wellners künstlerische Entwicklung als auch seinen zeitweilig prägenden Einfluss auf das Gesicht der *Lustigen Blätter* außer Acht.[19]

Für diese Einschätzung spricht auch, dass die Illustrationen der Zeitschrift keineswegs einheitlich, sondern höchst unterschiedlich gestaltet waren. Jeder Zeichner tritt mit einem eigenen, wiedererkennbaren Stil an – jeder, mit Ausnahme von Georg Mühlen-Schulte, von dem wir Karikaturen und Bildergeschichten in unterschiedlicher Manier finden. Dafür gibt es nur eine Erklärung: Wenn Mühlen-Schulte seine Ideen skizzierte, muss er bereits die Arbeitsweise eines

Oben eine grafisch sehr ausgefallene Bildgeschichte von Georg Mühlen-Schulte, die die Verzweiflung des »Engländers« über seine Bundesgenossen Russland, Serbien, Frankreich und Italien zum Thema hat (*Lustige Blätter* 40/1915).

Ganz rechts Georg Mühlen-Schultes Reinzeichnung für den Titel zu Band 21 der Reihe »Tornister-Humor«. In der ersten Arbeitsskizze hatte der Zeichner vor dem Stiefel noch einen Meilenstein mit der Inschrift »Paris 80 km« plaziert.

Vorder- und Rückseite eines Werbeblattes für die Reihe »Tornister-Humor«.

Lutz Ehrenberger: Der Verwilderte (*Lustige Blätter* 26/1917). Dieser Heimatbesuch des Soldaten unterscheidet sich grundlegend von dem, was Erich Maria Remarque in »Im Westen nichts Neues« schildert. Hier gibt es keine Verweiflung über die Kriegs-Abstinenz der »Heimat«, sondern ein Eintauchen in gewohnte Muster des Mondänen. In kolorierter Version wiederabgedruckt in »Lustiges Blatt« 36/1917.

bestimmten Zeichners im Kopf gehabt haben. Nicht die Zeichner mussten sich dann den Vorlagen anpassen, der Redakteur hatte seine Produktion auf die Zeichner zugeschnitten.

Die erhaltenen Entwürfe Mühlen-Schultes zeigen die große Bandbreite dieses Mannes; er muss ein künstlerisches Chamäleon gewesen sein, ein Redakteur von großem Einfühlungsvermögen. Leider gibt es keine Unterlagen darüber, wie die Arbeitsabläufe tatsächlich gewesen sind.[20] Die Beteiligten haben sich nicht schriftlich geäußert, mit Ausnahme von Alexander Moszkowski, der aber einen blumigen und unpräzisen Stil pflegt.

Was den Ausstoß an Bildergeschichten betrifft, so war Trier[21] in den Kriegsnummern der *Lustigen Blätter* derjenige mit den meisten Beiträgen, gefolgt von Georg Mühlen-Schulte und Wilhelm A. Welllner. Wie bereits erwähnt, dominierte künstlerisch das Einzelbild; Comics sind im Schnitt nur in jeder zweiten Ausgabe der Zeitschrift zu finden. Die Tendenz war in beiden Ausdrucksformen gleich: Der Gegner wurde bei jeder sich bietenden Gelegenheit diffamiert, sowohl in Person der führenden Politiker der Entente als auch mit Bezug auf die Moral und Kampfstärke der feindlichen Truppen. Gleichzeitig demonstrierte das Blatt einen Heroismus, in dem es die Taten der eigenen Soldaten in unerlaubt plakativer Weise überhöhte. Was die *Lustigen Blätter* in diesen Kriegsjahren ablieferten, hat mit dem Anspruch der Satire nichts zu tun – es war reine Propaganda.

[17] Im Besitz des Verf.

[18] Alexander Moszkowski: Die »Lustigen Blätter«. a. a. O., S. 472/474.

[19] Nicole Antón: Künstler oder Knecht? Die Rolle des Karikaturisten in Satirezeitschriften zu Beginn des 20. Jahrhunderts, untersucht am Beispiel W. A. Wellners (1859-1939). Unveröff. Magisterarbeit TU Berlin 2005. S. 87.

[20] Ein im Nachlass W. A. Wellners (Akademie der Künste Berlin) enthaltener Arbeitsvertrag vom 7. Oktober 1912 gibt lediglich die Rahmenbedingungen vor: einen Seitenpreis und dessen Aufrechnung mit einem fixen Monatsgehalt von 500 Mark. Wellner verpflichtet sich, die verlangten Zeichnungen zu liefern, der Verlag garantiert ein entsprechendes Auftragsvolumen. Vgl. dazu Nicole Antón: Künstler oder Knecht? Kap. 4.3: Der Alltag als Karikaturist. S. 67ff.

[21] Beispiele der Kriegscomics von Walter Trier in »Deutsche Comicforschung« 2008; solche von Johann Bahr und Paul Simmel in »Deutsche Comicforschung« 2006.

[22] Eine Zusammenfassung der offiziellen Propaganda bei Niels Weise: Der »lustige« Krieg. Propaganda in deutschen Witzblättern 1914 – 1918. Würzburg 2004. S. 41ff.

[23] In den 20er Jahren, nach erneutem Besitzerwechsel, endete *Der Brummer* schließlich als erotisch angehauchte Demi-Monde-Postille. Zum *Brummer* der 20er Jahre vgl. Eckart Sackmann: Addenda Barlog. In: ders. (Hg.): Deutsche Comicforschung 2009. Hildesheim 2008. S. 140f. Die Deutsche Nationalbibliothek führt die Publikation bis 1930.

[24] Gerd Krollpfeiffer: Die Lustigen Blätter im Weltkrieg 1914/18. a. a. O., S. 49.

Unsere Einschätzung von Propaganda ist wesentlich durch die Machenschaften während der Nazizeit geprägt, als eine von oben gesteuerte und auch verordnete Propaganda. Zu Zeiten des 1. Weltkriegs – jedenfalls in den ersten beiden Kriegsjahren – war die Begeisterung für den »Waffengang des deutschen Volkes« bei großen Teilen der Bevölkerung echt. Der Sieg von 1870/71 sowie der unter Wilhelm II. protegierte Nationalismus und Militarismus hatten zu einer unerreichten Selbstüberschätzung geführt. Am »deutschen Wesen« sollte »die Welt genesen«, am liebsten unter Einsatz der schneidigen Soldateska, die nach vier Friedensjahrzehnten darauf brannte, ihre Überlegenheit zu beweisen. Die Propaganda der *Lustigen Blätter* war bei Kriegsbeginn ein Ausdruck des allgemeinen Volkswillens. Kriegsrausch und kaufmännisches Kalkül dürften entscheidender gewesen sein als von Staats wegen verordnete Direktiven.[22] Nach 1916, als sich die Front in Frankreich festgefressen hatte, als die Not des Krieges auch im eigenen Land spürbar wurde, war es (mit Blick auf Leser und Anzeigenkunden) erst recht nicht opportun, am eigenen Heer und seiner Führung Kritik anzumelden. So ist denn in den Sympathien der Zeitschrift kein Wandel festzustellen. Deutschland würde siegen, und dennoch: Bis zum bitteren Ende hielten die *Lustigen Blätter* an ihrem selbst gestellten Anspruch fest, lustig und bloß nicht langweilig zu sein.

Walter Trier: Bruch mit Amerika? (*Lustige Blätter* 9/1918; hier die Farbversion aus »Lustiges Blatt« 19/1918).

Auf Urlaub kommt nach Hause
Der Landwehrmann Herr Krause.
Frau Krause muß die Ihren
Soldatisch rapportieren.
Das Volk darf nicht erschlaffen,
Wer irgend kann, trägt Waffen.
Der Zeiten Ernst zu kosten,
Muß Hans auf Horcheposten.
Das Haus muß man umgeben
Mit tiefen Schützengräben.
Naht sich Besuch dann diesen,
Wird er leicht abgewiesen.
Zur gemütlichen Ecke.
Ist so der Tag vergangen,
Wird kräftig Schlaf empfangen.
G. Mühlen-Schulte
Nur Krausen sieht auf Zehen
Man Schleichpatrouillen gehen.

Oben Georg Mühlen-Schulte: Der Krieg bei Krauses (*Der Brummer* 41 (1915)). Dem Deutschen steckte der Militarismus im Blut – ein Soldat auf Urlaub drillt die ganze Familie.

Dass es mit der Kriegsbegeisterung nach den ersten großen Niederlagen nicht mehr sehr weit her war, zeigt ein Bruch in der Titelbildgestaltung. Waren die *Lustigen Blätter* anfangs oft reißerisch aufgemacht (Walter Trier tat darin sich mit all seiner Kunst hervor), sah man zur Kriegsmitte häufig einen fast privaten Umgang von Soldaten und Zivilbevölkerung, so machte sich gegen Kriegsende das unengagierte, wieder ganz der mondänen Welt der Stammleser zugewandte Titelbild breit. Der »Salon« schien zurückzukehren (*Lustige Blätter* 10/1918), der »Kriegsgewinnler« (*Lustige Blätter* 26/1918) und der »Kriegsmillionär« (*Lustige Blätter* 6/1918) waren nicht etwa unsympathisch, sondern beneidenswert – im Gegensatz zu den im Heft nicht gezeigten Opfern und grausam Verstümmelten hatten sie den Krieg zu nutzen verstanden.

Nr. 210
Preis 20 Pfg.
1918/39
Der Brummer
9.
KRIEGS-
ANLEIHE
Germanias Streiter.
Wir haben all' in Kampfestagen
Zu Land und Meer mit Schwertesmacht
Für dich manch' heiße Schlacht geschlagen,
Nun schlagen wir dir die goldene Schlacht.
Wir haben so manchen Sieg dir erfochten,
Wir trugen den Schrecken in Feindesreih'n,
Wir haben den Lorbeer ins Haar dir geflochten,
Nun flechten wir dir goldenen Zierat hinein.
Und haben wir freudig so Blut wie Leben
Für dich geopfert, Germania hold,
So wollen wir freudig das Letzte auch geben
Was du noch zum Kampfe bedarfst: das Gold.
O. K.
Verlagsrecht für Amerika, 25. September 1918 bei
Verlag „Lustige Gesellschaft“ Ges. m. b. H., Berlin. — Nachdruck verboten.

Ganz links die Titelseite der ersten Ausgabe des *Brummer*, mit einer antirussischen Illustration von Johann Bahr. Das Motiv fand auch Verwendung als »Kriegs-Postkarte der Lustigen Blätter« Nr. 23. Daneben *Der Brummer* 210: Noch kurz vor Kriegsende, Ende September 1918, versuchte man den Leuten das Geld für Kriegsanleihen aus der Tasche zu ziehen.

Die verschiedenen Arten, auf die der Verlag Eysler & Co. mit Kriegsbeginn seine Chancen wahrte, sind bereits angesprochen worden. Am aufwendigsten war vermutlich die Gründung einer neuen, allein auf das Thema Krieg ausgerichteten Zeitschrift. Der Aufwand bestand weniger darin, dass hier mehr Arbeit geleistet werden musste: Der neue *Brummer* umfasste lediglich 6 Seiten, überwiegend angefüllt mit großzügigen grafischen Kommentaren. Aufwand war das zusätzliche Risiko, in einer schwer einzuschätzenden Situation ein neues Objekt auf den Markt zu bringen. Bei Eysler & Co. hielt sich *Der Brummer* nur rund ein Jahr, dann wurde das schmalbrüstige Blatt an den Verlag Lustige Gesellschaft verkauft. Bis Kriegsende dümpelte *Der Brummer* dort als ordinäres Witzblatt mit einigen auf den Krieg bezogenen Pointen vor sich hin.[23]

Mit dem Untertitel »Lustige Kriegs-Blätter« war *Der Brummer* bald nach Kriegsbeginn zum Verkaufspreis von nur 10 Pfennig erschienen (die *Lustigen Blätter* kosteten 1914 bei 16 Seiten Umfang 30 Pfennig). Unter einem »Brummer« versteht man eine besonders schwere Granate, wie sie auch die Titelvignette der Hefte zierte. Eingeleitet wurde die erste Ausgabe mit dem Gedicht »Wir sterben oder siegen!« von Josef Wiener-Braunsberg; von Johann Bahr (der auch das Titelbild gezeichnet hatte) stammte der ganzseitige Comic »Des Großfürsten Lausko Lauskowitsch Leben, Taten und Ende«.

Krollpfeiffer, dessen tendenziöse Dissertation von 1935 mangels Interesses der modernen Zeitungswissenschaft am Thema Witzblätter und Humorbeilagen immer noch die umfangreichste Auseinandersetzung mit den *Lustigen Blättern* und ihrem Verlag ist, bemüht sich auffallend, den *Brummer* von der Hauptpublikation zu separieren:

> Am 1. Oktober kam in demselben Verlag erstmalig die humoristische Kriegszeitschrift *Der Brummer* heraus, ein Blatt, dessen innere Bindung mit den *Lustigen Blättern* häufig überschätzt wird. Demgegenüber sei festgestellt, dass der *Brummer* völlig unabhängig und ohne inneren Zusammenhang mit den *Lustigen Blättern* geleitet wurde.[24]

Die beschworene Unabhängigkeit gab es nicht; Krollpfeiffer wird wohl lediglich versucht haben, sein Arbeitsthema einzugren-

Links eine Einbanddecke des Verlags Lustige Gesellschaft.

Deutsches Hauptquartier
John Bull als erste Heldentat
Durchschnitt den deutschen Kabeldraht.
Was unbequem, wird ausgemerzt,
Was richtig ist, wird angeschwärzt.
Und kommt die Wahrheit in das Land,
Hat bald kein Mensch sie mehr erkannt.
MÜNCHHAUSE
Grimm's Märchen
Hungersnot in Deutschland
Und eine Riesenindustrie
Von Reuter und von Kompanie
Macht, daß der Deutsche vor der Welt
Als scham- und ruchlos dargestellt.
BAHR
John Bull dagegen strahlet mild
Als engelreines Unschuldbild.
Da bläst von Ost ein scharfer Wind,
Die Fetzen fliegen, — und geschwind
Steht hier John Bull im Sträflingskleid,
„Pfui Deibel!" da ein jeder schreit.

Johann Bahr: Die Lügenfabrik (*Der Brummer* 65, 1915). Um die erste Reihe gekürzt wiederabgedruckt als »Die englische Lügenfabrik« in »Lustiges Blatt« 27/1916.

zen. *Der Brummer* erschien anfangs nicht nur im selben Verlag, er hatte auch dieselbe Redaktion wie die *Lustigen Blätter*. Es hätte daher nahegelegen, dass Zeichner der Hauptzeitschrift auch im Kriegs-Ableger publizierten. Das taten sie jedoch selten. Nachdem Georg Mühlen-Schulte in den ersten Heften des *Brummer* den Takt vorgegeben hatte, etablierte sich an Stelle von Trier, Wellner & Co. der Vielzeichner Johann Bahr als größter Lieferant von Bildergeschichten.

Offenbar war der *Brummer* ein ungeliebtes Kind. Gestartet in Übergröße, wurde das Format Anfang 1915 auf das der *Lustigen Blätter* reduziert. Mitte desselben Jahres (mit Heft 42/1915) ging die Zeitschrift vom Verlag der Lustigen Blätter an den Verlag Lustige Gesellschaft. Mit den neuen Herren änderte sich auch die Ausrichtung. Der Krieg war zwar immer noch auf der Titelseite präsent, zunehmend weniger aber im Innern. Von 1916 an präsentierte sich der *Brummer* als ordinäres Witzblatt, in dem selbst »Altgediente« wie Karl Pommerhanz und Josef Frynta gedruckt wurden.

Solange Georg Mühlen-Schulte die Redaktion des *Brummer* führte, waren die Comics zum Thema Krieg ähnlich ausgerichtet wie in den *Lustigen Blättern*. Es gab aber keine Überschneidungen, das heißt, keine Wiederabdrucke von Seiten. Das war im Fall der Zeitungsbeilage »Lustiges Blatt« anders. Diese erschien (als achtseitige Wochenbeilage für die *Berliner Allgemeine Zeitung*) im Ullstein-Verlag, ihr Redakteur war Arthur Lokesch. Lokesch war selbst eine zentrale Figur in der Syndikalisierung von Comics im Kaiserreich, wir finden seinen Namen an verantwortlicher Stelle bei verschiedenen humoristischen Beilagen im Reich. Wie nun hier die Kooperation mit Georg Mühlen-Schulte und den *Lustigen Blättern* verlief, ist bis dato leider ungeklärt.

Mit Ausgabe 33 vom 14. August 1914 änderte die Beilage Titel und Aufmachung. »Das lustige Blatt in ernster Zeit« nannte man sich jetzt. Der Verzicht auf Farbseiten sollte gegenüber dem Leser wohl abbilden, dass der Krieg von jedem gewisse Einschränkungen erforderte. Lange hielt Lokesch diese Askese nicht durch – schon mit Ausgabe 35 brillierte das »Lustige Blatt« wieder in allen Farben, und 1916 war auch der Hinweis auf die »ernste Zeit« wieder aus dem Titel verschwunden.

Von den siebzehn Comics, die »Lustiges Blatt« von Kriegsbeginn bis Ende 1914 druckte, stammten fünf aus den *Lustigen Blättern*. In der Ullstein-Beilage erschienen Bildergeschichten gern auch auf der farbigen

Carl O. Petersen: Achtung! Blindgänger! (»Lustiges Blatt« 1/1917). Zuvor unkoloriert erschienen in *Lustige Blätter* 43/1916.

Links ein Titelbild von Otto Lagemann für »Lustiges Blatt« 38/1914, das die deutsche Überheblichkeit zum Ausdruck bringt.

Kriegsbilderbogen.
General Joffre erfährt, daß unter den englisch-indischen Hilfstruppen sich auch der berühmte indische Zauberer Bramatra Bramutara befindet. Er läßt ihn sofort zu sich kommen. „Bramatra, ich höre, du stehst mit unsichtbaren Mächten in Verbindung. Du verstehst mit deinem Zauberstabe Wunder zu tun?? — Nimm also deinen Stab und zaubere uns ein gewaltiges unbesiegbares Heer herbei!!!
Und kaum hatte der Zauberer seinen Stab ergriffen, — da stand auch schon ein Heer von — 1 000 000 Deutschen da!
P. Simmel 14.
Japan in Indien.
Der Pavian: Nanu, was ist denn das für 'ne neue Mischung?!
Der Werber: Treten Sie ein, Sir, in das englische Heer. Sie kriegen eine Villa in Rom, eine Luftyacht auf dem Mittelmeer, in zwei Monaten sind Sie König von Belgien, . . . !!
Montenegro hat auch ein Moratorium! Es kriegt erst in drei Monaten Dresche!!

Paul Simmel: Kriegsbilderbogen (»Lustiges Blatt« 45/1914) – eine Mischung aus sequentieller Bildfolge und Einzelbildwitzen.

Rückseite, so dass einige, die bei Eysler nur schwarzweiß gedruckt worden waren, neu koloriert werden mussten. Die Menge der übernommenen Seiten wird sich wohl nach dem Platzangebot im eigenen Heft gerichtet haben. Ullstein hatte selbst einen Pool an Zeichnern, und gerade deswegen ist es keineswegs selbstverständlich, dass man sich in den Kriegsjahren des Fremdmaterials bediente.

Wie auch im Fall der *Lustigen Blätter*, wandte man sich bei Ullstein mit fortschreitendem Kriegsgeschehen verstärkt dem unverbindlichen Humor zu. Mit Ausgabe 43/1917 reduzierte sich der Umfang der Beilage auf vier Seiten; dadurch ging der Abdruck von Comics naturgemäß zurück. Es ist interessant, den Tenor der *Lustigen Blätter* und des »Lustigen Blatts« während der letzten beiden Kriegsjahre zu vergleichen. Die Zeitungsbeilage nutzte zwar auch viele Titelillustrationen der Zeitschrift, doch so gut wie nie diejenigen, die ein snobistisches Publikum ansprachen. »Lustiges Blatt« als Beilage der *Berliner Allgemeinen Zeitung* blieb bürgerlich und sandte sogar kleine Spitzen gegen diejenigen aus, denen es auch im Krieg nicht schlecht zu gehen schien.

Es ist schlicht unmöglich, anhand der Comics in den drei behandelten Publikationen eine Stilbestimmung vorzunehmen. Es gab – und das trotz der offensichtlichen Vorgaben der Redaktion – nicht nur eine rigorose Individualität der Zeichner, sondern auch im Schaffen des Einzelnen eine gewisse Bandbreite an Ausdrucksmöglichkeiten. Die *Lustigen Blätter* als Dominanz – das betrifft Verteilungsstrategien und eine qualitative Vorbildfunktion, es leitet nicht über zu einer »Schule« des grafischen Ausdrucks. Um es noch einmal zu betonen: Diese Vielfalt entstand *trotz* der redaktionellen Vorgabe – oder sie entstand *wegen* der Vorausschau ebenjener Redaktion, was die Fähigkeiten der attachierten Zeichner betrifft. Gleichfalls ist generell keine künstlerische Entwicklung während der Kriegsjahre zu verzeichnen. Die kam dann erst nach dem Zerfall des Kaiserreichs, als nicht nur alte Ideen, sondern auch alte Formen obsolet geworden waren.

Der Comic, die Bild-Erzählung, ist in dem hier behandelten Umfeld rein auf den erwachsenen Rezipienten zugeschnitten. Comics für Kinder – das ist ein sich über die Bilderbogen entwickelnder Bereich, der in den 20er Jahren in den Kundenzeitschriften weiter ausgebaut werden wird. In der Masse der Beispiele aber richten sich die Zeichner an ein älteres Publikum, an das der Trägermedien Zeitung und Zeitschrift. Bildergeschichten, die sich an Jüngere richteten, waren im 1. Weltkrieg in Deutschland die Ausnahme. In Frankreich dagegen, wo sich längst der Abenteuercomic etabliert hatte, war der Krieg auch für junge Leser ein Thema.

Links »Familie Snob«: Weil die Preise für Pelze rückgängig sind, darf die Angestellte den Blaufuchs der Gnädigsten tragen (»Lustiges Blatt« 10/1918).

Nahm der Verlag Eysler & Co. zu den Zeiten dieses Krieges eine Sonderstellung ein? Nein, er sei hier nur als ein Beispiel vorgestellt – ein Beispiel dafür, wie eine Gruppe von Intellektuellen ad hoc jegliche zuvor angebrachte Kritik an den herrschenden Verhältnissen über Bord warf, um »an einem Strang zu ziehen«, an einem Strang mit den Konsequenzen von Jahrzehnten des Natio-

Links ein vermutlich von Walter Trier geschaffenes Titelbild (»Lustiges Blatt« 37/1918), das die mit »amerikanischen Versprechungen« gedopten Entente-Gäule zeigt.

Vier Titelbilder anderer satirisch-humoristischer Zeitschriften und Beilagen: Rechts die «2. Kriegsnummer« des »Ulk« vom 14. August 1914. Der »Ulk« verzichtete mit Kriegsbeginn auf den Einsatz von Farbe. Daneben *Kladderadatsch* 31/1914: »Wehe, wenn sie losgelassen!« Der *Kladderadatsch* hatte schon zur Jahresmitte von Farbe auf Schwarzweiß umgestellt, wohl um Kosten zu sparen. Unten links die Nummer 1 der »Kriegsflugblätter des *Simplicissimus*« (1914). Das Mantelheft blieb weitgehend unverändert; der Krieg wurde in die Beilage ausgelagert. Nur die *Fliegenden Blätter* (rechts daneben) scherten aus und begegneten dem Krieg mit der gewohnten Gemütlichkeit: Die Mutter ermahnt den Jungen, er möge an der Front bloß keine Rauferei anfangen.

nalismus und Militarismus. Den Verlagen und den von ihnen Abhängigen diesen Sinneswandel vorzuwerfen hieße, die allgemeine Stimmung im Land zu verkennen und die Abhängigkeit, in der sich jedes Unternehmen publizistischer Natur in einer solchen Lage befindet. Dass Presber und Mühlen-Schulte ihre autoritäre Funktion möglicherweise nicht ungern ausgeübt haben, steht auf einem anderen Blatt.

Die Gefahr, dass kritische Kräfte – und man sollte annehmen, dass politisch-satirische Zeitschriften dazu zählen – sich aus kaufmännischen Überlegungen in eine gesamtpolitische Gemengelage einbinden lassen, konnte man in der Folgezeit ein zweitesmal erleben. Nach dem Tod Otto Eyslers 1927 ging sein Verlag in die Hände von Erich Zander über, einem ambitionierten, national denkenden und seine Vorteile nutzenden Aufsteiger. Mit Beginn des 2. Weltkriegs wiederholte sich die Wandlung der »Lustigen Blätter« von einem unterhaltend-humoristischen Organ hin zur Propagandazeitschrift. Jetzt allerdings kam die Direktive von oben, vom Reichspropagandaministerium und den ihm untergeordneten Abteilungen. Der »vorauseilende Gehorsam« des 1. Weltkriegs wiederholte sich 1939 nicht. Erst als die deutschen Truppen von Sieg zu Sieg eilten und Paris quasi im Handstreich eroberten, regte sich wieder das alte Überlegenheitsgefühl.

Arpad Schmidhammer bei Jos. Scholz: Der Krieg als Kinderspiel

Von Eckart Sackmann

Mit Kaiser Wilhelm II. erlebte das Kaiserreich eine zunehmende Militarisierung. Nach dem Sieg von 1870/71 galt der Krieg als erstrebenswert. Als er 1914 »ausbrach«, ging auch der Kinderbuchverlag Jos. Scholz in Mainz unter die Anheizer. Einer seiner Zulieferer war der Illustrator Arpad Schmidhammer.

Schmidhammer hat ein breites Werk hinterlassen, aus dem hier nur die Handvoll an Bilderbüchern zur Sprache kommen soll, die der Zeichner während des Krieges für den Verlag Jos. Scholz konzipiert und illustriert hat. Sie stehen beispielhaft dafür, wie die wilhelminische Gesellschaft ihre Kriegslüsternheit an die junge Generation weitergab. Der Krieg war allerdings schon vor 1914 zum »Kinderspiel« geworden – mit patriotischem Spielzeug, mit Büchern und Romanheftserien, in denen der Krieg als Abenteuer beschrieben wurde, und mit einer besondern Art von Bilderbüchern, die das Gemetzel verniedlichten, indem ihre Urheber Kinder in Uniformen steckten und Krieg spielen ließen.

Arpad Schmidhammer (eigentlich: Arpath Emil Schmidhammer) wurde am 12. Februar 1857 in Joachimsthal im sogenannten Sudetenland (damals Österreich) geboren. Sein Vater war Oberbergrat und »Kunstmeister«, ein Beruf, dem heute der eines Ingenieurs entspricht. Nach einer Teilnahme am Feldzug gegen Bosnien 1878 studierte Schmidhammer Malerei in Graz und Wien und von 1879 bis 1883 an der Münchener Akademie. Anschließend betätigte er sich als Pressezeichner (Karikaturist) und Illustrator. Er war seit ihrer Gründung 1896 Hauptmitarbeiter der Zeitschrift *Jugend*. Seit Anfang des Jahrhunderts veröffentlichte Schmidhammer regelmäßig im Kinderbuchverlag Jos. Scholz in Mainz. Wegen der unterschiedlichen Tätigkeitsfelder ist das Werk des Zeichners immer nur perspektivisch, aber nie in Gänze behandelt worden.[1]

Die verlegerische Tätigkeit der 1793 als Großhandlung für Schreib- und Papierwaren gegründeten Firma von Joseph Carl Scholz in Wiesbaden begann Anfang des 19. Jahrhunderts in Mainz und entwickelte sich rasch auch international.

An der Wende zum 20. Jahrhundert erfuhr der Scholz-Verlag eine deutliche Veränderung. Dies mag teilweise mit den verschlechterten Außenhandelsbedingungen zusammenhängen, die das vornehmlich am Export orientierte Unternehmen der Familie Scholz besonders schwer trafen. Gezielt sprachen nun Reihen unter dem Titel »Das deutsche Bilderbuch« (seit 1903), »Das deutsche Malbuch« (seit 1904), »Mainzer Volks- und Jugendbücher« (seit 1908) oder »Kunstgaben für das deutsche Volk« (seit 1906) einen inländischen Markt an, wobei man am bildungsbürgerlichen Auftrag für die Zielgruppe der Kinder und Jugendlichen festhielt.[2]

Der »bildungsbürgerliche Auftrag« des Verlags war eindeutig national geprägt. Zusammen mit Wilhelm Kotzde (d. i. Wilhelm Kottenrodt)[3] verfasste J. Scholz 1912 die Schrift »Der vaterländische Gedanke in der Jugendliteratur. Eine Streit- und Wehrschrift« sowie 1913 die Dokumentation »Der

Links ein Selbstbildnis Arpad Schmidhammers aus *Jugend* 1/1905. Rechts unten dass typische Signet anstelle der Signatur AS.

[1] Vgl. z. B. Ludwig Hollweck: Karikaturen. Von den Fliegenden Blättern bis zum Simplicissimus 1844–1914. Süddeutscher Verlag 1973. S. 140 u. a.; ferner Helmut Müller: Schmidhammer, Arpad. In: Klaus Doderer (Hg.): Lexikon der Kinder- und Jugendliteratur. Weinheim/Basel 1984. Bd. 3. S. 292ff.

[2] Cornelia Schneider: Die Sammlung »Scholz Mainz« in der Stadtbibliothek. In: Annelen Otterman/ Stephan Fliedner: 200 Jahre Stadtbibliothek Mainz. Wiesbaden 2005. S. 232.

[3] Kotzde war bei Scholz ab 1908 Herausgeber der Reihe »Mainzer Volks- und Jugendbücher«. Hier erschien 1910 die chauvinistisch-kriegstreiberische »Geschichte des Stabstrompeters Kostmann« sowie 1912 »Und deutsch sei die Erde! Aus der Zeit deutscher Größe«. 1912/13 gab Kotzde bei Scholz die »Vaterländischen Bilderbücher« heraus, mit Titeln wie »Deutschlands Not und Befreiung«, »Es braust ein Ruf wie Donnerhall« und »Friedrich der Große«, die laut Verlagswerbung zur Heldenverehrung erziehen sollten.

Am andern Zaune lauert schon
Der Jacques und noch so ein Kujon.
Die Keilerei wird beiderseitig,
Doch sieh es kommt noch anderweitig.

Denn John voll Neid auf Michls Garten
Der kann es längst schon nicht erwarten,
Kommt übers Wasser schnellen Trabs,
Bringt seinen Affen mit, den Japs,

Und eilt, in Michls Blumenbeeten
Die schönen Blumen auszujäten.
O John, du niederträcht'ger Tropf,
Nun hüte deinen gelben Schopf!

Oben: Viel Feind, viel Ehr – obgleich sie von allen Seiten bedrängt werden, gewinnen Michel und Seppl die »Prügelei«.

Gegenüberliegende Seite: Die Schlacht als Schneeballschlacht.

Kampf um die Jugendschrift«. In deren Vorwort heißt es:

> Das Volksdeutsche wird über die Weltbürgerlichkeit, Friedenssimpelei und blasses Ästhetentum siegen.[4]

Es war also keinesfalls so, dass die Kriegsbegeisterung bei Jos. Scholz erst mit Beginn des Krieges einsetzte. Ganz deutlich ist eine unterschwellige Kriegsvorbereitung auszumachen, eine Verherrlichung des »Kriegshandwerks«, gepaart mit chauvinistischer Überheblichkeit. Diese Haltung war im Ordnungsregime Wilhelm II. nicht ungewöhnlich; sie war quasi ein Ausdruck dieses militanten Kaisertums.

Auf der anderen Seite propagierte der Verlag mit Reihen wie »Das deutsche Bilderbuch« und »Scholz' Künstlerbilderbücher« das »künstlerisch wertvolle« Bilderbuch. Das ist kein Widerspruch, denn die Kreise, die solch schöngeistige Bücher kauften, waren sicherlich dem gutbürgerlichen und damit dem systemtreuen Lager zuzurechnen. Für die erstgenannte Reihe hatte Arpad Schmidhammer 1904 Illustrationen zu »Rotkäppchen« geschaffen.

> Sowohl die moderne künstlerische Ausstattung der »Künstler-Bilderbücher« als auch das patriotische, ja oft chauvinistische Gedankengut vieler Kinder- und Jugendbücher aus dem Scholz-Verlag traf offenbar den Puls der Zeit.[5]

Mit seiner politischen Tendenz stand der Verlag Jos. Scholz nicht allein. Lukasch führt die Bandbreite der kriegsverherrlichenden (und kriegsvorbereitenden) Kinder- und Jugendbücher vor dem 1. Weltkrieg vor.[6] Auffallend ist, dass die Verharmlosung des Krieges nur in den ersten Kriegsjahren ihren Ausdruck findet. Nach 1916 hatte sich die grausame Realität des Schlachtens im Reich herumgesprochen; der Krieg wurde verdrängt – jedenfalls im Kinderbilderbuch.

Arpad Schmidhammer, der bis Kriegsbeginn eine ganze Reihe von Büchern für Scholz illustriert[7] und auch selbst verfasst hatte, schuf 1914 mit dem »Kriegsbilderbuch« »Lieb Vaterland magst ruhig sein!« das erste seiner kriegshetzerischen Werke. Das Büchlein mit 16 Seiten im Querformat enthielt eine achtseitige Bildergeschichte des Zeichners, mit einem farbigen Großbild pro Seite und vier gereimten Versen darunter. Die Erzählung wird von patriotischen Gedichten unterbrochen, so dass auf jeder Doppelseite mit Ausnahme der Mittelseiten jeweils ein Bild des Comic und ein Gedicht zu sehen sind.

Erzählt wird, wie Michl und Seppl (Deutschland und Österreich) »ganz friedlich« ihren Blumengarten pflegen. »Das ärgert aus dem Nachbarhaus den Lause-

[4] Zit. nach Marie-Luise Christadler: Kotzde, Wilhelm. In: Klaus Doderer (Hg.): Lexikon der Kinder- und Jugendliteratur. a. a. O. Bd. 4. S. 247f.

[5] Cornelia Schneider: Die Sammlung »Scholz Mainz« in der Stadtbibliothek. a. a. O., S. 233.

[6] Peter Lukasch: Der muss haben ein Gewehr. Krieg, Militarismus und patriotische Erziehung in Kindermedien vom 18. Jhdt. bis in die Gegenwart. Norderstedt 2012. Darin die Kapitel 4 bis 6. Im Detail auch Helmut Kraus: Die Kriegsbilderbücher des Ersten Weltkriegs. Zur Darstellung von Persönlichkeiten, Kriegsschauplätzen und Waffen in Bild und Text. Unveröff. Diplomarbeit Universität Wien (Geschichtswissenschaften). Wien 2011.

witsch und Nikolaus.« Es kommt zum Streit, in den sich auch »der Jacques und noch so ein Kujon« einmischen. Von anderer Seite kommt »John voll Neid auf Michls Garten«; er »bringt seinen Affen mit, den Japs.« »Jetzt gehts zu Wasser und zu Lande / Mit Hurrah auf die Räuberbande, / Sechs gegen zwei, das gibt 'nen Tanz, / Da bleibt beim Feind kein Flicken ganz.« Am Ende siegen Michl und Seppl gegen die Übermacht der Feinde, die, in einen Käfig eingesperrt, nun auf den blühenden Garten schauen müssen.

Der Hintergrund, in groben Zügen: Nachdem Österreich (»Seppl«) Serbien (»Lausewitsch«) den Krieg erklärt hatte, erfüllte das Deutsche Reich (»Michl«) seine »Bündnistreue« und erklärte am 1. August erst Russland (»Nikolaus«) den Krieg, wenig später dann auch Frankreich (»Jacques«). Nach dem Einmarsch deutscher Truppen in Belgien stellte Großbritannien (»John«) dem Deutschen Reich ein Ultimatum. Eine Reihe von Kriegserklärungen folgten, darunter am 23.8. auch die Japans (»Japs«) an Deutschland. Da dieser Comic 1914 herauskam, muss er nach diesem Datum entstanden sein; vermutlich war er als Weihnachtsgabe angelegt.[8] Das widerspricht der Vermutung von Schneider:

> Die 1914 erschienenen Erstauflagen sind vermutlich alle vor der Mobilmachung am 1. August fertiggestellt worden, da mit Kriegsbeginn die Produktion zunächst unterbrochen wurde, nicht zuletzt deshalb, weil es sich bei den ausgebildeten Kräften hauptsächlich um wehrfähige Männer gehandelt haben wird.[9]

Mit »Gloria Viktoria. Ein Weltkriegs-Bilderbuch« verzeichnet die Kinderliteratur sogar einen Nachahmer für »Lieb Vaterland magst ruhig sein!«.[10]

Das im darauffolgenden Jahr fertiggestellte Bilderbuch »Die Geschichte vom General Hindenburg« schildert, wie Paul von Hindenburg Ende August 1914 aus dem Ruhestand heraus zum Oberbefehlshaber in Ostpreußen ernannt wurde und in der sogenannten Schlacht von Tannenberg die eingedrungenen Russen zurückschlagen konnte. Am 2. September 1914 wurde Hindenburg für dieses Verdienst der Orden »Pour le mérite« verliehen. Auf die gewonnene Schlacht an den Masurischen Seen im September 1914 folgte die Ernennung zum Generalfeldmarschall. Im Februar 1915 glückte Hindenburg der Sieg in der Winterschlacht in Masuren.

Da lachte Seine Majestät: „Das war einmal ein Fall!“
Und machte Gen'ral Hindenburg zum Gen'ralfeldmarschall.
Der Marschallstab in seiner Hand gewann, es war ne' Pracht,
Aufs neue im Masurenland die große Winterschlacht.

Mit Brüdern aus dem Oesterreich und aus dem Ungarland,

Diese Ereignisse inspirierten Arpad Schmidhammer zu einer zwölfseitigen Bildergeschichte, wie der Vorgänger erzählt in einem Bild pro Seite mit gereimtem Untertext, diesmal aber nicht durch fremde Texte unterbrochen. Die Soldaten werden als Kin-

Fürs Vaterland und Vaterhaus
Zieht Hans getrost ins Feld hinaus.
„Lieb Mütterchen, sei guten Mutes!“
„„Ach ja, ich schick Dir auch was Gutes.““

Pierre hat nur Rewansch im Sinn
Und seinen Marsch Paris-Berlin.
Er bläst sich auf als wie ein Frosch
Und schimpft den Hans gar einen „Bosch“.

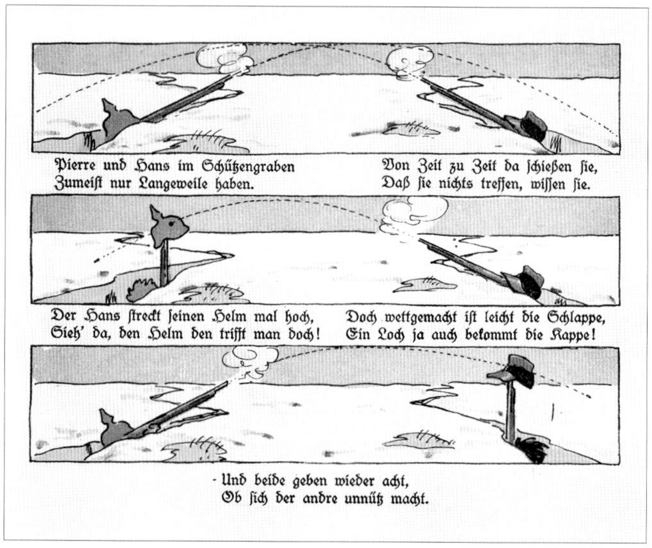

Pierre und Hans im Schützengraben
Zumeist nur Langeweile haben.
Von Zeit zu Zeit da schießen sie,
Daß sie nichts treffen, wissen sie.
Der Hans streckt seinen Helm mal hoch,
Sieh' da, den Helm den trifft man doch!
Doch wettgemacht ist leicht die Schlappe,
Ein Loch ja auch bekommt die Kappe!
Und beide geben wieder acht,
Ob sich der andre unnütz macht.

Der ordentliche und kluge Hans und der dumme, wilde Pierre – der Ausgang des Kampfes ist für den Betrachter schon entschieden, bevor die Schlacht beginnt.

der in Uniform dargestellt, der Protagonist in gleicher Größe, aber deutlich als alter Mann gezeichnet. Die ostpreussische Landschaft reduziert Schmidhammer auf eine grüne, von blauen Seen durchsetzte Fläche vor geradem Horizont, auf dem ein paar karge Bäume stehen. Die im vorletzten Bild wiedergegebene Winterschlacht verkommt zur fröhlichen Schneeballschlacht. Im letzten Bild führen das personifizierte Österreich und Ungarn den Generalfeldmarschall zwischen sich in einer Siegesparade: »Sie treiben aus der Polackei die Russen wohl hinaus / Und ziehen mit Trompetenschall als Sieger froh nach Haus.« Es folgt eine Abschluss-Seite mit einem fliegenden, bekrönten und den Siegerkranz tragenden Adler sowie den Versen:

Deutschland, Deutschland über alles, über alles in der Welt! / Es lebe General Hindenburg, der große deutsche Held. / Er rettet unser Vaterland aus Not und aus Gefahr, / Und siegreich über einer Welt von Feinden schwebt der Aar.

Während hier pathetisch das Heldentum zelebriert wird, hat sich an der Westfront längst der Stellungskrieg etabliert. Diesen thematisiert der Zeichner (und Autor) ein Jahr später in der »lustigen Schützengrabengeschichte« »Hans und Pierre«. Zwei Jungen, Deutscher und Franzose, ziehen in den Krieg – der eine »Für Vaterland und Vaterhaus«, der andere, weil er »Revansch im Sinn« hat, also Rache für den verlorenen Krieg von 1870/71. Das Vaterhaus des Deutschen ist reinlich und wohlgeordnet; das Dorf des Gegners macht einen heruntergekommenen Eindruck. Aus einem Fenster winkt ein Mann mit der Weinflasche in der Hand; eine Flasche und die Trikolore schwenkt auch der wild und ungeordnet voranstürmende Pierre. Im vierten Bild liegen sich die beiden im Schützengraben gegenüber, mutterseelenallein in flacher, schneebedeckter, karger Landschaft:

Pierre und Hans im Schützengraben / Zumeist nur Langeweile haben. / Von Zeit zu Zeit da schießen sie, / Daß sie nichts treffen, wissen sie.

Angesicht der Realitäten an der Westfront ist diese Szene an Verklärung, Banalisierung und damit Gemeinheit und Brutalität kaum zu übertreffen. Vom Hurrapatriotismus

[7] Darunter auch für Wilhelm Kotzde (»Lustige Märchen« um 1910, »Die Fahrt zu den Ameisleuten« 1913) bzw. von ihm herausgegebene Reihen.

[8] Schmidhammers Kriegsbilderbücher nennen alle kein Jahr der Veröffentlichung, sind aber durch die zugrundegelegten Ereignisse annähernd datierbar.

[9] Cornelia Schneider: Die Bilderbuchproduktion der Verlage Jos. Scholz (Mainz) und Schaffstein (Köln) in den Jahren 1899 bis 1932. Diss. Frankfurt am Main 1984. S. 25f.

angestachelte und damit kriegsbegeisterte Jugendliche hatten sich bei Kriegsbeginn in großer Zahl freiwillig gemeldet und waren – völlig ohne Heldentum – einem raschen Ende erlegen. Die Propaganda stellte dieses sinnlose Abschlachten auf den Kopf:

Westlich Langemarck brachen junge Regimenter unter dem Gesange »Deutschland, Deutschland über alles« gegen die erste Linie der feindlichen Stellungen vor und nahmen sie. Etwa 2.000 Mann französischer Linieninfanterie wurden gefangengenommen und sechs Maschinengewehre erbeutet.[11]

Schmidhammers Hans wird nicht geopfert; er ist schlau. Als der Franzose, dürftig ausgerüstet, vom deftigen Mittagsmahl des Deutschen angelockt wird und sich einen Verbindungsgraben gräbt, wird er in einer Schlinge gefangengenommen und zum General (Hindenburg) gebracht. Hans erhält zur Belohnung das Eiserne Kreuz, der Franzose sitzt in Döberitz gefangen, wo es ihm aber überhaupt nicht schlecht zu ergehen scheint. Hans ist – in einer unfarbigen Bildfolge auf der letzten Seite der Geschichte – in Pierres Stellung vorgerückt und schreibt der Mutter für die gute Verpflegung einen Dankesbrief: »Es siegt auch, wer auf Gott vertraut / Mit Frankfurter und Sauerkraut.«

Obwohl im selben Format gestaltet wie die drei oben vorgestellten Propaganda-Bilderbücher Schmidhammers, fällt das 1915 oder 1916 entstandene »John Bull Nimmersatt« (»Und wie es ihm ergangen hat«) dadurch aus dem Rahmen, dass der feindliche Protagonist deutlich als Erwachsener dargestellt wird, als das Zerrbild, die Karikatur eines Erwachsenen. John Bull, der Engländer, rafft seit Hunderten von Jahren Eroberungen an sich, gönnt dem kleinen, Goethe lesenden Michl aber nicht, dass er auch mal einen Fisch (namens Ostafrika) an Land ziehen möchte. Er bespuckt ihn nicht nur, sondern schneidet auch die folgende Beute (Agadir)

von der Angel ab. Dann winkt er zwei »Halunken« herbei (Frankreich und Russland): »Die werden's Micheln schon besorgen.«

John Bull hat nicht damit gerechnet, dass Michl sich zu verteidigen weiß, um so mehr, als seine »Onkel« Zeppelin und Tirpitz ins Geschehen eingreifen. Tirpitz' U-Boote zwicken England fürchterlich. Als dann auch noch der Türke den Kampf aufnimmt, geht es John Bull an den Kragen. Er wird ausgezogen und verdroschen, seine Kleidung für eine Vogelscheuche missbraucht, was von der ganzen Welt bestaunt und beklatscht wird.

So hat den größten Fang gemacht / Der gute Michl und er lacht: / »Jetzt darf ein Jeder wieder fischen, / So viel er mag und kann erwischen.«

Dass Schmidhammer seine Botschaften kindgerecht verpackt, entspricht durchaus dem Trend der Zeit. In der durch den Militarismus geprägten wilhelminischen Gesellschaft – oder besser: im bürgerlichen bis gutbürgerlichen Teil dieser Gesellschaft (beim Proletariat war die Kriegsbegeisterung schwächer ausgeprägt) wurde die Erziehung

John Bull gefällt es gar nicht, dass jemand in »seinen« Gewässern angelt, doch der Goethe und Bismarck lesende Michl möchte auch einen Happen von der Welt abbekommen.

Times
Doch als der Michl wuchs inzwischen
Und auch im Teiche wollte fischen,
Da schrie er, als er's ward gewahr:
„Das Heiligste ist in Gefahr!“

Als Michl gar nach manchem Fang,
Der mit Geduld und Fleiß gelang,
Grad auf ein Fischlein war erpicht,
Da spuckte John ihm ins Gesicht.

Denn mit dem Halbmond scharfgezähnt,
Den er vom Türkenland entlehnt,
Packt Michl endlich dich am Kragen,
Das ist dir neu seit langen Tagen!

Nun stopft man dir das Lügenmaul
Und zieht dir aus, man ist nicht faul,
Die Stiefel, Hosen und die Jacke
Und gerbt dir brav die Hinterbacke.

Der Kriegseintritt der Türkei und die tatkräftige Mithilfe von Zeppelin (Luftwaffe) und Tirpitz (U-Boote) tragen zur Niederlage John Bulls bei (aus »John Bull Nimmersatt«).

des Jungen zum Soldaten als normal empfunden. Auch in den Friedenszeiten zwischen 1871 und 1914 herrschte im Grunde kein Frieden: Man wartete auf den nächsten Krieg, den man für unvermeidlich und sogar für wünschenswert hielt. Dass dieser Krieg gegen Frankreich geführt werden musste, stand ebenso fest. Der »vaterländischeKrieg« gegen Napoleon musste als Folie dafür herhalten, dass die Bedrohung aus dem Westen kam; mit der Einverleibung von Elsass-Lothringen hatte man ein übriges getan, um auch auf der Gegenseite Ressentiments zu schüren. Der Krieg von 1870/71 war auf Grundlage gewollter Provokationen (Emser Depesche) entstanden. Dass er gewonnen worden war, stützte den Glauben an die eigene Unverwundbarkeit und endete in Überheblichkeit und Größenwahn.

Das Kind war in dieses System eingebunden, vom Soldatenspiel bis hin zum obligatorischen Matrosenanzug. Wir empfinden es heute als perfide, wie diese Kinder manipuliert wurden, doch auch heute werden Jugendliche auf den Krieg vorbereitet, wenngleich subtiler, mit Kriegsspielzeug, immer brutaleren Filmen und kriegsbetonten Computerspielen. Kinder als Soldaten zu verkleideten, fand im Kaiserreich Ausdruck in vielerlei Form. Nicht nur in Kinderbüchern, auch auf Postkartenserien war dies schon vor 1914 ein beliebtes Motiv, das selbst vor Anspielungen auf die kaiserliche Familie nicht halt machte. Cornelia Schneider wirft Schmidhammer vor, dass er

> [...] weniger die historischen Ereignisse schilderte als sie vielmehr in eine dem Kind eingängige Geschichte (Parabel) übertrug, die zwischen tatsächlich Geschehenem, Verdrehung der Tatsachen und purem Wunschdenken hin- und herschwankte; eine Art der Geschichtsdarstellung, wie er sie bei vielen seiner Kriegsbilderbücher verwendete und die es ihm ermöglichte, historische Ereignisse willkürlich zu verdrehen, ohne dabei den Anspruch auf Wirklichkeitstreue ganz aufgeben zu müssen. Dem kindlichen Leser machte es diese Mischform aus Fiktion und Historienbeschreibung unmöglich, Erfundenes von tatsächlich Passiertem zu unterscheiden, da keine erkennbare Trennung zwischen den beiden Realitätsebenen vollzogen wird.[12]

Wenn sie dem Autor vorhält, seine Methode bestehe darin,

> dem Feind seine Menschenwürde abzuerkennen, indem man ihn als Tier bzw. mit animalischen Attributen darstellte[13]

so entspricht dies der Propaganda, wie sie zum Beispiel auch die Titelbilder der satirisch-humoristischen Zeitschrift *Lustige Blätter* von 1914 und 1915 zeigen.

Waren die vorstehend erwähnten Titel deutlich auf die Zielgruppe der Kinder zugeschnitten, fällt das fünfte Kriegsbilderbuch Schmidhammers in dieser (und anderer) Hinsicht aus dem Rahmen. Schon die Aufmachung des Büchleins unterscheidet sich: kein Querformat diesmal, sondern ein kleines Hochformat mit Schutzumschlag. »Maledetto Katzelmacker. Eine wunderschöne Räubergeschichte, aufgemalt und zur Guitarre gesungen von Arpad Schmidhammer« heißt es auf der Titelseite, die als Illustration

Das Kind als »kleiner Soldat«, ein zur Kaiserzeit gängiges Postkartenmotiv (1907).

Aus Prinz Wilhelms Kinderstube.
Der kleinste Kanonier.

Links: Grußpostkarten mit »niedlichen« Kindersoldaten waren während des 1. Weltkriegs sowohl als Fotokarten als auch in gezeichneter Form im Umlauf. Diese Karte wurde 1916 verschickt.

ein Paar Moritatensänger zeigt. Der Titel verdient Erläuterung. »Maledetto« ist italienisch und abschätzig: »verdammt«, »verflucht«.

Unter »Katzelmacher«, eigentlich»Gatzelmacher« (bei Schmidhammer »Katzelmacker«) verstand man im österreichischen und süddeutschen Raum italienische Wanderhandwerker, die Kochgeräte reparierten (Kesselflicker) und »Gatzeln«(Löffeln) – daher der Name – herstellten. Seit dem Kriegseintritt Italiens wurde dieser Ausdruck allgemein abschätzig für Italiener gebraucht und mit »falsch« assoziiert, ist heute aber weitgehend außer Gebrauch gekommen.[14]

Der »verfluchte Italiener« wird dem Leser im ersten Bild der insgesamt 17 Bilder umfassenden Geschichte mit der Berufsbezeichnung »Abruzzenräuber« vorgestellt: »Mörderte wohl auch zuweilen / Als ein großer Held; / Wenn es 'mal gefährlich wurde, / gab er Fersengeld.« Der »Maronibrater« hat sein Geschäft vor dem Haus des Dreibunds.

Vor dem Ersten Weltkrieg war Italien mit Deutschland und Österreich-Ungarn im sogenannten Dreibund verbündet gewesen, erklärte sich aber bei Ausbruch des Krieges zunächst für neutral und nutzte schließlich die Gelegenheit, um Gebietsansprüche gegenüber der Donaumonarchie geltend zu machen, die aber zurückgewiesen wurden. Im Londoner Vertrag von 1915 ließ sich Italien daraufhin von den Gegnern der Mittelmächte erhebliche Gebietsgewinne zum Nachteil Österreichs zusichern und erklärte am 23. Mai 1915 Österreich-Ungarn den Krieg.[15]

Bei Schmidhammer spielt sich der Sinneswandel der Italiener so ab: Eines Tages schleicht um das Haus »zum Dreibund« (»Michl, Seppl & Co. G.m.b.H«) ein »gar böses Pack« herum, eine »internationale Bande«, bestehend aus den uns schon bekannten Niko, John und Jacques. Da die von Skoda und Krupp gesicherte Tür allen Einbruchsversuchen standhält, beschließen die Übeltäter, durch ein Fenster einzusteigen. Dazu brauchen sie die Hilfe Katzelmackers. Mit einem Pfund Sterling lässt sich der Italiener gern überreden.

Als Maledetto mit gezogenem Dolch vor dem Fenster steht, öffnet sich dieses, und Seppl fasst den Burschen am Ohr. Aus der Tür tritt derweil Michl, der die Pyramide der Einbrecher zum Einsturz bringt. Die suchen das Weite; Maledetto aber »baumelt kläglich«. Er wird in seinen Maronikessel gesteckt und am Galgen aufgehängt, den Raben zum Fraß.

Anders als in den vorherigen Büchern stellt der Zeichner seine Protagonisten diesmal nicht als Kinder dar, sondern sämtlich als Erwachsene, als Karikaturen der Nationen, die sie verkörpern. Maledetto ist von kleiner Statur, ungepflegt, bärtig und mit wildem dunklem Haarschopf. Er hält ständig einen Dolch gezückt. Als Kontrast sind die Mitglieder des Dreibunds hochgewachsen und gepflegt. John, der Engländer, ist groß und dünn und in kariertes Tuch gekleidet. Niko, der Russe, hat eine Fellmütze auf dem Kopf und sieht aus wie ein Bauer. Der Franzose Jacques ist klein; er trägt die bunte französische Uniform.

Wie in den Karikaturen, die wir aus der satirischen Presse der Zeit kennen, wird der Gegner in jeder Hinsicht verhöhnt und verächtlich gemacht. Die »Darsteller« der Entente habe nur die schlechtesten Charakter-

[10] Ohne Verfasser, Verlag und Datum (verm. 1915). Zwei Jungen in Uniform bauen eine Strandburg (» Der Franz und Michel bauen friedlich an ihrer Festung urgemütlich...«). Dabei werden sie angegriffen von Nickelwitsch, Lausikoff, Louis usw.

[11] Aus einem Kommuniqué der Obersten Heeresleitung vom 11. November 1914.

[12] Cornelia Schneider: Die Bilderbuchproduktion... a. a. O., S. 54.

[13] ebd. , S. 55.

[14] Peter Lukasch: Kinder und Propaganda. a. a. O. S. 166, Anm. 97.

[15] ebd., S. 165f.

Und die Vierbundspyramide schreitet nun zur Tat,
Oben aber geht das Fenster, das ist aber fad!

Denn der Seppl faßt beim Ohre Maledetto jetzt,
Während Michl unten hinten Niko eins versetzt.

Maledetto baumelt kläglich,
Seppl aber lacht:
„Michl, was wird mit dem Racker
Eigentlich gemacht?"

„Häng ihn im Maronikessel
Ruhig an die Luft!
Wenn es nicht die Raben ekelt,
Fressen sie den Schuft."

Die fürchterlichen Dämpfe in Flandern A. Schmidhammer
„Gelt, der Michel raucht keinen Guten!"

John Bull in der Dardanellen-Enge A. Schmidhammer
„Lassen wir ihn ruhig in die Spalte hinein! Wenn er sich mit dem Kopf festgeklemmt hat, gerben wir ihm den Hintern!"

Links Schmidhammers zynischer Kommentar zu den ersten Giftgasangriffen an der Westfront (*Jugend* 11/1915). Daneben eine Karikatur zum Engagement der Briten in der Türkei (*Jugend* 19/1915).

Linke Seite: Das gerechte Ende des bösen Abruzzenräubers Maledetto Katzelmacker. Gegen die kräftigen Vertreter des Dreibunds haben die Feinde keine Chance.

eigenschaften: Sie sind räuberisch, hinterhältig, dumm und feige. Die Vertreter des Dreibunds dagegen sind Lichtgestalten und verkörpern Ideale – und nicht nur das: Sie sind unbesiegbar. Offensichtlich ließ sich diese plumpe Propaganda zur Zeit des Entstehens noch an den patriotischen Käufer bringen.

Datiert wird das Buch allgemein auf 1916, es gibt allerdings ein Indiz, dass es schon im Jahr zuvor, also 1915, entstanden sein könnte: die Aktualität des Überlaufens der Italiener zur Entente. Am 4. Mai 1915 kündigte Italien den Dreibundvertrag auf, am 23. Mai erklärte es Österreich-Ungarn den Krieg. Auch die anderen Kriegsbilderbücher des Zeichners waren jeweils kurz nach den geschilderten Ereignissen entstanden. Dass sich der Zeichenstil von »Maledetto Katzelmacker« von dem der anderen Kriegsbilderbücher des Künstlers unterschied, mag daran liegen, dass Schmidhammer hier eine andere Zielgruppe im Auge hatte, nämlich diejenigen (Erwachsenen), die auch seine propagandistischen, kriegsbejahenden Karikaturen in der *Jugend* lasen. Deren Strich kommt dem dieses Propagandawerks nahe.

Schmidhammers Kriegsbilderbücher als Comic zu bezeichnen, mag zunächst irritieren. Es ist aber doch so: Formal haben wir es mit (kurzen) Bild-Erzählungen zu tun; ein Bild baut auf dem vorangegangenen auf und führt die Geschichte fort. Die Art der Bild-Erzählung mit einem Bild pro Seite ist ungewohnt, aber kein Einzelfall. Historisch lässt sie sich weit zurückverfolgen – Dürers »Große Passion« oder Goyas »Gefangennahme des Banditen El Maragato« basieren auf demselben Prinzip und in neuerer Zeit Hans Hillmanns »Fliegenpapier«. Die Unterlegung der Bilder mit gereimten Texten entspricht dem Usus der Zeit.

Kraus hat insgesamt 63 deutsche Kriegsbilderbücher des 1. Weltkriegs gezählt.[16] Mit seinen fünf Werken war Arpad Schmidhammer der produktivste Zeichner in diesem Genre. Es lässt sich vermuten, das sich solche Bücher in den ersten Kriegsjahren gut absetzen ließen, als Geschenk patriotischer Eltern an eine männliche Jugend, die es kaum abwarten konnte, Soldat zu sein. Damals profitierte der Verlag davon, doch bei späteren Beschreibungen der Aktivitäten von Jos. Scholz wird die chauvinistische Kriegspropaganda gern unterschlagen.[17] Die 1914 allgegenwärtige Begeisterung ebbte rasch ab, als sich die grausame Realität dieses Krieges abzeichnete. Bei Jos. Scholz produzierte man wieder Harmloses, so als sei nichts gewesen.

Politisch war der 1. Weltkrieg jedoch noch lange nicht zuende. Als Sieger von Tannenberg blieb Paul von Hindenburg von allen Schrecken unberührt:

> Innerhalb der in den Kriegsbilderbüchern des Ersten Weltkriegs aufscheinenden Persönlichkeiten stellt nun der spätere Generalfeldmarschall Paul von Hindenburg die alles überragende Gestalt dar. Niemand anderer, nicht einmal Kaiser Wilhelm II., findet in den hier untersuchten Werken solch einen gewaltigen Niederschlag. 24 von insgesamt 63 deutschen Publikationen, also knapp 40%, thematisieren den militärischen »Star« [...][18]

1925 wurde Hindenburg zum Reichspräsidenten gewählt – das einzige deutsche Staatsoberhaupt, das je vom Volk direkt gewählt wurde. Die ihm zugeschriebenen Heldentaten wirkten nach. Im Januar 1933 berief Hindenburg Adolf Hitler zum Reichskanzler.

[16] Helmut Kraus: Die Kriegsbilderbücher... a. a. O., S. 17.

[17] Zum Beispiel in [Christa v. d. Marwitz:] 175 Jahre Jos. Scholz Verlag. Mainz 1968.

[18] Helmut Kraus: Die Kriegsbilderbücher... a. a. O., S. 347.

»Bunte Kriegsbilderbogen« – zum zweiten

Von Andreas Teltow

Wir behandelten die Reihe der »Bunten Kriegsbilderbogen« in »Deutsche Comicforschung« 2008. Bereits 1999 erschien in einem Katalog des Stadtmuseums Berlin eine Abhandlung über den Verlag Troitzsch. Hier nun Teile jenes Textes, die das Selbstverständnis des Produzenten der Kriegsbilderbogen widerspiegeln.

Auf ein anderes Gebiet begab sich die Vereinigung der Kunstfreunde während des 1. Weltkriegs mit der Herausgabe der »Bunten Kriegsbilderbogen«, zu denen sich, ebenfalls im Hause Troitzsch[1] von den Vereinigten Kunstinstituten AG herausgegeben, die »Lustigen Kriegsbilderbogen« gesellten. Damit entsprach der Verlag der allgemeinen Kriegsbegeisterung der Jahre 1914/15 und reihte sich in eine unübersehbare Flut kriegsbejahender Bilderproduktion ein. Dies bedeutete durchaus keinen Bruch in der Gesinnung der Herausgeber, wie bereits eine Einschätzung aus dem Jahre 1906 belegt:

> Seit Jahren betätigt Troitzsch seine patriotische Gesinnung in uneigennützigster Weise durch unentgeltliche Hergabe der Erzeugnisse seines Verlages, hauptsächlich von Portraits der Majestäten an Behörden, Schulen, Truppenteile p.p., wodurch er zur Hebung des patriotischen Gedankens bei der Jugend und in weiteste Kreise segensreich mitwirkt.[2]

Welchen martialischen Anspruch die Kriegsbilderbogen des Troitzsch-Verlages im Gegensatz zum Charakter der hier sonst verlegten Kunstreproduktionen hatten, offenbart eine programmatische Selbsteinschätzung der Herausgeber:

> Wenn es darauf ankam, große Massen zu erregen, die Bürger grimmig und die Bauern toll zu machen, ließ man Flugschriften in die Häuser und Hütten flattern, gehauene Worte, die der Feinde Schande schmähten, kreischende Bilder, die der Todgegner ekle Grimasse an den Pranger schleiften. Die Lächerlicheit des Gegners doppelt die Zuversicht, ihn in den Staub zu bringen. [...] Das Recht, den Kriegsgegner dem Witze vogelfrei zu überweisen, ist durch die Übung von Jahrtausenden erwiesen. Zuzeiten kann auch Rohheit Tugend sein. Wer will uns darum die Lust an ausgerenkten Franzbeinen und geplatzten Russenstiebeln verwehren. Auch die Karikatur ist eine tödliche Waffe. Daher unsere Kriegsbilderbogen: Kitzliche Steckbriefe für Knutenreiter, Rotbeine und Marmeladenfresser.[3]

Die »Bunten Kriegsbilderbogen« erschienen bis zur Nummer 52 und wurden dann in Anbetracht von Zensurbestimmungen eingestellt.[4] Als Erscheinungszeitraum ist, entsprechend der Werbung im *Kunstfreund*, die Spanne von Oktober 1914 bis März 1915 anzunehmen. Die Blätter konnten auch in Buchform zum Preis von drei Mark erworben werden. Die Titelzeichnung auf dem Einband der illustrierten Kriegschronik entwarf Oscar Michaelis. Die Februarausgabe 1915 des *Kunstfreundes* weist schließlich auf einen zweiten Sammelband in geprägtem Leineneinband mit farbiger Titelzeichnung von Lucian Bernhard hin. In diesem befanden sich u. a. die Bogen mit den Nummern 22, 27 und 40 sowie das Blatt »Gesang der Flieger« von Hans R. Schulze.

Die »Lustigen Kriegsbilderbogen« lassen sich in einem Umfang von dreizehn Nummern nachweisen. Sie wurden vom Verlag im amtlichen Auftrag erst 1917 herausgege-

[1] Über den Verleger und seine Aktivitäten siehe als Quelle des hier vorliegenden Auszugs Andreas Teltow: Adolph Otto Troitzsch. In: [Stiftung Stadtmuseum Berlin]: Die große Welt in kleinen Bildern. Berliner Bilderbogen aus zwei Jahrhunderten. Berlin 1999. S. 147-152.

[2] Brandenburgisches Landeshauptarchiv, Rep. 20, Titel 94, S. 150/151.

ben, zu einem Zeitpunkt also, an dem die allgemeine Kriegsbegeisterung längst einer weitgehenden Ernüchterung gewichen war.

Auf Veranlassung des Kriegspresseamts erscheinen in unserem Verlage zur Ergötzung von Jung und Alt in der Heimat wie im Felde hochaktuelle Lustige Kriegsbilderbogen Nr. 1–8 und Folge von bekannten Künstlern wie Heilemann, Jüttner, Petersen, Trier, Wellner in packender Darstellung gezeichnet und mit humoristischen Versen politischen Inhalts versehen.[5]

Werbung für die »Lustigen Kriegsbilderbogen«, was auch auf den Erscheinungszeitraum hindeuten könnte, lässt sich im *Kunstfreund* für die Monate von August bis Oktober 1917 nachweisen. In diesem Zusammenhang soll auch auf andere kriegsverherrlichende Produktionen des Troitzsch-Verlages hingewiesen werden. Dazu gehören beispielsweise Künstler-Kriegspostkarten mit Motiven u. a. von Carl Röchling, Ludwig Kainer, Eduard Thöny, Angelo Jank – Namen also, die schon von den »Bunten Kriegsbilderbogen« bekannt sind – sowie »Bunte Kriegsbilder« in farbigem Lichtdruck, die als Wandschmuck Verwendung finden sollten.

In farbigem Offsetdruck und in ihrer Wirkung bewusst plakativ auf ein Massenpublikum orientiert, unterscheiden sich die Kriegsbilderbogen von gleichzeitigen Unternehmungen etwa des »Bildermann« oder der »Kriegszeit«, die das Zeitgeschehen in an-

Oben »Der Brummer« von Franz Christophe, die Nummer 13 der »Bunten Kriegbilderbogen«. In der ersten Buchausgabe wurden die Bogen wie oben, in annähernd quadratischem Format ohne Nennung von Serientitel, Nummer und Verlag gedruckt.

Auf der linken Seite der Einzelbogen Nummer 39, »Der Train« von Walter Trier.

Rechts Fritz Wolff: »Die Gefangenen von Döberitz« (»Bunte Kriegsbilderbogen« Nummer 18). Auf dem Gelände des Truppenübungsplatzes Döberitz im Havelland war zu Beginn des 1. Weltkriegs ein Kriegsgefangenenlager eingerichtet worden. Insgesamt waren hier sowie in Rohrbeck und Dyrotz bis Oktober 1918 mehr als 30 000 Gefangene aus sieben Nationen interniert.

spruchsvollen Künstlerlithografien reflektieren. Die Blätter aus dem Troitzsch-Verlag stehen in ihrer Gestaltung illustrierten Zeitschriften, vor allem Satireblättern nahe.

Die Gefangenen von Döberitz
In Döberitz gefangen, da saßen weit vom Schuß
Ein Belgier, ein Brite, ein Franzmann und ein Ruß;
Sie zankten und sie stritten, wer schuld an allem sei,
Und eines Tages kam es zu blut'ger Rauferei.
Der Brite, Franzmann, Russe erklärten zornentbrannt:
„Du, Belgier, bist feige als Erster fortgerannt,
Drum mußt Du eben büßen für unser aller Not!
Sie würgten ihn am Halse – Der Belgier war tot!"
Drauf drangen Brite, Russe auf den Franzosen ein:
„Das mußte ja so kommen durch Dein Revancheschrei'n;
Dein jahrelanges Hetzen galt diesem einz'gen Ziel"...
Sie schlugen und sie stachen ... bis der Franzose fiel!
Zum Schluße packt den Russen der Sohn von Albion:
„Verdammter Moskowiter, auch Du kommst nicht davon!
Denn weil Dein Zar gelogen, schlag ich Dich lahm und krumm
Mit meiner Whisky-Flasche ... da sank der Russe um...
Dann suchte in den Taschen der edle Britenheld
Bei seinen einst'gen Freunden nach Ringen, Uhr und Geld;
Steckt alles ein und lächelt: „Die hab' ich gut geäfft,
So sind die Briten eben! ... Geschäft ist mal Geschäft!"
Doch diesmal kam es anders! – Die Sonne bringt's an's Licht!
Man stellt den edlen Briten vor's deutsche Kriegsgericht!
Und schon am nächsten Tage erfüllt sich sein Geschick:
Denn Diebe muß man hängen – drum baumelt er am Strick!
Leo Leipziger.
Fritz Wolff

Bildergeschichten oder Einzeldarstellungen sind fast ausschließlich von Versen heute zumeist vergessener Autoren, wie Leo Leipziger und Rudolf Presber, unterlegt. Namhafte Zeichner und Karikaturisten wie Walter Trier, Fritz Wolff, Ernst Stern, Franz Christophe oder Angelo Jank schufen einen bunten Reigen heute seltsam anmutender, oftmals grotesk überspitzter Kriegsmetaphern. Das Spektrum reicht, wovon schon allein die Titel der »Bunten Kriegsbilderbogen« zeugen, vom ätzenden Spott auf die Kriegsgegner [...] über Huldigungen eigener Heerführer [...] bis zum verharmlosend-glorifizierenden Schlachtenmythos.

Als Ergänzung siehe Eckart Sackmann: »Bunte Kriegsbilderbogen«. In: ders. (Hg.): Deutsche Comicforschung 2008. Hildesheim 2007. S. 44-47.

Lustige Kriegsbilderbogen

Im Katalog der Stiftung Stadtmuseum Berlin »Die große Welt in kleinen Bildern« (1999) sind sämtliche Nummern der »Bunten Kriegsbilderbogen« aufgelistet, nicht jedoch der »Lustigen Kriegsbilderbogen«. Hier nun die Abfolge aller 13 Bogen und ihrer Zeichner:

1 Walter Trier: Feldgraues Alphabet
2 Carl O. Petersen: Der Tierverband
3 Ernst Heilemann: Onkel Sam, der Friedensfreund
4 W. A. Wellner: Die Revue der Entente
5 W. A. Wellner: Berufswechsel
6 Franz Christophe: Die Arbeiten des deutschen Herkules
7 Franz Jüttner: Der »Befreier«
8 Carl O. Petersen: Die U-Boot-Falle
9 Richard Gans: Vom Michel, der »angefangen« hat
10 W. A. Wellner: Der Dollar rollt
11 Walter Trier: Reden und Taten unserer Feinde
12 Franz Jüttner: Der kleine Napoleon
13 Walter Trier: »Désannexion«

[3] *Der Kunstfreund*. Heft 10, Jg. 1914/15. S. 32. Die Zeitschrift *Der Kunstfreund* wurde von 1913/14 bis wenigstens 1921/22 (9. Jg.) herausgegeben von der zu Troitzsch gehörenden Vereinigung der Kunstfreunde.

[4] *Der Kunstfreund* 4/1916. S. 80.

[5] *Der Kunstfreund* 11/1917. Rücktitel.

Der kleine Napoleon.
Bilder von F. Jüttner.
Kerenski hieß ein Jüngeling,
Der sah ein Bild, das oben hing
Bei seinem Vater an der Wand –
Er hat den Mann sofort erkannt.
Kerenski denkt, das wär nicht dumm,
Ich spiel' mal den Napoleum.
Mich dünkt, die Pose ist nicht schwer –
Wenn ich nur bloß schon Kaiser wär!"
Sieh da, der Niki macht ihm Platz –
Doch geht das nicht mit einem Satz.
Viel Stufen führen da hinauf,
Und auch der Pöbel hält ihn auf.
Kerenski steigt höchst selbst zu Pferd,
Kerenski greift sogar zum Schwert,
Befiehlt verordnet kurzer Hand
Und köpft und hängt auch und verbannt.
Doch nachts, da er zu schlafen meint,
Der Kaiser zornig ihm erscheint
Und schilt: „Du bist ein schlechter Witz
„Auf Jena und auf Austerlitz!"
„Ein Affe wird doch nie ein Leu –
Wo sind die Garden, die dir treu?
Wo ist dein Sieg, wo ist dein Stolz?
Ein Kaiser ist aus anderm Holz!"
–r.

Franz Jüttner: Der kleine Napoleon (»Lustige Kriegsbilderbogen« Nummer 12).

Rund um den Möbelwagen
MIESEPETER
WURSTWAREN
KÄSE
MÖBEL
TRANSPORT

Walter Scholz

Von Gerd Lettkemann

Walter Scholz war Werbegrafiker, Pressezeichner und Comicschöpfer in der ersten Hälfte des 20. Jahrhunderts. Seine Biografie – und wohl auch ein Teil seines Werks – liegt im Dunkeln. Zeichnerisch kann Walter Scholz Mitte der 30er Jahre mit seinen berühmteren Kollegen gut mithalten.

Möglicherweise wurde Walter Scholz Ende des 19. Jahrhunderts in Stettin geboren. Zu mutmaßen ist das lediglich über die von ihm bekannten Veröffentlichungen. Wie so häufig bei Pressezeichnern, fehlen konkrete Lebensdaten. Nur wenige Archive der Stadt haben den 2. Weltkrieg überlebt. 1944 zerstörten die Bombenangriffe der Royal Air Force 90% der Altstadt sowie 70% des übrigen Stadtgebiets. Am 26. April 1945 wurde Stettin von der Roten Armee erobert. Stettin heißt heute Szczecin und liegt in Polen.

Nachforschungen im Internet werden durch die Häufigkeit des Namens[1] und durch die Popularität des Trompeters Walter Scholz erschwert. Wir wissen nicht, wie »unser« Scholz lebte, wir wissen nicht, wie er aussah. Aufschluss über sein Aussehen könnte vielleicht das Cover seines 1924 erschienenen Buches »Allerhand Koks«[2] geben, mit einer humoristischen Kopfstudie, die als Selbstporträt interpretiert werden mag. Das im Stettiner Ostsee-Druck verlegte, 48seitige Werk, teils in Braun-, teils in Schwarzdruck, enthält Cartoons und vereinzelt Bildgeschichten. Zeichnerisch war es deutlich von den Arbeiten des damals populären Humoristen Paul Simmel geprägt.

Einen Hinweis auf das Erscheinungsbild und den Wohnsitz Walter Scholz' in den 1920er Jahren liefert seine auffällig gestaltete Annonce zur Eigenwerbung: »Aus dem Rahmen fallen soll Ihre Anzeige! Benutzen Sie darum Scholz Entwürfe.«[3] Er empfiehlt sich darin, visualisiert durch einen Sprung aus dem Rahmen, als kreativer Gestalter für Inseratenentwürfe, Klischees und Lichtbildreklame, unter der Adresse »Walter Scholz, Stettin, Kantstr. 8, Tel. 3322«.

Einen weiteren Nachweis der Erreichbarkeit gibt ein Jahrzehnt später das Stettiner Adressbuch. Danach ist er innerhalb Stettins umgezogen oder hat zumindest, unter Beibehaltung seiner Telefonnummer, ein Reklamebüro in der Pölitzer Straße 6 eröffnet.[4]

Scholz' Nähe zum Nationalsozialismus lässt sich daran ablesen, dass er ab 1933 regelmäßiger Mitarbeiter der *Braunen Post,* der 1932 in Düsseldorf gegründeten »Nationalsozialistischen Sonntagszeitung«, wurde.

Links eine Eigenwerbung aus den späten 1920er Jahren.

Hier begann er (ab Ausgabe 22/1933) mit Einzelbildwitzen, avancierte dann aber schon Mitte desselben Jahres – und ohne seinen Zeichenstil zu ändern – zum politischen Hauskarikaturisten der Zeitschrift. Gleichzeitig konnte er seine Fähigkeiten als humoristischer Zeichner für ganzseitige thematisch begründete Humorseiten einbringen, auf

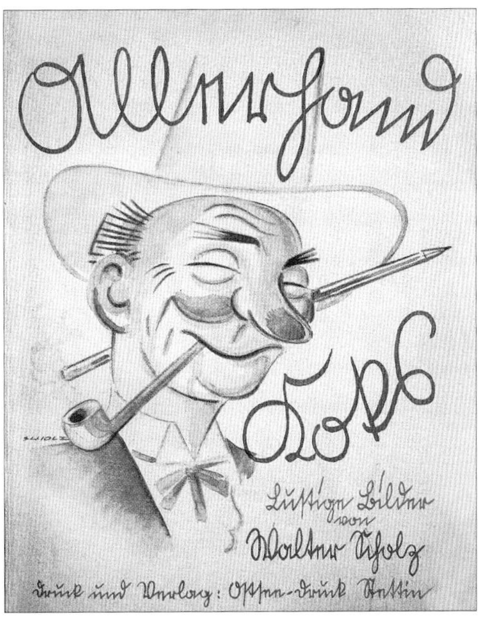

Unten das Cover des 1924 veröffentlichten Buches »Allerhand Koks«, das Cartoons und Bildergeschichten des Zeichners sammelt.

Auf der gegenüberliegenden Seite eine Bildfolge aus der *Braunen Post* 39/1934.

[1] Nicht identisch ist jener Walter Scholz, der Ende der 1920er Jahre für die Münchener *Fliegenden Blätter* tätig war. Er unterscheidet sich nicht nur im Zeichenstil, sondern auch in der Signatur.

[2] Walter Scholz: Allerhand Koks. Lustige Bilder von Walter Scholz. Stettin 1924.

[3] Nachgedruckt in: *Die Reklame* (Berlin) 1.Märzheft 1928, S. 180. Durch eine Beschädigung des empfindlichen Zeitungspapiers ist bei der Reproduktion die erste Ziffer der Telefonnummer verlorengegangen.

[4] Stettiner Adreßbuch (Stettin und Umgebung) für das Jahr 1937. Stettin 1936. Erfasst und veröffentlicht in der »Pommerndatenbank«, einer von Gunthard Stübs initiierten Netzpublikation der Pommerschen Forschungsgemeinschaft: http://pommerndatenbank.de/index.html?sessid=5b608c27025d4180857c479f6768c77a&mode=db&db=ab&action=view&searchmode=exact&sortmode=firstname&name=Scholz&town=Stettin&county=Ste

[5] Scholz' Mitarbeit an der *Braunen Post* konzentriert sich auf die Jahre 1933 und 1934. Später ist es nur noch selten dort zu sehen.

[6] Täglich in *Olympia Zeitung* 1/1936 (21. Juli) bis 27/1936 (16. August). Die letzten drei Ausgaben der *Olympia Zeitung* (28-30) erschienen ohne »Zackig« (aber weiterhin mit Zeichnungen von Walter Scholz).

Rechts: Das Preisrätsel. Bildergeschichte aus »Allerhand Koks« (1924).

denen er auch mit Sprechblasen arbeitete. Die mitunter sehr detailiert ausgeführten Zeichnungen für diese Seiten gehören zum künstlerisch Besten, was wir von Walter Scholz kennen. Diese Themenseiten waren keine Comics, auch wenn sie zuweilen die Anmutung von Comics haben.[5]

Was Walter Scholz für die deutsche Comicforschung attraktiv macht, sind seine Comicstrips aus der zweiten Hälfte der 1930er Jahre. Nach jetzigem Stand der Forschung scheint sich die Affinität zum Comic auf jenen relativ kurzen Zeitraum zu beschränken. Herausragend ist dabei sein Gagstrip »Zackig« zur Berliner Olympiade von 1936, mit vollem Titel etwas umständlich »Zackig, der Olympia-Begeisterte, dessen Erlebnisse täglich hier zu lesen sind«, erschienen in der *Olympia Zeitung*, einem offiziellen Organ der Spiele.[6]

Jede Folge dieses frühen deutschen Tagesstrips um teils von Erfolg, teils von Misserfolg gekrönte, immer jedoch lustige Betätigungen eines Olympia-Fans wurde von Walter Scholz mit vollem Nachnamen in lateinischen Majuskeln signiert, seine typische Signatur der 1920er bis 1950er Jahre.

Die *Olympia Zeitung* war nicht allein kommerziell motiviert. Sie sollte zudem der Symphatiewerbung dienen, bei Deutschen ebenso wie bei ausländischen Gästen und Sportlern. Ein lustiger Comicstrip mochte suggerieren, wenn auch nur als Mosaiksteinchen im Gesamtbild, dass man sich in einem kulturell aufgeschlossenen, weltoffenen Land befand.

Hin und wieder erschien »Zackig« mit Hinweis auf die Urheberschaft. Demnach stammten die Zeichnungen von Walter Scholz und die Verse von Effka. Offen bleibt, ob nicht markierte Folgen etwa von Scholz allein getextet und gezeichnet wurden. Der unter Pseudonym schreibende Texter wird mit großer Wahrscheinlichkeit der Haupt-

[7] Fred Krüger: Redaktionelle Sehnsucht (Zeichn. Scholz). In: *Olympia Zeitung* 5/1936 (25. Juli).

[8] »Olympisches, abseits vom Sportfeld!« (13/1936); »Wir sind gut durchtrainiert!« (14/1936); »Richtung Heimat« (28/1936); »Redaktionsschluß« (30/1936).

[9] http://zefys.staatsbibliothek-berlin.de/list/title/zdb/25548839/

[10] Vgl. *Pommersche Zeitung* vom 16. Januar 1937.

[11] Vgl. *Pommersche Zeitung* vom 1. Januar 1937.

[12] Vgl. u. a. *Pommersche Zeitung* vom 6., 10. und 24. Januar 1937.

[13] Die *Pommersche Zeitung* veröffentlichte am 8. Februar 1937 unter dem Titel »Das Karnevalsfest der Presse – der große Erfolg!« einen zweiseitigen Festbericht einschließlich einer Vignette von Walter Scholz und einer Würdigung von dessen Einsatz für das Gelingen. Illustriert ist der Beitrag mit mehreren Fotos, darunter auch vom Elferrat. Möglicherweise ist Scholz unter den Abgebildeten.

[14] Digitalisiert mit erfasst unter der elektronischen Ressource der *Pommerschen Zeitung*: http://zefys.staatsbibliothek-berlin.de/list/title/zdb/25548839/

[15] Eine genauere Eingrenzung kann auf Grund der verstreuten und schwer zugänglichen Quellenlage zur Zeit noch nicht vorgenommen werden.

[16] Ludwig Hausberger?

„Zackig", der Olympia-Begeisterte, dessen Erlebnisse täglich hier zu lesen sind
BESETZT!!
Reichssportfeld
Zackig will zum Omnibusse,
Doch er kommt schon sehr zuletzt,
Also daß — ihm zum Verdrusse —
Dieser Wagen schon besetzt!
Weil der Schaffner von der Panke
Immer wieder „Jeht nich!" rief,
Kommt dem Zackig der Gedanke,
Wie der Sprinter Owens lief!
Schon spricht man von Rückenwinden,
Denn so gut ist er im Schuß.
Schließlich sieht ihn schon von hinten
Der Chauffeur vom Omnibus!
Zackig spurtet wie ein Tiger,
Und so heißt es denn zum Schluß:
Zackig ist der erste Sieger —
Zweiter ist der Omnibus!
Verse: Effka, Zeichnungen: Scholz

Oben ein Tagesstrip aus der *Olympia Zeitung* 3/1936.

schriftleiter Fred Krüger gewesen sein. Effka stände dann lautmalerisch für dessen Initialen FK. Dass Krüger Gespür für Dichtung hatte, belegt eine Kolumne aus seiner Feder.[7] Darin beklagt er sich »über all den Blödsinn, den die verhinderten Dichter aus allen Teilen unseres Vaterlandes uns auf sonst ganz brauchbarem Papier schicken« und führt zum Amüsement der Leser einige der komischsten Einsendungen auf.

Scholz und Effka erzählen in »Zackig« die Erlebnisse eines olympiabegeisterten Berliners, der meist mit karierter Ballonmütze, Pullunder und Knickerbockern bekleidet ist. Verwickelt in lustige Gags, gewährt Herr Zackig Einsicht in seine Wohnung ebenso wie auf Straßen und Sportstätten der Reichshauptstadt. Namentlich werden Sportler wie der US-amerikanische Leichtathlet Jesse Owens und deutsche Olympia-Sieger genannt. Auf spaßige Weise erkennt man den zeittypischen Radioapparat, den sogenannten Volksempfänger, sieht einen damaligen Doppeldeckerbus mit Ziel »Reichssportfeld«, entdeckt die Anfänge des Fernsehens am Beispiel öffentlicher Fernsehstuben und erlebt Leni Riefenstahls Kameramänner bei Aufnahmen für ihre beiden »Olympia«-Filme »Fest der Völker« und »Fest der Schönheit«.

Nicht unerwähnt bleiben sollten die reizvollen Illustrationen, die Walter Scholz zusätzlich für die *Olympia Zeitung* beisteuer-

Unten ein Halbseiter mit thematisch gruppierten Cartoons (*Olympia Zeitung* 13/1936).

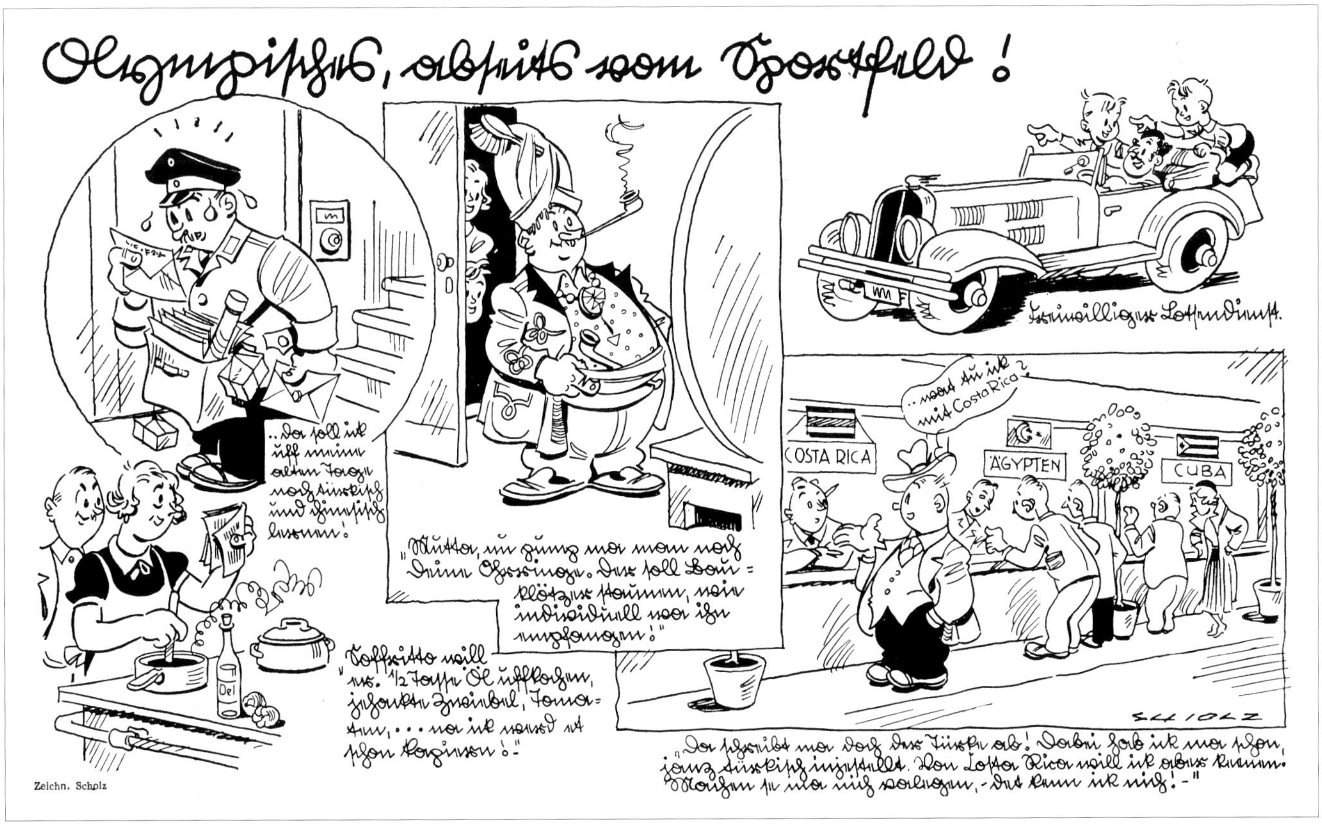

FERNSEH-STUBE
Immer kann man's nicht erleben,
Was im Stadion dort geschieht.
Gut, daß da die Technik eben
Doch schon in die Ferne sieht.
Zackig, der deß' inne ward,
Sitzt in einer Fernseh-Ecke.
Er erlebt dort einen Start
Ueber irgendeine Strecke.
Er erlebt dann einen Lauf,
Schön gefunkt und wild bewegt;
Hingerissen steht er auf,
Weil der Lauf ihn sehr erregt.
Verse: Effka, Zeichnungen: Scholz
Er erlebt jedoch zum Schlusse
(Seht ihn in der Scheibe landen!)
Daß diverse Hindernusse
Bei der Technik doch vorhanden!

OLYMPISCHES DORF
OLYMPISCHES DORF
Zackig will zu den Athleten
Aus dem Lande USA.
Leider ist er gleich in Nöten,
Denn es steht ein Wächter da!
Zackig geht — zuerst im Zorne —
Dann jedoch beschließt er stumm:
Geht es eben nicht von vorne,
Geht vielleicht es hintenrum.
„Dieser Wagen wird genommen!
Was ihm recht, das ist mir billich!"
Zackig will ins Dörflein kommen
Sozusagen mit der Millich!
Doch der schöne Plan geht flöten,
Weil's der Wächter bumsen hört,
Und die USA-Athleten
Leben weiter ungestört!
Verse: Effka, Zeichnungen: Scholz

Oben zwei weitere Strips aus der *Olympia Zeitung* 19/1936 und 8/1936.

Unten: Jesse Owens war der erfolgreichste und wohl auch der populärste Sportler der Olympiade von 1936. Scholz porträtiert ihn ganz aktuell mit den drei ersten gewonnenen Goldmedaillen (*Olympia Zeitung* 18/1936).

te, darunter wieder auffällige thematische Bildzusammenstellungen, in Stilmitteln an moderne Comics erinnernde Halbseiter mit geschachtelten und variablen Bildern, mit handgeletterten Begleittexten in deutscher Schreibschrift, mit Sprech- wie Denkblasen, liebevollen Lautmalereien und Bewegungslinien.[8]

Ein anderer Schwerpunkt im bislang bekannten Schaffen Walter Scholz' erstreckt sich in den 1930er Jahren auf seine Arbeiten für die pommersche Regionalpresse, darunter die *Pommersche Zeitung* aus Stettin. Leider ist diese, wie historische Zeitungsbestände ganz allgemein, verstreut, schwer und oft nur als Mikroverfilmung zugänglich. Dem Zeitungsinformationssystem der Staatsbibliothek zu Berlin ist es jedoch zu verdanken, dass die *Pommersche Zeitung* mit einem noch kleinen, sehr lückenhaften Teilbestand schon online gesichtet werden kann.[9]

Allein die Durchsicht dieser digitalisierten Auswahl führt bereits zu Ergebnissen. Offenbar illustrierte Walter Scholz neben kleineren, unterhaltenden Berichten[10] hin und wieder auch Verse von Ludwig Hausberger, die unter thematisch übergeordneten Titeln komplette Zeitungsseiten füllen und manchmal die Illusion einer großformatigen Comicseite mit vermeintlich durchgehender Handlung erzeugen.[11]

Daneben gestattet die *Pommersche Zeitung* Einblick in eine biografische Facette des privaten Walter Scholz, der offensichtlich ein Freund karnevalistischer Aktivitäten war. So engagierte er sich außerordentlich für das Stettiner »Karnevalsfest der Presse«, zu dessen Vorbereitung er alle Anzeigen[12] gestaltete und zu dessen Gelingen er als Mitglied des Elferrates ebenso beitrug wie durch die Anfertigung überdimensionalen Wandschmucks für den Festsaal.[13]

Vorrangig war Walter Scholz jedoch der humoristische Stammzeichner der *Pommerschen Sonntagspost*[14], einer wöchentlichen Beilage verschiedener Regionalzeitungen. Anders als sein dortiger Zeichnerkollege Paul Suck enthielt er sich hier der Ausführung politischer Karikaturen im Sinne nationalsozialistischer Ideologie. Er fiel in der *Sonntagspost* bis 1935 zunächst nur als Zeichner lustiger Einzelbildwitze in den Sparten »Zum Lachen und Raten« oder »Untugenden im Alltag« auf.

Seine Affinität zu komischen Bilderserien zeigte sich dann aber von 1936 bis Ende 1938, ein dreijähriger Zeitraum, in dem er fast ununterbrochen Comic-Streifen ver-

„Zackig", der Olympia-Begeisterte, dessen Erlebnisse täglich hier zu lesen sind
FILM
Zackig schwärmt nun für die Schwimmer,
Weshalb er auch dorthin geht,
Denn ihn hat ein sanfter Schimmer
Hoher Kraulkunst angeweht.
Zackig krault wie ein Berserker,
Einmal „Hott" und einmal „Hüh",
Und sein Armzug, er ist stärker
Als des lieben Nachbars Knie.
Zackig macht sodann in Beinschlag,
Wie er es an Fischer sah –
Auf dem Wasser gibt es Einschlag,
O, du schöne Kamera!
Selbst der Mann vom Film fliegt endlich
Wasserwärts mit Vehemenz
Und nun schwimmt er! (Selbstverständlich
Tut er's außer Konkurrenz.)

Oben: In seinem Eifer ruiniert Zackig die Filmaufnahmen des Schwimmwettbewerbs (*Olympia Zeitung* 21/1936).

Offizielles Organ der XI. Olympischen Spiele 1936 in Berlin

2. AUGUST 1936
NUMMER 13
Preis 20 Pfennig

OLYMPIA ZEITUNG

Die XI. Olympischen Spiele sind eröffnet

ADOLF HITLER
Schirmherr der XI. Olympischen Spiele, betritt an der Spitze des Olympischen Komitees das Stadion

Links eine Darstellung »des Zeichners« nach Ende der Olympiade – ein Selbstporträt von Walter Scholz? (*Olympia Zeitung* 30/1936) Daneben eine Titelseite der Zeitung.

Unten die Übergangsfolge von »Taps das Sonntagskind« zu »Hans in allen Gassen« (*Pommersche Sonntagspost* 22/1937).

öffentlichte[15], allwöchentliche Gagstrips mit festen Serientiteln, Stehenden Figuren und hin und wieder eingestreuten Sprechblasen in deutscher Schreibschrift. Diese sogenannten »lustigen Bilderserien« der *Pommerschen Sonntagspost* enthielten unter den Panels gereimte Zweizeiler, deren Urheberschaft nicht klar ist. Durch den einschränkenden Vermerk »Zeichnungen: Scholz« bei einer dieser Serien namens »Hans in allen Gassen« mag sich der Eindruck aufdrängen, dass die Verfasserschaft wohl bei einem anonymen Fremdautor[16] lag. Andererseits war aber Walter Scholz selbst dem Verseschmieden nicht abgeneigt, wie sein scherzhaftes Gedicht »Benebelt«[17] belegt.

»Taps, das Sonntagskind«[18] war die wahrscheinlich früheste Zeichenserie, die Walter Scholz in der *Sonntagspost* veröffentlichte. Sie erschien als horizontale Streifen zu je drei Bildern und brachte witzige Alltagserlebnisse eines niedlichen, Zigarre rauchenden kleinen Männchens.[19] Keines Kindes

[17] Abgedruckt in *Pommersche Zeitung* vom 30. November 1938.

[18] In *Pommersche Sonntagspost* mindestens ab 42/1936 (24.5.1936) bis gesichert 22/1937 (1.1.1937).

[19] In der Darstellung ist »Taps« dem Strip »Stups« von Max Otto nicht unähnlich.

[20] *Pommersche Sonntagspost* 22/1937 (1.1.1937). Ähnlich hatte auch »Zackig« geendet: In der letzten Folge wurde der Held »aus dem Anzug geboxt« (*Olympia Zeitung* 27/1936).

[21] *Pommersche Sonntagspost* 23/1937 (10.1.1937) bis mindestens 8/1937 (26.9.1937).

wohlgemerkt – dies war ein Strip, der sich an erwachsene Leser richtete. Vom Charakter her Gustav Gans nicht unähnlich, jedoch ohne dessen Arroganz und Faulheit, ist das Sonntagskind Taps ein Glückspilz. Auf der Suche nach dem verlorenen Kragenknopf findet er längst vermisste Gegenstände wieder, meistert mit Fortüne Gefährdungen und gelangt ganz unverdientermaßen mal an Finderlohn, mal an eine warme Mahlzeit.

Der Läufer, der soll auf die Stange, dem Hans ist vor dem Klopfen bange.
Und er hat wieder nachgedacht, wie man sich das bequemer macht.
Schweifwedelnd naht sein Hundefreund, Hans macht aus Hektor, wie es scheint,
(der blickt zur Wurst mit freudiger Miene) hier eine Teppichklopfmaschine!

In den Wüsten von Venezuela gibt es einen Trompetenvogel, den die Indianer als eine Art Wachhund benutzen. Der unheimliche Schrei des Vogels warnt sie nämlich vor Jaguaren, Schlangen und anderen gefährlichen Tieren.
Det is noch janischt!
-meint Käptn Piepdeckel
. . . so'n Wundertier hab' ich erhascht und für den Steamer mir gekascht.
Dem Maat, dem leuchtet's staunend ein, der Vogel wird uns nützlich sein!
Als öfter ich mit ihm probiert, da war er schließlich so dressiert,
daß, wenn uns dicker Nebel tarnt, er als Sirene wirkt — und warnt!

Nur einmal verlässt Taps das Glück: Es ist die letzte Folge »Taps, des Sonntagskindes schrecklicher Tod«. Im Faustkampf um das Recht auf weiteres Erscheinen unterliegt er seinem Nachfolger, dem kindlichen Protagonisten der Anschlussserie »Hans in allen Gassen«:

Taps spricht empört: »Was willst du hier? Die Spalten hier gehören mir!«
Er meint, das wär' sein gutes Recht. So kommt es zu 'nem Faustgefecht.
Man sieht es schon beim ersten Blick: Wie's scheint, hat diesmal Taps kein Glück!
So endet er, man will's nicht fassen. – Und neu entsteht hier »Hans in allen Gassen«.[20]

»Hans in allen Gassen«[21] wurde mit handgelettertem Serienlogo als vertikaler Streifen mit je vier Bildern überwiegend am linken Rand der *Sonntagspost*-Seiten publiziert. Der diesmal kindliche Held ist ein Tausendsassa, ein erfindungsreicher, pfiffiger Junge, der in jeder Lage überraschend unorthodoxe Ideen verwirklicht, quasi ein kindliches Multitalent. Zu Ostern saugt er versteckte Eier bequem und einfach mit dem Staubsauger auf, schneidet Kohlköpfe im Handumdrehen mittels Ventilator klein, baut aus alten Heizkörpern einen warmen Sessel für kühle Frühlingstage und mit Mikrofon im Hühnerstall sowie Lautsprecher am Bett einen perfekten Naturwecker – letzteres eine schön komponierte Folge mit Lautmalereien und bildlicher Denkblase.[22]

Walter Scholz' letzte Serie, »Det is noch janischt! – meint Käptn Piepdeckel«, erschien wieder überwiegend in senkrechter Streifenform mit handgelettertem Serienlogo. Vorangestellt waren den Folgen jeweils kurze Zeitungsmeldungen zu originellen Sachlagen oder ungewöhnlichen Vorkommnissen – für Käptn Piepdeckel alles nichts Besonderes. Eindrucksvoll spinnt er Seemannsgarn, vermag er alles noch zu toppen. In Piepdeckels Geschichten, das erkennt der Leser, wird er auf spaßige Art und Weise auf den Arm genommen.[23]

Abgesehen von einer Umschlagzeichnung für eine Buchpublikation[24], Kartenskizzen vom jeweiligen Kriegsgeschehen in der *Kösliner Zeitung*[25] und Zeichnungen für

Links »Fröhliche Pfingsttour!« aus *Funk-Wacht* 23/1952. Es fällt auf, dass Scholz auch nach Kriegsende noch die deutsche Schreibschrift verwendet.

Unten eine Selbstdarstellung des Zeichners in *Funk-Wacht* 21/1953.

Auf der gegenüberliegenden Seite zwei Strips aus der *Pommerschen Sonntagspost*: »Hans in allen Gassen« (7.2.1937) und »Käptn Piepdeckel« (22.5.1938).

die *Kölnische Illustrierte Zeitung*[26], ist zur Zeit nicht mehr über seine Werkbibliografie vor 1945 bekannt.

Nach Kriegsende komplettieren bis in die frühen 1950er Jahre Witzzeichnungen für Hamburger Programm- und Unterhaltungszeitschriften aus den Verlagen Bauer und Springer[27] das Schaffen des Walter Scholz. Offensichtlich hat er den Krieg überlebt und sich als pommerscher Heimatvertriebener möglicherweise im nordwestdeutschen Raum, vermutlich in Hamburg niedergelassen. Unter anderem *Kristall*, *Funk-Wacht* und *Funk-Spiegel* veröffentlichten seine Witzzeichnungen bis etwa 1953. Danach verliert sich nach jetzigem Kenntnisstand endgültig die Spur des Walter Scholz.

[22] *Pommersche Sonntagspost* 49/1937 (18.Juli1937).

[23] *Pommersche Sonntagspost* von mindestens 41/1938 (15.5.1938) bis mindestens 17/1938 (27.11.1938).

[24] Roland Buschmann: Hinter der Maginot-Linie. Berlin 1939. Mit farbiger Umschlagzeichnung von Walter Scholz, Stettin, und Textzeichnungen aus französischen Veröffentlichungen.

[25] u. a. in *Kösliner Zeitung* 1942, Nr. 251 u. 1942, Nr. 317.

[26] Sechs Karikaturen auf der Rückseite der *Kölnischen Illustrierten Zeitung* 19/1944.

[27] Eine Anfrage beim Springer-Archiv blieb erfolglos.

Die lustige Seite der „Hausfrau“
„Glückliche Reise“
Daß du mir ja den Koffer abschließt!!!
CHARLOTT SIMON
Tantchen lud zum Wochenende
in ihr Haus die beiden ein,
und so packt Mariechen sorgsam,
was man braucht, ins Köfferlein.
Endlich ist das Werk vollendet,
doch es mahnt der liebe Mann:
„Daß du ja den Koffer abschließt?“
und sie hört sich alles an.
Wird denn die Frau niemals fertig??
BAHNSTEIG A
Immer näher rückt die Abfahrt,
wartend steht der Mann bereit;
doch Mariechen vor dem Spiegel
läßt sich wieder gründlich Zeit.
Zwei Minuten fehlen nur noch,
bis der Zug von dannen braust;
ja, nun heißt es dalli, dalli,
eiligst kommt sie angesaust.
Hat doch alles großartig geklappt! Schatz!
Auf die Tür, und rein der Koffer,
na, das hat noch mal geklappt,
denkt Mariechen, als sie hurtig
gerade noch die Stufe schnappt.
Ach, es bringt ihr neuen Kummer
nicht befolgter guter Rat:
Denn es öffnet sich der Koffer,
den sie nicht verschließen tat.

Oben: »Pechmarie«. In: *Berliner Hausfrau* 32 (1940/41).

Charlotte Simon

Von Eckart Sackmann, Harald Kiehn und Gerd Lettkemann

Die formale Entwicklung des Comic ging an den deutschen Pressezeichnern der Nazizeit nicht vorbei. Die Verwendung von Sprechblasen deutet darauf hin, dass die amerikanische Mode weder verpönt noch verboten war. In den 1940er Jahren war eine Frau, Charlotte Simon, diesen Entwicklungen gegenüber aufgeschlossen.

Der Fund war sensationell: ein deutscher Sprechblasencomic aus dem Krieg, noch dazu offenbar von einer Frau gezeichnet, von Charlott(e) Simon. Der Strich war ausgereift und zeigte Ähnlichkeiten zum Stil Emmerich Hubers. Wer ist diese Zeichnerin? Wie konnte sie der deutschen Comicforschung bisher verborgen geblieben sein? Sie war es nicht, wie bei näherer Recherche herauskam. Gerd Lettkemann erwähnte den Namen in seinem Aufsatz zu den Comics der Illustrierten *Neue Jugend/Der Rundblick.*[1] Etwas mehr ist bei Kurt Flemig zu lesen:

> Simon (-Bruns), Charlotte
> * 1911 Berlin. Graphikerin, Karikaturistin. C. S. zeichnete in den dreißiger und vierziger Jahren humoristische Karikaturen für die Berliner Presse, u. a. für *Lustige Blätter, Die Hausfrau, Neue Berliner Illustrierte* und *Marie Luise.* Die Themen waren: allgemeiner Humor, bevorzugt Kinder und Serien.[2]

Auch in Jürgen Hartwigs »Das große Lexikon aller DDR-Karikaturisten, -Pressezeichner und -Illustratoren« gibt es einen Eintrag:

> Simon-Bruns, Charlotte
> In Berlin ansässig gewesene Karikaturistin mit Veröffentlichungen vorwiegend in Illustrierter *NBI* 1950-52, wo 86 Witzzeichnungen, zumeist auf eigenen Humorseiten zur Geltung kamen. Im gleichen Zeitraum weitere Karikaturen in den Wochenendbeilagen der *Berliner Zeitung* bzw. 42mal in Satireblatt *Frischer Wind* zum Abdruck gelangt. Ging 1953 nach Westberlin, wo sie bis 1958 als Pressezeichnerin arbeitete. Ab 1959 Mitinhaberin einer Graphischen Kunstanstalt, die schon 1961 ins Bundesgebiet umzog – Verbleib nicht bekannt.[3]

Die Vorkriegsarbeiten kennt Hartwig offenbar nicht. Auf Nachfrage erinnert er sich, den Namen in Berliner Telefonbüchern gesucht zu haben. Daraus zog er seine Schlüsse:

> Im Branchenbuch von 1963 fehlte der Eintrag, so nahm ich an, daß sie nach Westdeutschland ging wie viele Westberliner Firmen nach Mauerbau auch, aus Angst vor Übernahme Westberlins durch die Russen. Mehr weiß ich auch nicht.[4]

Hartwigs damalige Notizen sind nicht mehr vorhanden. Nach eigenen Recherchen müssen Hartwigs Angaben angezweifelt werden: Die Sichtung der Berliner Branchenbücher ergab für die Jahre 1957 bis 1959 einen Eintrag »Charlotte Simon« unter »Pressezeichner«. Im Telefonbuch der 50er Jahre sind weder Simon noch Bruns-Simon zu finden. Ob die Graphische Kunstanstalt Bruns & Stauff dem Ehemann der Simon gehörte, ist nicht belegt.

Links das Cover der *Berliner Hausfrau* 19 (1940/41), dem Heft, in dem Simons Serie begann.

Die frühesten bekannten Arbeiten der Zeichnerin sind die Illustrationen für die 1932 erschienenen Bücher »Karin und Lilo, zwei Mädel von heute« und »Tapfere kleine Helga«. Wenn Flemigs Geburtsdatum 1911 stimmt, war Charlotte Simon damals Anfang zwanzig. Die schwarzweißen Zeichnungen sind künstlerisch unausgereift. Signiert sind sie mit den Initialen »Ch. S.«.

Die nächsten Spuren finden sich im Jahrgang 1938/39 der Zeitschrift *Berliner Hausfrau*[5], in Form von winzig kleinen Illustrationen. Diese in den späten 1930er Jahren von der Norddeutschen Buchdruckerei und Verlagsanstalt GmbH, Berlin, Ritterstr. 50/51,

Links die früheste bekannte Arbeit Charlotte Simons, eine Illustration für den Roman »Karin und Lilo, zwei Mädel von heute« von Jo van Ammers-Küller (1932).

Oben die erste Folge von Charlotte Simons Strip in *Berliner Hausfrau* 19 (1940/41).

herausgegebene Publikation war eines von mehreren Blättern mit gleicher Redaktion in Berlin und vermutlich weitgehend gleichen Inhalts, nach dem jeweiligen Absatzgebiet firmierend als *Sächsische Hausfrau, Bayerische Haufrau, Norddeutsche Hausfrau* etc. (alle mit demselben, in deutscher Schreibschrift gestalteten Schriftzug »Hausfrau« und dem regionalen Zusatz in neutraler Type). Zum Teil wurde die *Berliner Hausfrau*, wie viele Familienzeitschriften jener Zeit, mit zusätzlicher Versicherung angeboten. Diese musste, wie auch die Beilage eines Schnittmusterbogens, mit einem Aufpreis bezahlt werden.

Adressat war die Hausfrau – die in den Kriegsjahren allerdings auch als arbeitende Hausfrau vorgestellt wurde. Mode, Ratgeberseiten und der obligatorische Roman bildeten den Kern des Blattes. Auf die zweiseitige Jugendbeilage »1000 gute Freunde« bzw. »Unser Blatt«, in der regelmäßig abgeschlossene, schwarzweiße Gagstrips von Zeichnern wie Ehret, Brinkmann, Daneke, Lutugin, Beuthin, Krommer, Flemig und anderen zu sehen waren, hatte man Ende der 30er Jahre verzichtet. Die Strips rückten auf die Seiten der Romane.

Die farbigen Bildergeschichten, mit deren Abdruck ab Heft 19 des Jahrgangs 1940/41 (4. Februar 1941) auf der farbigen Rückseite der Publikation (»Die lustige Seite der ›Hausfrau‹«) begonnen wurde, dürften die Leser(innen) überrascht haben; es gab in Deutschland in einer Familienzeitschrift nichts Vergleichbares. Die jeweils sechs Bilder der Geschichte waren signiert mit »Charlott Simon«. Die Panels waren mit vierzeiligen Versen betextet[6], führten allerdings auch Sprechblasen. In der ersten Folge, »Die Teufel's Kiste« [sic], stellte die Zeichnerin ihre Figuren vor: die drei Kinder Karl, Grete und Hans sowie die beiden Hunde Puck und Schlumps. Das ließ darauf schließen, dass dies eine Serie werden sollte, mit den Hunden als Protagonisten.

Nach acht solcher Folgen ging der Zeichnerin und Autorin entweder der Stoff aus, oder eine neue »Heldin« erschien ihr vielversprechender. Pechmarie, der Name sagt es schon, war keine positive Figur, sondern »eine Frau, die nichts richtig macht«, die zum Glück aber mit einem äußerst verständnisvollen Ehemann gesegnet ist. Für eine Zeitschrift, die sich an Frauen wendet, ist das eine unverhoffte Wahl, doch sie kam bei den Adressaten offenbar an. Selbst wenn Simon später auch Strecken mit anderem Schwerpunkt brachte (Familien- und Kindergeschichten) – sie kam doch immer wieder auf ihre künstlerisch wie körperlich reizvolle Hauptfigur zurück. »Pechmarie« war für diese Folgen der Serientitel.

An den Zeichnungen Simons ist ein Vorbild deutlich abzulesen, nämlich Emmerich Huber[7]. Das liegt deswegen nahe, weil Huber seit Mitte der 30er Jahre regelmäßig in *Berliner Hausfrau* mit Bildwitzen vertreten

Unten Emmerich Huber in *Berliner Hausfrau* 19 (1936/37).

Oben: *Berliner Hausfrau* 36 (1941).

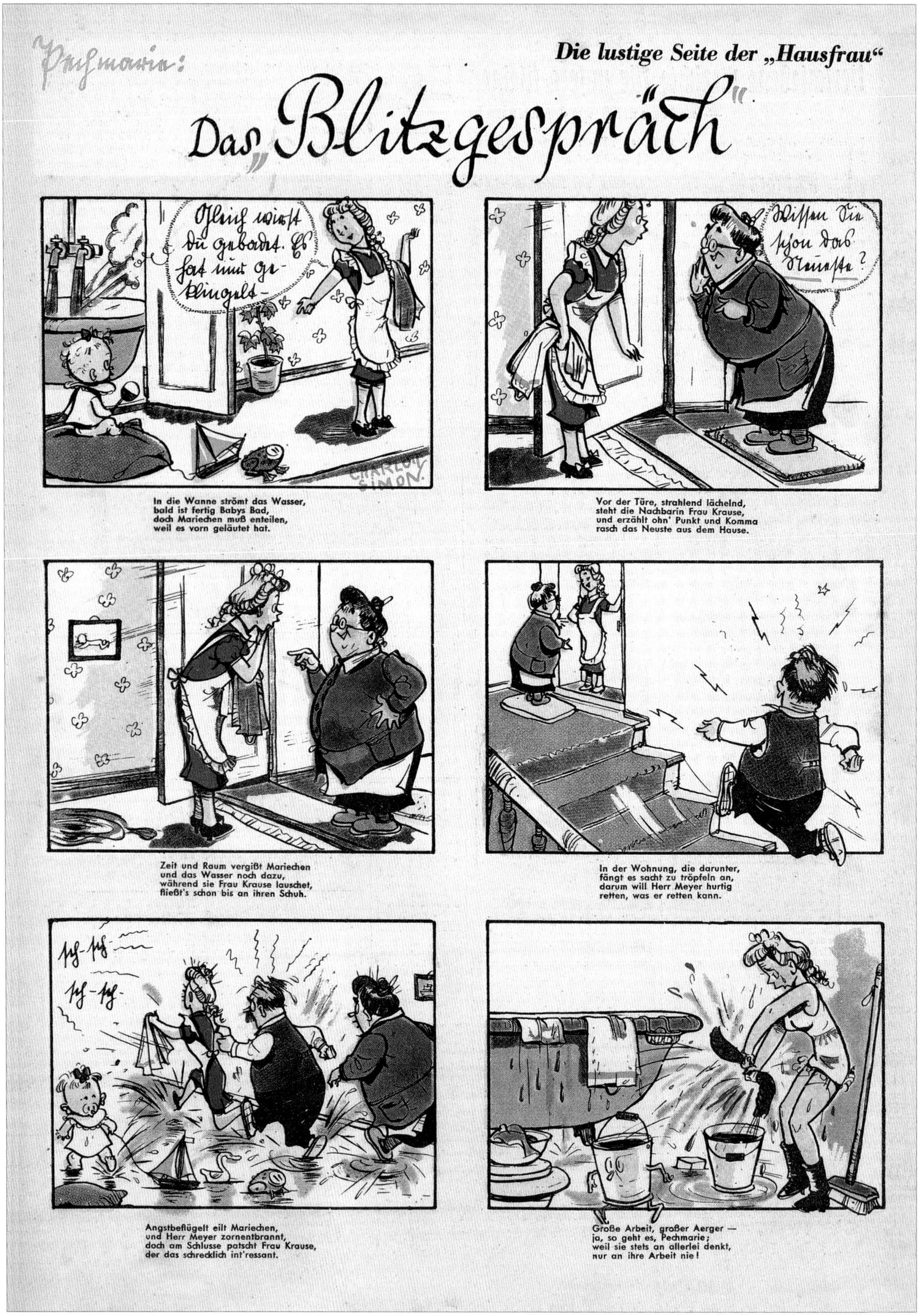

Die lustige Seite der „Hausfrau“
Das „Blitzgespräch“
Gleich wirst du gebadet. Es hat nur geklingelt.
In die Wanne strömt das Wasser,
bald ist fertig Babys Bad,
doch Mariechen muß enteilen,
weil es vorn geläutet hat.
Wissen Sie schon das Neuste?
Vor der Türe, strahlend lächelnd,
steht die Nachbarin Frau Krause,
und erzählt ohn' Punkt und Komma
rasch das Neuste aus dem Hause.
Zeit und Raum vergißt Mariechen
und das Wasser noch dazu,
während sie Frau Krause lauschet,
fließt's schon bis an ihren Schuh.
In der Wohnung, die darunter,
fängt es sacht zu tröpfeln an,
darum will Herr Meyer hurtig
retten, was er retten kann.
Angstbeflügelt eilt Mariechen,
und Herr Meyer zornentbrannt,
doch am Schlusse patscht Frau Krause,
der das schrecklich int'ressant.
Große Arbeit, großer Aerger —
ja, so geht es, Pechmarie;
weil sie stets an allerlei denkt,
nur an ihre Arbeit nie!

Oben: »Pechmarie«. in: *Berliner Hausfrau* 33 (1940/41).

war. Simon kopiert Huber nicht, sie hatte – erstaunlicherweise, wenn dieser Comic ihr Frühwerk sein sollte – bereits einen eigenen Stil. Der künstlerische Anklang an Huber bleibt dennoch.

Die *Berliner Hausfrau* erschien bis zum Mai 1941 wöchentlich und anschließend zweiwöchentlich, bis Heft 9/1942 zumeist mit einem Comic Charlotte Simons auf der farbigen Rückseite. Die Folgen waren in sich abgeschlossen; lediglich die Figur der Pechmarie, deren Missgeschicke auf 15 der insgesamt 39 Comicseiten zu lesen waren, zog sich als roter Faden durch die Serie. Anfang 1942 wurde die Rückseite der Zeitschrift mit Rezepten gefüllt, die wiederum von der Simon illustriert waren. Die *Berliner Hausfrau* wurde trotz kriegsbedingter Papierknappheit bis ins Jahr 1944 herausgegeben – da waren die meisten anderen Zeitschrift im Lande längst eingestellt.

Parallel zu ihrer Tätigkeit für die *Berliner Hausfrau* zeichnete Charlotte Simon für die Illustrierte *Der Rundblick* (Untertitel: »Das illustrierte Familienblatt«)[8]. Von Ausgabe 12/1940 bis zur letzten Nummer vor der Einstellung der Publikation, Ausgabe 52/1941, sah man hier von ihr den Strip »Saus und Braus, die munteren Zwillinge«. Er war überschrieben mit »Lustige Zeichnungen von Tante Charlotte«, dann aber wieder signiert

Ganz links eine Illustration aus *Berliner Hausfrau* 13/1942.

Rechts daneben ein Strip von »Saus und Braus« aus *Der Rundblick* 31/1940.

[1] Gerd Lettkemann: Die Comics einer deutschen Vorkriegsillustrierten. In: Achim Schnurrer/Hartmut Becker (Hg.): Die Kinder des fliegenden Robert. Zur Archäologie der deutschen Bildergeschichtentradition. Hannover 1979. S. 82-88. Hier S. 88.

[2] Kurt Flemig: Karikaturisten-Lexikon. München u. a. 1993. S. 267.

[3] Berlin. Band 5, 2003, S. 987.

[4] Mail Jürgen Hartwig an Gerd Lettkemann vom 26.3.2012.

[5] 1. Jg. 1900 bis 44. Jg. 9/1944. Bis 35/1941 wöchentlich, dann 14tgl. Ab 1942 Jahrgangszählung ab Jahresbeginn. Gesichtet wurden die Jg. 1936/37 bis 6/1943.

[6] Die Untertexte stammten wenigstens anfangs nicht von der Zeichnerin; sie waren mit "S. S." signiert.

[7] Zu Huber siehe Eckart Sackmann: Emmerich Huber. In ders. (Hg.) Deutsche Comicforschung 2005. Hildesheim 2004. S. 56-71, sowie ders.: Emmerich Huber – zum zweiten. In: ders. (Hg.) Deutsche Comicforschung 2010. Hildesheim 2009. S. 87-92.

[8] *Der Rundblick* erschien im Berliner Zeitschriftenverlag und war (im 7. Jg. 1937) die Fortführung der Familienillustrierten *Neue Jugend* unter verändertem Titel, aber in gleicher Aufmachung.

Rechts eine späte Folge der Serie »Saus und Braus« in *Der Rundblick* (1941).

mit »Charlott Simon«. Neben den beiden Kindern spielte, wie in den frühen Seiten in der *Berliner Hausfrau*, ein Hund mit, der hier den Namen Purzel trug. Jede Folge bestand aus fünf untereinander plazierten, nur durch eine Linie voneinander getrennten Panels. In diesen stand als Untertext ein gereimter Zweizeiler; für die Dialoge wurden wiederum Sprechblasen verwendet. Den Inhalt bestimmte der Kinderalltag der beiden (offenbar noch nicht schulpflichtigen) Zwillinge, ihr Sammeln von Erfahrungen und ihre zumeist harmlosen Streiche. Andere Personen tauchen selten auf, zuweilen die Mutter, so gut wie nie der Vater. In der Regel sind die Folgen als Gagstrip abgeschlossen. Von dieser Regel gibt es wenige Ausnahmen, so zum Beispiel die Ausfahrt des Babys Mariechen im Kinderwagen oder eine abenteuerliche Reise zur Oma.

Von der ersten bis zur letzten (der 100sten) Folge bleibt dieser Strip gleichförmig. Simon zeichnet »Saus und Braus« mit dunklen Umrisslinien und laviert dann in unterschiedlicher Intensität. Dem Druckverfahren der Zeitschrift entsprechend erscheinen diese Schattierungen in Grüntönen. Der Text in den Sprechblasen ist, wie auch der in der *Berliner Hausfrau*, in deutscher Schreibschrift gehalten. Der Comic erschien auf der Humorseite des *Rundblicks*, zusammen mit Einzelbildwitzen und humoristischen Texten.

Nach dem Krieg versuchte die Zeichnerin – wie manche ihrer Kollegen – in der Presse Ost-Berlins einen neuen Start. Jürgen Hartwig hat sie Anfang der 50er Jahre (1950-52) in der *Neuen Berliner Illustrirten (NBI)* entdeckt. Hier nannte sie sich nun »Charlotte Bruns-Simon«. In *Frischer Wind* lief ihre Witzseite unter dem Künstlernamen »Charlott«. Für beide Publikationen schuf sie Einzelbildwitze, inhaltlich anspruchslos, zeichnerisch ohne Fehl, aber in der Menge der damals produzierten Witzseiten doch nicht herausragend.

Aus derselben Zeit, nämlich von 1952, stammt die Illustration des Kinderbuchs »Mein Märchenlied«, nach einer Vorlage von Ilse Eckart. Diese Zeichnungen waren nun ganz anderer Natur: farblich ausgeprägte Aquarelle ohne starke Betonung von Umrisslinien, in den pastelligen Hintergründen luftig, in einem Stil, der deutlich den 50er Jahren verhaftet war.

Da Jürgen Hartwig die Quellen seiner Recherchen von 2003 nicht festgehalten hat, war es leider nicht möglich, die Vita und den Werdegang der Zeichnerin zu verfolgen. Die Einsichtnahme in die einschlägigen Dokumentationen (Berliner Einwohnermeldekartei, Adressbücher, Telefonbücher) blieb ergebnislos (den erwähnten Eintrag im Berliner Branchenbuch 1957 bis 1959 ausgenommen). Ohne einen Fixpunkt in Berlin ist es nicht möglich, weitere Spuren der Simon in Westdeutschland auszumachen. Kurt Flemig hat die Grundlagen seines »Karikaturistenlexikons« in seinem Nachlass überliefert.

Bei der Fleming-Sammlung handelt es sich um 105 Sammelmappen mit Comics, die in Zeitungen (der 30er bis 80er/90er Jahre) gedruckt und vom Sammler ausgeschnittenen wurden. Auf der wissenschaftlichen kulturhistori-

[9] Mail des Werkbundarchivs Berlin den Verf. vom 13. Juli 2012.

[10] Mail des Caricatura Museums Frankfurt an den Verf. vom 4. Juli 2012.

„Nicht ohne, was?"
„Tja, leider nicht ganz ohne was!"
So sind die MÄNNER!
SAGT CHARLOTTE BRUNS-SIMON
„Aber Otto, du interessierst dich wieder mal gar nicht für mein neues Kleid!"

CHARLOTT SIMON
„Ja, ja", unterbricht ihn Teresa ungeduldig und zieht die Brauen in die Höhe, „das alles läuft mir ja nicht davon. Aber jetzt muß ich nach Sevilla."

Badeanzügliches von Charlott
„Kinder, gleich sind die beiden so weit! Dann können wir uns häuslich niederlassen!"
„Ja, dort ist meine ganze Familie aufgehängt..."
FÜR SOMMER SAND u. SONNE
„Möglichst vor Nässe schützen, meine Dame. Er könnte sonst etwas eingehen!"
Venus
„Ich habe dies zur Erinnerung an unsere erste Begegnung aufgestellt, Liebling..."

Oben links Auszug aus einer Witzseite in der *Neuen Berliner Illustrierten* (NBI) 34/1950. Daneben Witzseite aus *Frischer Wind* 104 (1950).

schen Ebene ist die Sammlung nur sehr eingeschränkt nutzbar bzw. auch problematisch, da die Quelle des jeweiligen Ausschnitts vom Sammler nie verzeichnet wurde. Das heißt, dass die einzelnen Ausschnitte nicht zu datieren und kaum einzuordnen sind.[9]

Dieser Nachlass wurde 1994 von Flemigs Witwe an das Berliner Werkbundarchiv verkauft; von dort ging er vor einigen Jahren als Dauerleihgabe an das Caricatura Museum Frankfurt. Auf Anfrage dort kam die Antwort:

Die Sammlung Flemig des Werkbundarchivs lagert im Depot des caricatura museums. Ob in der Sammlung auch Notizen zum Karikaturisten-Lexikon enthalten sind, geht aus den vom Werbundarchiv mitgegebenen Unterlagen nicht hervor. Es handelt sich v. a. um unsortierte Zeitungsausschnitte. Der Sammlung beiliegend ist ein Verzeichnis nach Künstlern, Charlotte Simon (-Bruns) ist auf dieser Liste nicht aufgeführt. Wir haben nicht die Kapazitäten, die 74 Kartons zu sichten oder in absehbarer Zeit zu erschließen.[10]

Eine Einsichtnahme wurde nicht angeboten. Natürlich stellt sich die Frage, warum das Werkbundarchiv eine solche Sammlung ungeprüft ins Abseits verbannt.

Damit endet im Moment die Spurensuche nach dieser Zeichnerin. Simon war zweifellos ein Talent; in den 30er und 40er Jahren war sie vielen ihrer Kollegen formal weit voraus. Welche Einflüsse auf sie einwirkten, welche Beschränkungen es zum anderen gab, dass diese künstlerische Innovation gebremst wurde, mögen spätere Funde erbringen.

Links eine Illustration aus dem Kinderbuch »Mein Märchenlied« (1952).

Comiczeichner in der SBZ/DDR. Eine Generationenübersicht

Von Michael F. Scholz

Auch in Ostdeutschland hatten die nach dem Krieg tätigen Comiczeichner ihre Wurzeln in den 30er und 40er Jahren. Die folgende Generationenübersicht gibt Auskunft über die Faktoren, die auf die Comicgeschichte der DDR Einfluss hatten, sowie über Kontinuitäten und Diskontinuitäten künstlerischer und politischer Art.

Mitte der fünfziger Jahre waren die Comics in der DDR angekommen. »Bildergeschichten«, wie Comics aus Gründen der Abgrenzung zu ähnlichen Produkten aus dem Westen, aber auch aus Rücksicht auf die reiche deutsche Bildergeschichtentradition konsequent bezeichnet wurden, finden wir in den Tageszeitungen, den Illustrierten und in den Kinder- und Jugendzeitschriften. Bereits ein kurzer Blick auf diese Comics zeigt deren Verankerung in der deutschen Bildergeschichtentradition. Doch wie war das möglich? Gab es personelle Kontinuitäten? Durften professionelle Zeichner, die bereits während der Nazizeit veröffentlicht hatten, in der Sowjetischen Besatzungszone bzw. ab 1949 in der DDR ihre Tätigkeit fortsetzen? Oder war eine neue Generation von Zeichnern angetreten, die sich dem traditionellen Verständnis zur Bildgeschichte verpflichtet fühlten?

Am Beispiel einer Studie zu den ersten Generationen der Comicschaffenden soll für den Zeitraum 1945 bis Mitte der 50er Jahre gezeigt werden, wie die Comicforschung auch unsere Kenntnis der Gesellschaftsgeschichte der DDR bereichern kann.[1] Als erstes werden hier die Jahrgänge 1890 bis 1909 betrachtet, die in der unmittelbaren Nachkriegszeit die Comicgeschichte formten und, so ist zu vermuten, die Weichen für die weitere Entwicklung in der DDR stellten. Unter »zweite Generation« werden die Geburtsjahrgänge 1910 bis 1929 verstanden. Ihre Vertreter, die zum Ende der DDR zwischen 50 und 80 Jahre alt waren, prägten die DDR-Comicgeschichte bis 1989/90. Heute besitzen wir, nicht zuletzt dank des Internets, einen recht guten Überblick, was in der DDR an Comics in selbständigen Publikationen und Jugendmagazinen erschienen ist. Auch die in der Wochenpresse veröffentlichten Comics sind weitgehend erfasst. Bei den Tageszeitungen, vor allem in den Bezirken, sind allerdings noch Überraschungen möglich. Was die Biografien der Comicschaffenden betrifft, fehlt es oft an Grunddaten, insbesondere für die Zeit vor 1945.[2]

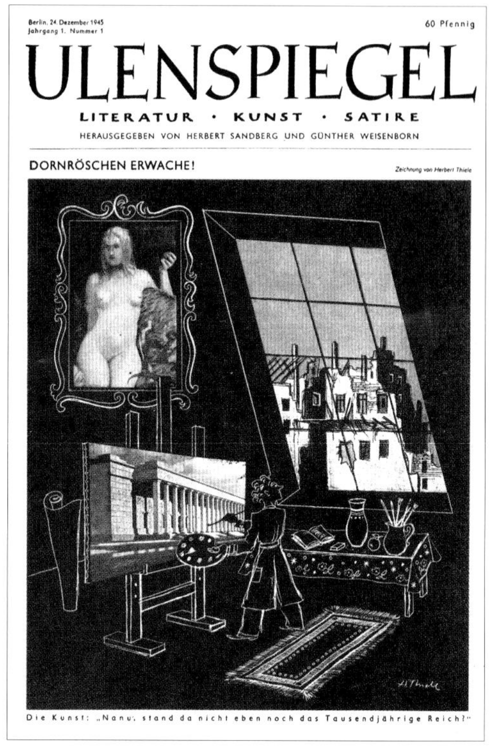

[1] Vgl. Hartmut Zwahr: Umbruch durch Ausbruch und Aufbruch. Mit Exkursen zu Ausreise und Flucht sowie einer ostdeutschen Generationenübersicht. In: ders./Hartmut Kaelble/Jürgen Kocka: Sozialgeschichte der DDR. Stuttgart 1994. S. 426-465. Hier S. 449.

[2] Bibliografie in: Gerd Lettkemann/Michael F. Scholz: Schuldig ist schließlich jeder... Berlin 1994; Jürgen Hartwig (Hg.): Das große Lexikon aller DDR-Karikaturisten, Pressezeichner und -illustratoren (5 Bde.). Berlin o. J.; ders.: Dokumentationsreihe Karikaturisten (8 Bde.). Berlin o. J.; Kurt Flemig: Karikaturisten-Lexikon, München 1993. Im Internet vor allem www.ddr-comics.de; http://ddr-comicmuseum.de.

[3] Vgl. Rudi Chowanetz: Die Kinderzeitschriften in der DDR von 1946 bis 1960. Berlin (DDR) 1983; Gerd Lettkemann/Michael F. Scholz: Schuldig ist schließlich jeder... a. a. O.,; Christoph Lüth/Klaus Pecher: Kinderzeitschriften in der DDR. Bad Heilbrunn 2007; Rüdiger Steinlein/Heidi Strobel/Thomas Kramer (Hg.): Handbuch zur Kinder- und Jugendliteratur. SBZ/DDR. Von 1945 bis 1990. Stuttgart 2006.

[4] Vgl. Michael F. Scholz: Comics als Quelle der Geschichtswissenschaft. In: Dietrich Grünewald (Hg.): Struktur und Geschichte der Comics. Beiträge zur Comicforschung. Bochum/Essen 2010. S. 199-217.

[5] Gerd Lettkemann/Michael F. Scholz: Schuldig ist schließlich jeder... a. a. O.; Mark Lehmstedt: Die geheime Geschichte der Digedags. Die Publikations- und Zensurgeschichte des »Mosaik« von Hannes Hegen 1955-1975. Leipzig 2010; Simone Barck/M. Langermann/S. Lokatis (Hg): Zwischen »MOSAIK« und »Einheit«. Zeitschriften in der DDR. Berlin 1999.

[6] Vgl. Herbert Sandberg/Günter Kunert (Hg.): Ulenspiegel. Zeitschrift für Literatur, Kunst und Satire 1945-1950. Berlin (DDR) 1978.

[7] ebd., S. 5.

In der DDR waren Comics Teil der reglementierten Kinder- und Jugendliteratur und wurden nach klaren Richtlinien der SED bzw. des Jugendverbandes FDJ produziert.[3] Als Bestandteil der DDR-Populärkultur waren sie angesichts beachtlicher Auflagen und weiter Verbreitung dabei keineswegs nur ein Nischenprodukt. Sie sind Zeugen dafür, was damals beliebt war bzw. was man in der Bevölkerung akzeptierte. Historische Ereignisse, ökonomische und politische Krisen und politische Kampagnen haben in den DDR-Comics deutliche Spuren hinterlassen.[4] Erste Gesamtdarstellungen zur Geschichte der DDR-Comics liegen vor, doch in den Literatur- und Medienwissenschaften fristen sie noch immer ein Schattendasein.[5]

Das Kriegsende 1945 wurde in Deutschland als Befreiung von den Leiden des Krieges und der nationalsozialistischen Herrschaft erlebt. Der dem »Zusammenbruch« folgende Aufbruch stand unter Kontrolle der Besatzungsmächte und war von einer Abrechnung mit der nazistischen Vergangenheit geprägt. In der alten Hauptstadt Berlin war bis zum definitiven Ende der Vier-Mächte-Verwaltung 1948/49 die Presselandschaft durchaus homogen, auch wenn von einer gemeinsamen alliierten Pressepolitik schon seit dem Sommer 1945 nicht mehr gesprochen werden konnte. Von einem anfänglich noch gemeinsamen antinazistischen Geist zeugen die Satireblätter *Ulenspiegel* und *Frischer Wind*.

Der von Herbert Sandberg (1908-1991) und Günther Weisenborn (1902-1962) herausgegebene *Ulenspiegel* erschien seit Dezember 1945 vierzehntäglich in Berlin unter der Lizenz der amerikanischen Militärbehörde. Das linksorientierte antinazistische Blatt stellte sich bewusst in die Tradition des *Simplicissimus* und anderer deutscher Satirezeitschriften.[6] Sandberg, der an der Staatlichen Akademie für Kunst und Kunstgewerbe Breslau studiert hatte, konnte auf Erfahrungen als Pressezeichner, unter anderem für den *Wahren Jakob*, zurückgreifen. Als Kommunist hatte er in der Nazizeit ab 1934 die Hölle von Zuchthaus und Konzentrationslager durchlebt. Der Schriftsteller Weisenborn hatte ebenfalls zum aktiven Widerstand gehört. Als bewährte Widerstandskämpfer konnten die beiden Herausgeber so manchem auf dem Index stehenden Zeichner zu dem sogenannten »Persilschein«, der Arbeitserlaubnis, verhelfen, denn »qualifizierte und zuverlässige Antifaschisten waren rar«.[7] Sandberg erinnerte sich später, dass sie »um jeden einzelnen Mitarbeiter [...] Kämpfe mit den Behörden

Linke Seite oben und links: Die Erstausgaben der satirischen Zeitschriften *Ulenspiegel* (Dezember 1945) und *Frischer Wind* (April 1946; Illustration Horst von Möllendorff).

Linke Seite unten: »Gretl« von Renkewitz in *Die Freie Gewerkschaft* (9. Dezember 1945).

Unten ein »Bilderbogen« von Barlog, in *Frischer Wind* 63 (1948).

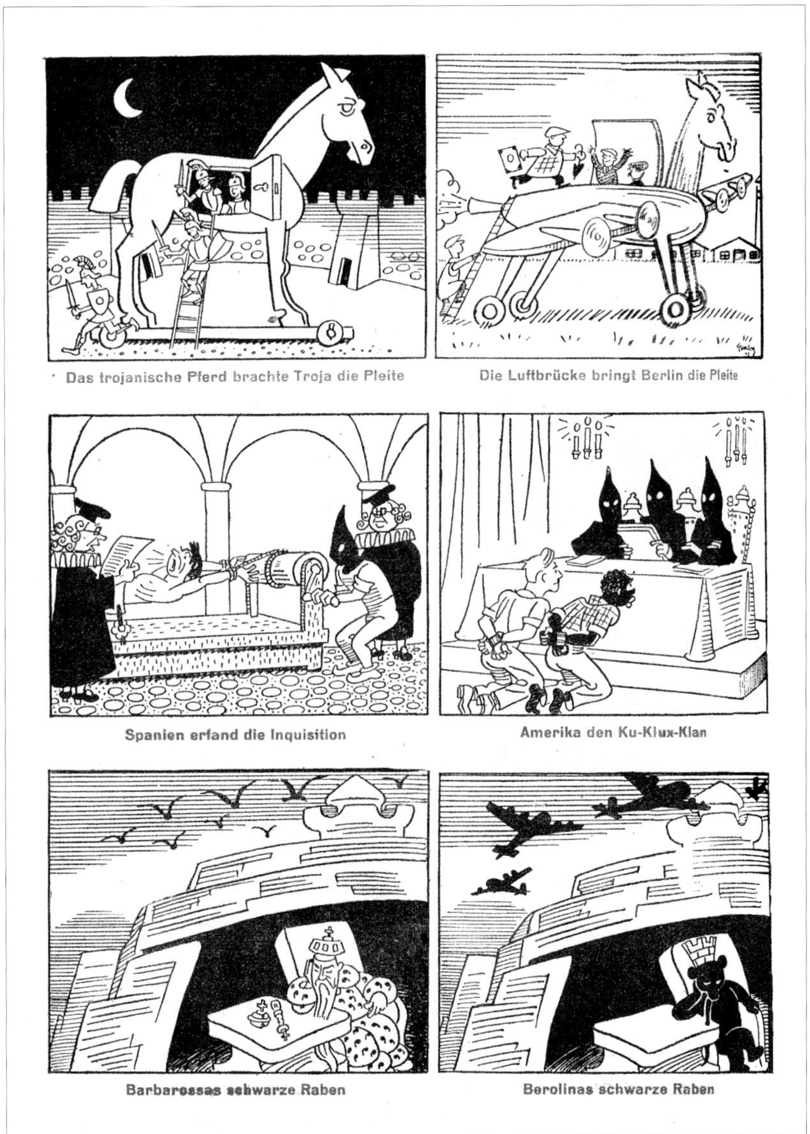

Rechts die Titelseite der *Schulpost* Heft 1 vom Juli 1946.

Unten und auf der rechten Seite drei Bildergeschichten aus der *Schulpost*: »Steh-auf-Männchen« (Horst von Möllendorff, 1946), »Das verfressene Schweinchen« (Albert Schäfer-Ast, 1947), »Die Abenteuer von Klecks und Schnurr« (Conny/ E. H. Straßburger, 1946). Möllendorffs »Stehaufmännchen« [sic] wurde einige Jahre später von der in Westberlin erscheinenden Zeitschrift *sie* wiederaufgenommen (*sie* 25-41/1949).

auszufechten« hatten. Zum Beispiel wollte man ihm den Zeichner Albert Schäfer-Ast (1890-1951), der Anfang der 20er für die Kinderzeitschrift *Der heitere Fridolin* auch Comics gezeichnet hatte, nicht genehmigen, weil er Propaganda-Kompanie-Zeichner gewesen war. Sandberg wusste damals nicht, ob das stimmte, er wusste nur, »dass sich eine Reihe von Zeichnern damit über den Krieg gerettet hatte«.[8] Doch nun wurde jeder beim Aufbau des Landes gebraucht. Schäfer-Ast traute dieser Form der schnellen Entnazifizierung in den ersten Nachkriegsjahren wohl auch nicht recht. Die Erfahrungen mit Bildfolgen und Bilderbogen, die Schäfer-Ast und Sandberg in der Weimarer Zeit gemacht hatten, sollten den *Ulenspiegel* wesentlich prägen.[9]

Frischer Wind erschien mit sowjetischer Lizenz ab 1946. Die Schriftleitung lag ab 1947 bei Arnim Hauswirth, einem ehemaligen Chefredakteur der KPD-Zeitung *Die Rote Fahne*. Das Satire-Blatt knüpfte an die Tradition der proletarisch-revolutionären Zeitschriften der 20er und 30er Jahre an, doch waren auch hier antinazistische Zeichner Mangelware. So gehörten seit der ersten Ausgabe Ferdinand Barlog (1895-1955) und Horst von Möllendorff (1906-1992) zu den populärsten und produktivsten Zeichnern. Sie lieferten nicht nur die meisten Titelbilder, sondern veröffentlichten hier auch eine Reihe politischer Bildergeschichten.

Beide hatten in der Nazizeit lustige und unverbindliche Strips gezeichnet, was ihnen den Vorwurf unkritischen Mitläufertums einbrachte. Barlogs Karikaturenbände zum

Wehrmachtsalltag aus den Jahren 1937 bis 1940 standen in der SBZ sogar auf der Liste der auszusondernden Literatur.[10] Möllendorff[11] war vor 1945 durch Einzelbildwitze, Gagstrips (»Onkel Bohne«) und Zeichentrickfilme bekannt geworden. Bevor noch eine Entnazifizierung überhaupt in Gang gekommen war, finden wir im Juli 1945 in der *Berliner Zeitung* Möllendorffs Comicserie »Berlin ohne Worte«.[12] Hier wie in vielen anderen Comics dieser Zeit wurden Probleme des Nachkriegsalltags thematisiert, die Mangelwirtschaft und Wohnungsnot sowie das Treiben auf dem Schwarzmarkt.

Im *Frischen Wind* sah man vom ersten Jahr an auch Comic-Beiträge von Georg Wilke (1891-1964), der in Berlin Malerei studiert und schon während des 1.Weltkriegs als Pressezeichner gearbeitet hatte. Vertreten waren von Beginn an auch der Franzose Jean Effel (1908-1982) und der Däne Herluf Bidstrup (1912-1988). Beide waren keine Unbekannten für den deutschen Leser, denn sie hatten auch bereits vor 1945 in der deutschen Wochenpresse publiziert. In den ersten Nachkriegsjahren waren internationale Einflüsse sonst eher selten.

In den Westsektoren Berlins konnten sich Comicschaffende jedoch leicht Zugang zu ausländischen Publikationen verschaffen. Im Westberliner US-Informationszentrum lagen auch amerikanische Comics aus. Walt Disney, dessen Micky-Maus-Filme in Deutschland vor 1945 bekannt und beliebt waren, galt in Ost und West als bedeutender Künstler. Die in Ostberlin vom Kulturbund herausgegebene Wochenzeitung *Sonntag* zollte ihm ebenso Lob wie die in München von der US-Militärregierung herausgegebene Illustrierte *Heute*.

In Ostberlin zog man sogar eine Traditionslinie von Wilhelm Busch zu Walt Disney. Selbstsicher fragte man, ob Busch in seinen lustigen Bildserien nicht das Wesentliche des heutigen Trickfilms vorweggenommen habe. Jedenfalls habe Disney »von dem großen deutschen Humoristen manches Handlungsmotiv« übernommen.[13] Als die Westberliner Kunstgalerie Archivarion in ihrer Herbstschau 1948, also bereits während der Berlin-Blockade, unter dem Motto »Fantastische, groteske und Traumgrafik« Walt Disneys Trickfilmzeichnungen zusammen mit »Graphiken von Künstlern unserer Tage« zeigte, waren auch Karikaturisten und Comiczeichner vertreten, die später in der DDR eine Rolle spielten, wie Albert Schäfer-Ast und Paul Rosié (1910-1984).[14]

Sobald in der SBZ die ersten neuen Jugendzeitschriften erschienen, griff man

auch hier auf die vor 1945 bewährten Zeichner zurück. So zierte Möllendorffs ganzseitiger Farbcomic »Steh-auf-Männchen« die Rückseite des ersten Heftes der im Juli 1946 vom Verlag Volk und Wissen herausgegebenen Zeitschrift *Die Schulpost*. Pfiffig löst hier das Männchen das Problem undichter Dächer. Als ihm die Ziegel ausgehen, behilft es sich mit Regenschirmen.

Die Abenteuer von Klecks und Schnurr
Zeichnungen: Conny
Verse: E. H. Straßburger
Grau und öde sind die Gassen,
Vom guten Herrchen ganz verlassen,
Irrt Klecks gedrückt in dieser Stadt
In der er keine Heimat hat.
Auch Schnurr, die buntgefleckte Katze
Sitzt einsam hier auf ihrem Platze.
„Wo ist mein Frauchen? O, Miau!
Ob ich sie jemals wiederschau?"
So treffen sich in ihren Leiden
Der Klecks, die Schnurr, die armen Beiden.
Das gleiche Schicksal sie ertragen:
Es knurrt bedenklich schon der Magen.
WAU
WAU
Mit schnellem Griff ein Schelm hier nimmt
Vom Mehl, das ja zum Brot bestimmt.
Es sieht das Klecks, den Mann er stellt,
Mit lautem „Wau!" er ihn verbellt.
Die Katze Schnurr faßt ihn beim Kragen,
Der Dieb entflieht vor Unbehagen.
Der Fuhrmann bringt, als Dankeszoll
Mit guten Bissen die Schüssel voll.
CONNY
Nachdem recht reichlich man genossen,
Wird Freundschaft allsogleich geschlossen.
Ein Pfotenschlag mit Schnauzenkuß,
Die Freundschaft hier besiegeln muß.
Was sich darauf begeben hat
das bringt bestimmt ein nächstes Blatt.

Die Schulpost und die *ABC-Zeitung* wurden von dem früh verstorbenen Peter Schuerl entwickelt. Schuerl kam aus dem Berliner antinazistischen Widerstandskampf und hatte eine Zeitlang im Lager Oranienburg (KZ Sachsenhausen) gesessen. Als *Schulpost*-Herausgeber kamen ihm seine Erfahrungen als verantwortlicher Redakteur der *Rama im Blauband Woche* zugute. In dieser Werbe-Kinderzeitung waren in den 1930er Jahren viele Bildergeschichten erschienen. Zum Geleit der *Schulpost* verkündete Schuerl, mit der neuen Zeitschrift solle nicht nur Wissen vermittelt und zum Den-

8 Herbert Sandberg: Spiegel eines Lebens. Berlin (DDR) 1988. S. 59 ff.

9 Bilderbogen ist hier zu verstehen als thematische Bildfolge, zuweilen als bildhafte Darstellung von Zeitabfolgen, zuweilen als Gegenüberstellung (vgl. die Beispiele von Barlog auf S. 67 bzw. von Schmitt auf S. 75).

10 Helmut Kronthaler: Barlog. In: Eckart Sackmann (Hg.): Deutsche Comicforschung 2008. Hildesheim 2007. S. 75-85.

11 Eckart Sackmann: Horst von Möllendorf. In: ders. (Hg.): Deutsche Comicforschung 2009. Hildesheim 2010. S. 53-63.

12 Abgedruckt in: Jürgen Hartwig (Hg.): Die ersten Comic Strips (Dokumentationsreihe Karikaturisten, Teil 7). Berlin o. J.

13 Hanns Grunert: Walt Disney. In: *Sonntag*, 8.12.1946.

14 Archivarion. Schrift 5. Berlin 1948.

Rechts: »Abenteuer von Fritz dem Dackel« von Gerhard Fieber (*Neue Berliner Illustrierte*, 1947)

ken angeregt werden, sondern sie wolle auch Freude zu bringen, nicht zuletzt durch »lustige Bilderbogen«.

ABENTEUER VON FRITZ DEM DACKEL (1)
Fritz der Dackel und sein Stammbaum
Zeichnung: Fieber

Solche gestaltete in den folgenden Heften der aus den 1920er Jahren bekannte Pressezeichner, später Illustrator, Conrad (»Conny«) Neubauer (1896-?). Mit »Klecks und Schnurr« schuf er für die SBZ den ersten Fortsetzungsstrip mit festen Figuren. In der Geschichte irrt der Hund Klecks heimatlos durch die Gassen einer zerbombten Stadt, bis er die Katze Schnurr trifft, deren Frauchen wohl Opfer des Bombenkrieges geworden ist. Gemeinsam meistern sie dann Hunger und finanzielle Nöte des Alltags. Schließlich helfen sie der Polizei, einen »Großstadthamster« – dieser allerdings ein Mensch – zu stellen. Diese »Tugend« wird reich belohnt.

Nach kurzer Zeit ging die Redaktion für *Die Schulpost* und die *ABC-Zeitung* an Malla Naas und Kurt Egbert Ebert. Von Malla Naas (1898-1983) ist bekannt, dass sie eine Malausbildung bei Lovis Corinth erhalten hatte. In der Zeit der Hitlerbarbarei gehörte sie der Widerstandsgruppe um Robert Uhrig an, wurde verhaftet und kam ins Frauenlager Ravensbrück. Auch unter ihrer Verantwortung, die sie bald allein wahrnahm, finden wir »Bilderbogen« aus der Hand von Wilhelm Busch, Albert Schäfer-Ast oder Kurt Weinert, bekannt durch »Peterleins Traumfahrt ins Zahlenreich« (1946).

Bildgeschichten hatte auch die illustrierte Wochenpresse der SBZ im Programm. Die *Neue Berliner Illustrierte* (*NBI*) knüpfte mit ihrem Namen bewusst an die mit Kriegsende eingestellte *Berliner Illustrierte Zeitung* an, in der in den 30er Jahren die beliebten Bildergeschichten »Vater und Sohn« von Erich Ohser (e.o.plauen) und »Die 5 Schreckensteiner« von Barlog erschienen waren. Die Chefredaktion der neuen *NBI* lag in der Hand von Lilly Becher (1901-1978). Sie konnte auf langjährige Erfahrungen mit kommunistischer Presse- und Verlagsarbeit zurückblicken. Unter anderem war sie von 1932 bis 1933 Chefredakteurin der *Arbeiter Illustrierten Zeitung* (*AIZ*), die damals sowohl importierte als auch eigenständig produzierte Comics veröffentlichte.[15] In der auflagenstarken *NBI* wurden Bildergeschichten unterhaltend, aber auch belehrend im Sinne der aktuellen Propaganda eingesetzt. Zumeist waren es harmlose Humorstreifen, darunter auch wieder »Bilderfolgen« von Barlog.

Zu den ebenfalls bereits vor 1945 beliebten Zeichnern gehörte Gerhard Fieber (1916-2013), ehemaliger Chefzeichner und künstlerischer Leiter der Ufa-Tochter Deutsche Zeichenfilm GmbH. Mit seinem Comic »Abenteuer von Fritz dem Dackel« führte er 1947 die Tradition der deutschen Dackelwitze fort. Von der Deutschen Zeichenfilm GmbH waren viele junge Menschen zu

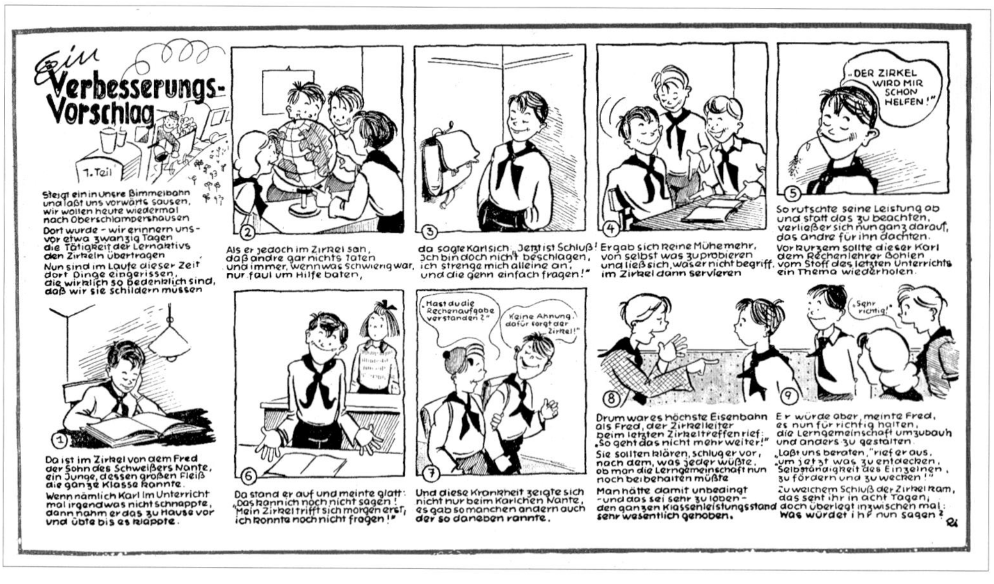

Rechts ein Strip von Richard Hambach, in *Der junge Pionier* (6. Oktober 1951).

Links ein Werbeplakat für A. S. Skids Privatinstitut für Pressezeichnen (1949).

Zeichnern ausgebildet worden, die später auch die DDR-Comiclandschaft prägen sollten, darunter Horst Alisch (*1925) und Heinz Rammelt (1912-2004).[16]

Die wichtigste Ausbildungsstätte nach dem Krieg entstand im Westteil der Stadt, in Berlin-Halensee am Kurfürstendamm. Hier eröffnete 1947 der Pressezeichner und Karikaturist Skid (eigentlich Fritz Albrecht, geb. 1898) das »Privatinstitut für Pressezeichnen A. S. Skid«. Die Schule war vom Hauptschulamt des Magistrats von Groß-Berlin im April 1947, also vor der Spaltung der Stadt, als »qualifizierte private Kunstschule für fachliche Pressezeichner-Berufsschulung und Pressezeichner-Nachwuchsförderung« genehmigt und anerkannt.

Albrecht stammte aus Stolp in Pommern und war nach eigenen Angaben seit 1919 im Beruf tätig. Ab 1926 verwandte er das Pseudonym S. Skid. Weder als Pressezeichner noch als Gebrauchsgrafiker ausgebildet, hatte er seine Kenntnisse in der Berufspraxis erworben. Als Mitglied im Reichsfachausschuss der Pressezeichner im Reichsverband der Deutschen Presse hatte er während des Krieges auch an Schulungsbriefen der NSDAP und DAF mitgearbeitet. Damals nannte er sich Werbeberater und Werbetexter und gehörte der Reichsfachschaft Deutscher Werbeleute an.[17]

Im Schreiben der Volksbildungsabteilung des Bezirks Wilmersdorf hieß es:

> Die private Kunstschule »Privatinstitut für Pressezeichnen«, deren Errichtung im Bezirk Wilmersdorf auf der Planung und Initiative des Pressezeichners und Gebrauchsgraphikers Herrn S. Skid beruht, besitzt unser förderndes Interesse. Diese Schule ist eine kulturell wertvolle Einrichtung zur Förderung erzieherischer, berufsfachlicher Bestrebungen im Kunstleben. In ihr sind u. a. mehrere bekannte Kulturschaffende unseres Bezirks als Lehrer tätig. Die Schule spezialisiert sich gemäß ihrem wohldurchdachten Lehrplan auf die Berufsvorbildung von Pressezeichnern sowie auf die Herausbildung eines fähigen jungen Nachwuchses in diesem an vorderster Stelle für die Öffentlichkeit arbeitenden Beruf. Damit ist sie nicht nur in Wilmersdorf, sondern zugleich auch in Berlin und unseres Wissens auch in ganz Deutschland das erste Institut, das diese besondere Ausbildungsaufgabe erkannt hat und wahrnimmt.
>
> Herr S. Skid ist bei uns als Pressezeichner und Gebrauchsgraphiker registriert und auf diesem Bereich als prominenter Kulturschaffender durch uns und entsprechend durch die Alliierte Behörde anerkannt. Er ist ständiger Mitarbeiter einer großen Anzahl von Tageszeitungen und Zeitschriften (u. a. »Berliner Zeitung«, »Puck-Telegraf«, »Woche im Bild«, »Horizont«, »Vorwärts«, »Berlins Modenblatt«, »Start«, »Revue«, »Die Frau von heute«) und mehrerer Buchverlage und gehört auf seinen Fachgebieten zu den namhaftesten Könnern. Gegen seine Befähigung als Leiter und Lehrer der von ihm gegründeten privaten Kunstschule »Privatinstitut für Pressezeichnen« bestehen daher keine Bedenken. Die Schule genießt auch deshalb jede in unserem Arbeitsbereich mögliche Förderung.[18]

Mit dem »Privatinstitut für Pressezeichnen«, zu dessen Lehrern auch der Werbeleiter des FDJ-Verlages »Neues Leben» gehörte, entstand ein Sammelpunkt für werdende Pressezeichner und Karikaturisten, wie Richard Hambach (1917-2011), Erich Schmitt (1924-1984), Harry Parschau (1923-2006) und Henryk Berg (*1927). Hambach wurde noch während der Ausbildung für die Mitarbeit an der neugegründeten Pionierzeitung *Unsere Zeitung* (bald umgetauft in *Der Junge Pionier*, später *Trommel*) geworben. Ab 1949 lieferte er für diese regelmäßig »Bildleisten mit Versen» zum Thema Pionierleben. Die The-

[15] Gerd Lettkemann: Kindercomics und Klassenkampf – die Arbeiter Illustrierte Zeitung. In: Eckart Sackmann (Hg.): Deutsche Comicforschung 2006. Hildesheim 2005. S. 68-71.

[16] Günter Agde: Flimmernde Versprechen. Geschichte des deutschen Werbefilms im Kino seit 1897. Berlin 1998. S. 143 ff.; Rolf Giesen/J. P. Storm: Animation Under the Swastika. A History of Trickfilm in Nazi Germany, 1933–1945. Jefferson (NC) 2012.

[17] Landesarchiv Berlin, C-Rep. 120 – Magistrat von Berlin, Abteilung Volksbildung 1777, Privatschule für Pressezeichnen A. S. Skid in Berlin-Halensee; A Rep 243-04 – Reichskammer der bildenden Künste, Landesleitung Berlin 7743, Personenakte Fritz Albrecht .

[18] Abgedruckt auf den Studienausweisen des Instituts.

Eine Behörde baut ab
Da wir unsere Entlassungspapiere wegen Überarbeitung nicht allein fertigmachen können,
müssen wir zu diesem Zweck ein Entlassungsbüro einrichten
mit dem Vorsteher,
einer Schreibkraft für den Vorsteher,
einer Hilfskraft für die Schreibkraft
und selbstverständlich auch mit einem Boten.
So, nachdem wir unser Personal dermaßen vergrößert haben, werden wir darauf bestehen, daß zuerst die uns untergeordnete Dienststelle abgebaut wird.

Eine satirische Bildergeschichte von Elizabeth Shaw, aus *Das Magazin* 1/1955.

matik reichte vom Ferienabenteuer bis zum Werbeeinsatz für die Pionierpresse. Formal handelte es sich bei Hambachs Bildergeschichten zunächst um erzählende Bilderbögen, doch schon bald um Bildergeschichten in der Tradition der Kriegs- und Vorkriegszeit. Eine Vorbildfunktion erkannte Hambach »Vater und Sohn« von Erich Ohser sowie den mit Sprechblasen versehenen Bildwitzen auf den monatlichen Stromabrechnungen der Bewag zu, die er als Kind gesammelt hatte.[19]

Die Grafiker und Pressezeichner hatten die Wahl ihres Schaffenskreises nach 1945 aus örtlichen und persönlichen Bindungen heraus getroffen, »ohne damit ein politisches Zeugnis abzulegen«. Mit der Zeit drang jedoch mehr und mehr die politische Auseinandersetzung in den Alltag der Zeichner.[20] Sandbergs *Ulenspiegel* wurde noch bis zur Währungsreform von den Amerikanern unterstützt. Dann geriet die Redaktion wegen ihrer linken Tendenzen unter Druck. Sandberg kündigte die US-Lizenz und verlegte 1948 die Redaktion nach Ostberlin. Hier schlossen sich dem Blatt viele Zeichner an, die gern in Bildern erzählten, sei es in Form von Bilderbögen oder als Gagstrips.

Unter den Mitarbeitern finden wir nun unter anderen Werner Klemke (1917-1994), Kurt Klamann (1907-1984), Karl Schrader (1915-1981), Elizabeth Shaw (1920-1992) und auch wieder Jean Effel. Alle verfügten über eine gediegene künstlerische Ausbildung und standen der KPD/SED nahe. Klemke, 1946 aus der Kriegsgefangenschaft heimgekehrt, hatte vor dem Krieg als Trickfilmzeichner für die Firma Kruse-Film gearbeitet. Klamann, ebenfalls gerade aus der Kriegsgefangenschaft zurück, gehörte seit 1926 der KPD an. In den zwanziger Jahren hatte er die Berliner Kunstakademie besucht und anschließend als Illustrator für große Verlage gearbeitet. Von den Nazis war er mit Berufsverbot belegt und 1943 zur Marine eingezogen worden.

Schrader war mit Kriegsanfang zur Wehrmacht eingezogen worden und nun entlassen. Auch er verfügte über eine gediegene Ausbildung. Nach der Kunstgewerbeschule in Hildesheim hatte er an der Graphischen Akademie in Leipzig studiert. Die gebürtige Irin Shaw war 1946 mit ihrem Ehemann, dem deutschen politischen Flüchtling, Bildhauer und Maler René Graetz, nach Berlin gekommen. Ihre künstlerische Ausbildung hatte sie am Chelsea College of Art and Design in London erhalten.

Mit der Eskalation des Kalten Krieges änderte sich das kulturelle Klima. Die voranschreitende Stalinisierung in der Sowjetunion hatte direkte Folgen für die SBZ. Als die sowjetische Parteiführung den sowjetischen Satirikern 1948 die Aufgabe stellte, das Wachstum der neuen Gesellschaft mit allen Mitteln zu fördern, wurde dies auch richtungsweisend für die Zeichner in der SBZ. Satire sollte »Waffe« sein gegen Veruntreuungen des gesellschaftlichen Eigentums, gegen »Bürokraten, Raffer, Erscheinungen von Hochnäsigkeit, Kriecherei und Langweiligkeit«. Rechtzeitig sollte sie auf aktuelle internationale Ereignisse reagieren und »die bürgerliche Kultur des Westens der Kritik unterziehen, indem sie die Nichtigkeit ihrer Ideen und ihre Entartung zeigt«.[21] Der *Ulenspiegel* entsprach nicht mehr dem Zeitgeist und wurde zum August 1950 eingestellt.

Generell ging nun der Bedarf an Witzzeichnungen und Bildergeschichten deutlich zurück. Die sogenannte Formalismus-Debatte traf auch die Comic-Schaffenden in der DDR. Einige waren als sogenannte ehemalige Westemigranten Verfolgungen ausgesetzt und wurden ihrer Positionen als verantwortliche Redakteure enthoben. Die neuen ideologischen Anforderungen sowie die Folgen der Währungsreform setzten die Zeichner der alten Schule unter Druck. Viele sagten dem Osten endgültig Lebewohl.[22]

Möllendorff, Barlog und Fieber hatten bereits den Westen gewählt. Nicht alle konnten dort ihre Karriere fortsetzen. Während Möllendorffs »Stehaufmännchen« 1949 als Serie in einer Westberliner Zeitung lief und Fieber ein sehr erfolgreiches eigenes Zeichenfilm-Studio gründete, war Barlog wegen seiner Tätigkeit unter den Nazis Anfeindungen ausgesetzt. Er emigrierte 1953 in die USA, wo er zwei Jahre später verstarb.

Mit der Gründung der DDR im Oktober 1949 waren alle Bereiche des gesellschaftlichen Lebens von der Stalinisierung erfasst. Die beginnende militärische Aufrüstung ging auf Kosten des Konsums. Dies hatte verheerende Auswirkungen auf die Kulturpolitik und die Unterhaltungskultur und führte zu einem deutlichen Absinken der Qualität der Kinderzeitschriften. So verschwand aus der *Schulpost* mit den Bildergeschichten die Farbe. In den Printmedien wurden Comics Mangelware. Allein *Der Junge Pionier* behielt die »Bildleisten« im Programm.

Erst 1951 tauchten in der *NBI* wieder Pantomimen-Strips auf, die von den Alltagsschwächen der Erwachsenen und vom Zukunftsoptimismus der Kinder handelten. Ihr Zeichner Werner Klemke hatte an der Hochschule für bildende und angewandte Kunst in Berlin-Weißensee im selben Jahr einen Lehrauftrag erhalten (ab 1956 Professor). Die *NBI* konnte sich 1952 auch die Rechte an den Bildergeschichten Herluf Bidstrups sichern. Diese zeichneten sich durch eine starke ideologische Botschaft aus, doch waren sie lustig und auch für Kinder verständlich.

Als Anfang 1952 in Ostberlin das »Nationale Aufbauwerk« mit großem propagandistischen Aufwand startete, nahm die *Berliner Zeitung* aus diesem Anlass wieder einen Comic in das Programm ihrer wöchentlichen Beilage: »Petz und Mimi – Aufbaugeschichten vom starken Bären und der klugen Taube«. Petz, der Bär, war das Wappentier Berlins, die Taube stand für den Frieden bzw. den friedlichen Aufbau. Hinter der traditionellen Form der Bildgeschichte mit gereimten Texten unter den Bildern verbarg sich ein Propagandacomic im Sinne der aktuellen SED-Politik. Zunächst nahm er sich der alltäglichen Probleme der Planwirtschaft an, übte Kritik an Mängeln und mahnte die Verantwortlichen zur besseren Koordinierung.

Diese Form der Kritik und Selbstkritik sollte mit der Zunahme der Ost-West-Span-

Links »Lutz und Evchen« von Werner Klemke (*Neue Berliner Illustrierte* 10/1952).

Unten »Petz und Mimi« von Georg Seyler in der *Berliner Zeitung* vom 25. Mai 1952.

[19] Michael F. Scholz: Richard Hambach. In: Eckart Sackmann (Hg.): Deutsche Comicforschung 2005. Hildesheim 2004. S. 92-105.

[20] So Hermann Henselmann in: Lernt von den Alten – Studiert die Natur. In: Albert Schäfer-Ast 1890-1951. Gedächtnis-Ausstellung (Red: Gerhard Pommeranz-Liedtke). o. O., o. J. [1952]. S. 19-23, S. 20.

[21] Vgl. Georg Piltz: Geschichte der europäischen Karikatur. Berlin (DDR) 1976. S. 305f.

[22] »So lacht das Krokodil«. In: *Der Spiegel*, 30.5.1951. S. 31-33.

Petz und Mimi / Aufbaugeschichten vom starken Bären und der klugen Taube
Zeichnungen: G. Seyler
BAULEITUNG·
Die Kumpel zeigten finstre Miene,
Als Petz sie traf beim Block B-Nord:
Denn in Gefahr sind die Termine
Durch schlechten Materialtransport.
Zement braucht ihr — der liegt im Hafen,
Sagt Mimi — doch der Weg ist weit,
Weil einige Kollegen schlafen;
(Sie sprechen zwar von „Schwierigkeit").
Zum Baustab geht's, um zu beraten,
Wie man aus dumpfen Räumen fegt
Den Schlendrian der Bürokraten,
Und ihm ganz schnell das Handwerk legt.
Wie es die Mimi macht, ist richtig:
Zeigt sie im hellen Sonnenschein,
Dann wird, was faul und eigensüchtig,
Schon morgen ganz verschwunden sein.

Oben: »Eine Bärengeschichte« von Walter Krumbach und Erich Gürtzig (*ABC Zeitung*, 1954).

Unten: »Jürgen Naseweis« von Jürgen Kieser und Heinrich Gage wendet sich gegen Schundliteratur (*Wochenpost*, 1954).

Auf der gegenüberliegenden Seite ein »Bilderbogen« von Erich Schmitt (*Frischer Wind*, 1951).

nungen verschwinden. Mit der fortschreitenden Militarisierung der Gesellschaft und der Verkündung der »planmäßigen Errichtung der Grundlagen des Sozialismus in der DDR« verschärfte sich auch der Ton in den Comics. Die Ursachen der bekannten Probleme in der Wirtschaft oder in der Versorgung der

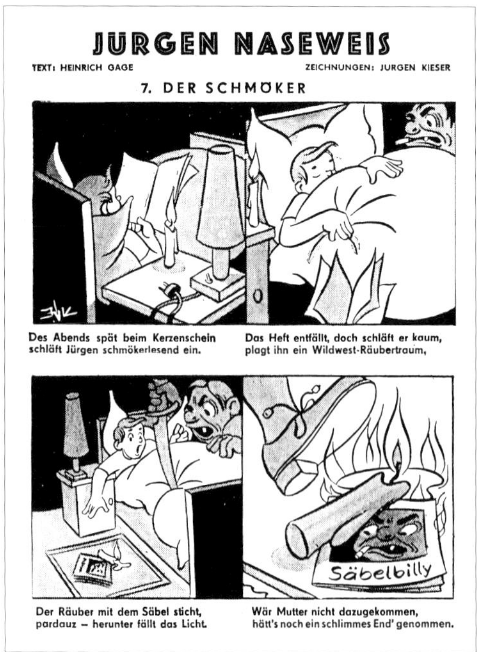

Bevölkerung durften nicht mehr im System gesucht werden, sondern mussten als Ergebnis von Sabotage dargestellt werden. »Wachsamkeit« wurde zum Leitprinzip.

Comic-Petz wurde hier ein Vorbild, als er Eisenbahnsaboteure auf frischer Tat stellte und die Übeltäter an uniformierte Ordnungshüter übergab. Die Zeichnungen stammten von Georg Seyler (1915-1998), der eine Ausbildung als Chromolithograph, Grafiker und kartografischer Zeichner besaß. Im 2. Weltkrieg hatte es ihn an die Ostfront verschlagen. Bereits im Juli 1945 war er aus amerikanischer Gefangenschaft entlassen worden und im März 1946 nach Berlin zurückgekehrt. Hier hatte er 1949 eine Anstellung als Grafiker im Amt für Information der DDR in der Hauptabteilung Friedens- und Planpropaganda erhalten. Seit Februar 1952 war er freischaffend.[23]

Hatten die Bildgeschichten für Kinder bis 1948/49 deren Alltag widergespiegelt, so verstärkte sich zunehmend ihr Propagandacharakter. Entsprechend ging ihr Unterhaltungswert zurück. Der Mangel an spannender Unterhaltung für die Jugend wurde bald auch von offizieller Seite beklagt. Doch erst mit der Einführung des sogenannten »Neuen Kurses« als Folge des Volksaufstandes vom 17. Juni 1953 wurden in den DDR-Medien lustige Bildergeschichten wieder aktuell.

Der Volksaufstand 1953 erschütterte die Herrschaft des SED-Apparates in ihren Grundfesten. Der forcierte Aufbau des Sozialismus stand in Frage. Aufgeschreckt setzte die sowjetische Besatzungsmacht auf kulturpolitische Lockerungen. Daraufhin brach in der DDR eine kurze Zeit des »Tauwetters« an. Im kulturellen Bereich rückte die Parteiführung von bisherigen Zwangsmaßnahmen ab und räumte mehr künstlerische Freiheit ein. Um der Unzufriedenheit in der Bevölkerung entgegenzuwirken, sollten die Medien auf Unterhaltung und Entspannung setzen.

Man entsann sich alter Traditionen. Auf ausdrückliche Weisung der sowjetischen Besatzungsmacht kehrten der Feuilletonteil sowie Humor und Satire, Rätsel- und Schachecken wieder in die Presseerzeugnisse ein. Neue, scheinbar unabhängige Blätter erschienen 1954/55 auf dem DDR-Zeitschriftenmarkt: *Das Magazin*, *Wochenpost* und *Eulenspiegel*, letzteres im Grunde eine Fortführung der Satirezeitschrift *Frischer Wind*. Die neuen Publikationen knüpften auch an Erfahrungen der Westemigranten an. Deren Verfolgung war beendet; sie unterlagen keinen Beschränkungen mehr. Ihre »Rückkehr« in die Verlagsarbeit führte zu einer erneuten Professionalisierung der DDR-Medienland-

[23] http://de.wikipedia.org/wiki/Georg_Seyler (2013-01-17).

[24] Michael F. Scholz: Feind-Bilder. Zum Erziehungsauftrag der DDR-Comics. In: Ute und Wolfgang Benz (Hg.): Deutschland, deine Kinder. Zur Prägung von Feindbildern in Ost und West. München 2001, S. 159-184.

schaft. Der Schweden-Remigrant Rudi Wetzel (1909-1992) übernahm die Chefredaktion der *Wochenpost* und der England-Remigrant Heinz H. Schmidt (1906-1989) die für *Das Magazin*. Beide Blätter führten Comics in ihrem Programm.

Ungefähr zur selben Zeit ergriff im Schriftstellerverband der ehemalige Spanienkämpfer und Mexiko-Remigrant Ludwig Renn (1889-1979) die Initiative zur Herausgabe eigener Comics.[24] Renn argumentierte mit der Notwendigkeit der Abwehr westlicher Comics durch sozialistische Alternativen. Er war aber auch grundsätzlich von den didaktischen Möglichkeiten des Bild-Text-Mediums überzeugt, nachdem er während einer China-Reise mit den dortigen Bildgeschichten in Kontakt gekommen war, die er als Vorbild empfahl.

Seinem Aufruf an die Schriftsteller, Szenarien für Comics zu schreiben bzw. Literatur für das neue Medium zu adaptieren, folgte die Kinderbuchautorin Alex Wedding (eigentlich Grete Weiskopf, 1905-1966) unmittelbar. Sie hatte in der Emigration und später als Botschaftergattin in den USA und der Volksrepublik China Erfahrungen mit redaktioneller Arbeit sammeln können. Im Prager Exil war sie zum Beispiel für die Kinderseite der *AIZ* verantwortlich gewesen.[25] Wedding unterstützte den Einsatz von Bildgeschichten und stellte ihre Bücher »Das Eismeer ruft« (1936) und »Die Fahne des Pfeiferhänsleins« (1948) für Comic-Adaptionen zur Verfügung.

Der ehemalige Frankreich-Emigrant und kommunistische Literaturkritiker Max Schroeder (1900-1958) nutzte seinen Einfluss als Cheflektor im Aufbau-Verlag, um Jean Effels Arbeiten in der DDR bekannt zu machen und lud ihn nach Berlin ein. Schroeder sorgte dafür, dass Effels Bildergeschichten auch in der DDR in Buchform erschienen, wobei er selbst deren Betreuung übernahm.[26] Auf Schroeders Initiative wurde im Sommer 1955 in Berlin, im Ausstellungs-Pavillon an der Weidendammer Brücke, in Anwesenheit des Künstlers eine Effel-Ausstellung eröffnet. Neben einer Auswahl politischer Karikaturen wurden viele Originale seiner Bildergeschichten gezeigt.[27]

Mit der bei den Zeitungen und Zeitschriften rasant gestiegenen Nachfrage nach Bildergeschichten erhielt auch eine neue Generation von Redakteuren und Zeichnern eine Chance, die Jahrgänge 1920 bis 1929. Ihre Vertreter hatten ihre Berufsausbildung in der Regel in den 30er Jahren begonnen, jedoch durch den Krieg nicht abschließen können. Nach der Entlassung aus der

[25] Susanne Blumesberger/Ernst Seibert (Hg.): Alex Wedding (1905-1966) und die proletarische Kinder- und Jugendliteratur. Wien 2007; Michael F. Scholz: Zur Anti-Comic-Debatte der DDR in den 50er Jahren. In: Eckart Sackmann (Hg.): Deutsche Comicforschung 2009. Hildesheim 2008, S. 104-117.

[26] Vgl. Edith Anderson: Liebe im Exil. Berlin 2007. S. 418 f.

[27] Max Schroeder: Jean Effel zeigt seine Bilder. In: *Der Bienenstock* (Blätter des Aufbau-Verlages). Juli 1955.

[28] Michael F. Scholz: Willy Moese. In: *Die Sprechblase* 132 (1993). S. 19-22.

[29] http://benno-butter.de/Biographie.html (abgerufen 11.6.2013).

[30] Michael F. Scholz: Der Tiermaler und Illustrator Heinz Rammelt. Mit Bibliografie. In: *Marginalien* (Zeitschrift für Buchkunst und Bibliophilie) 134 (1994). S. 99-107; ders.: Herbert Reschke. In: Eckart Sackmann (Hg.): Deutsche Comicforschung 2007, Hildesheim 2006. S. 75-85.

[31] Kurt Flemig: Karikaturisten-Lexikon. a. a. O., S. 146.

Kriegsgefangenschaft konnten sie sich beruflich neu orientieren bzw. ihre Ausbildung abschließen. Allein schon wegen ihres Alters galten sie als »unbelastet«. Ein Karrierebruch trat nicht ein; der Weg für einen Neubeginn war offen.

Obwohl diese Geburtsjahrgänge prozentual sehr viele Kriegstote zu verzeichnen hatten, ist bei ihren Vertretern die stärkste NS-Sozialisation zu vermuten. Doch es waren auch diese Jahrgänge, die den Kern der FDJ-Aufbaugeneration stellten. Aufgrund ihres »Aufbau- und Wiedergutmachungserlebnisses« entwickelten sie eine tiefe DDR-Bindung. Ihnen standen in den 50er Jahren die Karrierewege offen, und es war für sie relativ einfach, freischaffend zu arbeiten.

Exemplarisch für diese Gruppe sind zu nennen die Zeichner Hans Betcke (1919-1982), Jürgen Kieser (*1921), Karl Fischer (*1921), Horst Klöpfel (1924-2007), Erich Schmitt (1924-1984), Horst Alisch (*1925), Johannes Hegenbarth/Hannes Hegen (*1925), Willy Moese (1927-2007), Harry Schlegel (1930-2009) und Lothar Dräger (*1927).

Neben dem Interesse für das Zeichnen und einer meist nicht abgeschlossenen einschlägigen Ausbildung einte sie das Erlebnis des schrecklichen Krieges, eine meist kurze Kriegsgefangenschaft sowie der Wille zum Neuanfang. Gemeinsam war ihnen auch das Erlebnis der Bildergeschichten von Wilhelm Busch und von Erich Ohser. Einige hatten eine Ausbildung zum Gebrauchsgrafiker begonnen, bei der Zeichentrickfilmschule der Deutschen Zeichenfilm GmbH Erfahrungen gesammelt oder nach dem Krieg die Kurse am Institut für Pressezeichnen von Skid besucht. Hans Betcke war 1946 nach sechs »Jahren Kriegsdienst und Gefangenschaft« zurückgekehrt. Im April 1950 zog er von West- nach Ostberlin und begann zusammen mit Jürgen Kieser als Werbegrafiker bei der Handelsorganisation der HO, von der beide 1952 als Grafiker zum Verlag »Junge Welt« gingen. Ab 1954 arbeiteten sie freischaffend. Der gelernte Gestalter und Dekorateur Karl Fischer war erst 1948 aus sowjetischer Kriegsgefangenschaft entlassen worden. In Berlin fand er zunächst eine Anstellung als Bildredakteur, bevor er 1954 selbstständiger Grafiker wurde. Der Dekorationsmaler Horst Klöpfel will in sowjetischer Gefangenschaft viel von Benno von Arent (1898-1956; ehemaliger Beauftragter der Reichstheaterkammer für die Gestaltung der Bühnenbilder in deutschen Theatern) über Landschafts- und Porträtmalerei gelernt

haben. Klöpfel war nach 1945 als Dekorateur bei der HO und als Plakatmaler tätig. Nach einem missglückten Versuch, in der Bundesrepublik Fuß zu fassen, arbeitete er ab 1957 freischaffend in Potsdam.

Der Schlosser Erich Schmitt gehörte nach der Entlassung aus der Kriegsmarine zu den Schülern bei Skid. Anschließend arbeitete er für zahlreiche DDR-Zeitungen und Zeitschriften. Johannes Hegenbarth (Hannes Hegen) hatte 1943 kriegsbedingt sein Studium an der Hochschule für angewandte Kunst in Wien abbrechen müssen. Nach dem Krieg war ihm die Rückkehr in seine Heimatstadt Böhmisch Kamnitz verwehrt, da sie unter tschechoslowakische Verwaltung gekommen und die deutsche Bevölkerung vertrieben worden war. So setzte er von 1947 bis 1950 sein Studium an der Hochschule für Grafik und Buchkunst in Leipzig fort. Von 1950 bis 1954 arbeitete er als Karikaturist für *Frischer Wind* und *Das Magazin*, bis er 1955 die beliebteste und wichtigste Comiczeitschrift der DDR, das »Mosaik von Hannes Hegen«, schuf.

Zu seinen engsten Mitarbeitern sollte bald Lothar Dräger (*1927) zählen, der Musik studiert hatte. Dräger führte nach 1975/76 das Heft mit neuen Helden, den Abrafaxen, weiter. Horst Alisch war 1946 aus der Kriegsgefangenschaft zu seiner Mutter nach Berlin-Tegel (im französischen Sektor) entlassen worden. Da er bei der Deutschen Zeichenfilm GmbH ausgebildet worden war, schien es natürlich, dass er zum Zeichenfilmstudio EOS-Film GmbH seines ehemaligen Chefs Gerhard Fieber ging. Durch Heirat kam Alisch dann in die DDR, wo er bald als politischer Zeichner arbeitete. Aus den Westzonen war auch Willy Moese gekommen. Der gelernte Industriekaufmann war nach der Entlassung aus der Kriegsgefangenschaft ab 1948 in Bayern als Pressezeichner tätig gewesen. Seit 1953 arbeitete er auch für DDR-Zeitschriften. Unzufrieden mit der Zahlungsmoral im Westen und gelockt von vielversprechenden Angeboten, verlegte er 1955 seinen Wohnsitz nach Ostberlin.[28]

Die Zeichner der Jahrgänge 1910 bis 1919 hatten zum Teil unmittelbar nach Kriegsende ihre Tätigkeit wiederaufnehmen können, andere erhielten erst jetzt wieder eine Chance. Ihre Vertreter verfügten meist über eine Ausbildung im Fach und hatten auch während der Nazi-Zeit in ihrem Metier arbeiten können. Günter Hain (1916-1997), dessen zeichnerisches Talent schon früh gefördert wurde, hatte als Wehrmachtsangehöriger lustige Zeichnungen für die Frontzeitungen angefertigt. Erich Gürtzig (1912-1993), der ab 1949 als freischaffender Kinderbuchillustrator tätig war, hatte Grafik an der Hochschule für bildende Künste in Berlin-Charlottenburg studiert. Benno Butter (1914-1985) hatte vor dem Krieg an der Staatlichen Kunstakademie in Leipzig studiert. Im Krieg war er nach eigener Aussage an der Ostfront als »Entzifferer und Übersetzer gegnerischer Funksprüche« tätig gewesen.[29]

Unter den Männern dieser Jahrgänge nehmen Heinz Rammelt (1912-2004), Herbert Reschke (1914-1974) und Heinz Musculus (1917-1976) insofern eine Sonderposition ein, als sie wegen einer Körperbehinderung oder einer Kriegsverletzung zum Kriegsende nicht mehr an die Front kamen, deshalb nicht in Kriegsgefangenschaft geraten waren und eigentlich unmittelbar für den Aufbau zur Verfügung standen. Rammelt, der als Hauptphasenzeichner bei der Deutschen Zeichenfilm GmbH gearbeitet hatte, war zwar wegen einer Körperbehinderung der Einsatz an der Front erspart geblieben, dennoch war er seit Dezember 1942 bis Kriegsende bei der Wehrmacht gewesen.[30]

Auch Reschke war eine Kriegsteilnahme wegen einer Körperbehinderung erspart geblieben. Während des Krieges hatte er abends Malerei studiert, erst an der Schule »Kunst und Werk«, später im Atelier von Moritz Melzer (1877-1966), einem Mitbegründer der Berliner Neuen Sezession. Musculus, aufgrund einer Kriegsverletzung im Herbst 1940 dienstuntauglich, konnte sich während des Krieges als Gebrauchsgrafiker beim Deutschen Verlag etablieren und war im Mai 1943 auch in die Reichskammer für bildende Künste aufgenommen worden.

In dieser Jahrgangsgruppe finden wir auch einige Frauen, was sonst eher selten der Fall ist. Charlotte Kleinert (1910-?), in den 30er und 40er Jahren die bekannteste Pressezeichnerin Berlins, mag sich aus persönlichen Gründen vom Beruf zurückgezogen haben.[31] Ihre Bildergeschichten um das »Mädchen Barbara« finden wir nach dem Krieg jedenfalls nur noch in den Dia-Filmen der Berliner Firma IMAGO-Strahlbildband.[32] Erika Engel-Wojahn (1911-2004), die auch vor 1945 als freie Pressezeichnerin tätig gewesen war, unter anderem bei *Lustige Blätter*, hatte bereits in *Frischer Wind* und der *NBI* Humorzeichnungen veröffentlicht. Gleiches galt für Ingeborg Meyer-Rey (1914-2001), von der einige Zeichnungen in der *Täglichen Rundschau* oder in der *Schulpost* veröffentlicht waren. Meyer-Rey hatte ab 1940 ein Studium der Illustration und Wand-

Oben Charlotte Kleinert: »Barbara und die Eitelkeit« (IMAGO Strahlbildband).

Linke Seite: »Klaus Besserwisser« von Ingeborg Meyer-Rey (*ABC Zeitung*, 1955). Rechts daneben »Waputa, die Geierkralle« von Herbert Reschke (*Das Magazin*, 1954).

[32] Später aufgegangen in VEB IMAGO Strahlbild Radebeul. Vgl. auch Eckart Sackmann: Bänkelsang und Schiebebilder – eine Entwicklungsgeschichte. In: ders. (Hg.): Deutsche Comicforschung 2006. Hildesheim 2005. S. 112-122.

Rechts: Eine neue Einstellung zum Erzählen in Bildern veranschaulichte Richard Hambach in *Fröhlich sein und Singen*. In der vierten Nummer des Jahres 1955 lässt er den Pionier Mäxchen Pfiffig Bekanntschaft mit seinen »Kollegen« und »Freunden« schließen, »die sich in aller Welt die Herzen der Menschen im Sturm erobert haben«. Man muss diesen Artikel von Hambach wohl als Kanon dessen verstehen, was man in der DDR damals gewillt war, als »Bildgeschichte« zu akzeptieren – Strips von Jacobsson, Bidstrup, Ohser, Busch, Lengren und Sutejew.

malerei an der Hochschule für Bildende Künste in Berlin-Charlottenburg absolviert, wo sie Schülerin von Gerhard Ulrich (1903-1988) war, seit 1927 Emil Orliks Assistent und seit 1932 sein Nachfolger als Lehrer an der Hochschule für Bildende Künste in Charlottenburg.

Alle vor 1945 etablierten Zeichner hatten sich nach dem Krieg einer Entnazifizierungskommission stellen müssen. In der SBZ waren die Entnazifizierungskommissionen bereits im März 1948 aufgelöst worden. Wer nicht »Kriegsverbrecher« war, sich irgendwie der Strafverfolgung entzogen hatte bzw. wem keine Strafe von mehr als einem Jahr Haft zuerkannt worden war, dem standen in der SBZ von da an wieder alle Berufe offen.

Einfluss auf die Entwicklung der Comics in der DDR nahmen vor allem die Redakteure. Viele von ihnen gehörten den Geburtsjahrgängen 1920 bis 1929 an. Walter Heynowski (*1927), seit 1949 Chefredakteur des *Frischen Wind*, setzte seine Arbeit in gleicher Funktion beim *Eulenspiegel* fort. Besonders viele junge Redakteure finden wir im Bereich der Kinder- und Jugendliteratur. Klaus Hilbig (1930-1986) war seit 1951 Chefredakteur für *Der Junge Pionier*. Unter seiner Verantwortung startete 1955 die »Bilder-Zeitung« *ATZE*. Verantwortlicher Redakteur des Jugendmagazins *Fröhlich sein und singen* (*Frösi*) war seit Erscheinen 1953 Dieter Wilkendorf (*1931); er war damals erst 22 Jahre alt. Cheflektor beim »Kinderbuchverlag« und damit auch Chefredakteur des innovativen und mit Comics arbeitenden Magazins *Unser Robinson* war Fred Rodrian (1926-1985), der als einziger von den hier genannten noch zur »Wehrmachtsgeneration« gezählt werden kann.

Fazit: Die unmittelbar nach Kriegsende herausgegebenen Zeitschriften standen im Zeichen der Überwindung der Folgen der Hitlerbarbarei; sie berücksichtigten aber auch das Bedürfnis nach Unterhaltung und Humor. In der SBZ übernahmen zunächst bewährte Nazi-Gegner mit Erfahrungen in redaktioneller Tätigkeit die Redaktionsleitungen der neugegründeten Zeitschriften. Doch gab es 1945 nur wenige unbelastete professionelle Zeichner. Deshalb griff man auf Karikaturisten zurück, die auch in der Nazipresse aktiv gewesen waren. Die Entnazifizierung war dabei offenbar kein Hindernis. Jedenfalls verlief sie in der sowjetischen Zone pragmatischer als zum Beispiel in der amerikanischen.

Die professionellen Comic-Künstler bzw. Karikaturisten der ersten Stunde gehörten zur Generation der zwischen 1890 und 1909 Geborenen. Alle hatten bereits in der Weimarer Republik und in der Zeit der NS-Diktatur in ihrem Beruf gearbeitet. Ihre ernsten Bilderbogen sowie ihre lustigen Bildergeschichten hatten allgemein ein hohes Ansehen. Was Bildaufteilung und den überwiegend gereimten Text unter den Bildern betraf, verharrten die Zeichner dieser Jahrgänge in den Traditionen der deutschen Bildergeschichte aus der Vorkriegszeit und zeigten sich weitgehend unberührt von ausländischen Einflüssen.

Mit der Rückkehr der jüngeren Altersgruppen aus der Emigration und der Kriegsgefangenschaft änderte sich die Situation. Nun standen Zeichner zur Verfügung, die nicht oder kaum durch eine Mitarbeit im NS-Propagandaapparat diskreditiert waren. Zum Teil standen sie sogar der KPD nahe. Doch zu einem Nebeneinander von Tradition und Erneuerung im Comic-Bereich war es in der DDR nicht gekommen. Verhindert hatten dies der durch politischen und wohl auch finanziellen Druck herbeigeführte abrupte Abtritt der professionellen Zeichner 1948/49 sowie die folgende kulturpolitische Eiszeit. In dieser bis 1953/54 anhaltenden Periode orientierten sich viele Karikaturisten neu. Viele gerade der Bestausgebildeten gaben die hoffnungsvollen Ansätze auf, in Bildern zu erzählen, und standen für Comics nicht mehr zur Verfügung. Vielleicht war es dieser verspätete Elitenwechsel und die offene Haltung der neuen Generation Comic-Schaffender, die den DDR-Comics eine Weiterentwicklung ermöglichten, hinsichtlich Bildaufteilung, Einsatz von Sprechblasen sowie Themenwahl.

Kino auf Papier – vom Film-Bild-Roman zum Fotocomic

Von Eckart Sackmann

Von der Comicforschung werden Fotocomics kaum beachtet. In ihrer Heimat Italien und Frankreich verdankten sie ihre Popularität dem Kinofilm. Formal in vielem dem gezeichneten Comic ähnlich, zeigen Fotocomics eine weit geringere künstlerische Bandbreite als jener, bedienen jedoch alle trivialen Genres.

Der Fotocomic ist eine Sonderform des Comic, bei der anstatt mit Zeichnungen mit Fotos gearbeitet wird. Prinzipiell stehen dem Fotocomic zur Erzählung alle Mittel zur Verfügung, die auch der gezeichnete Comic nutzt – prinzipiell deshalb, weil Fotocomics in der Praxis eine geringere gestalterische Bandbreite aufweisen. So scheint es zum Beispiel Konvention zu sein, dass verschiedene im Comic (damit sei in der Folge der gezeichnete Comic gemeint) gebräuchliche Elemente, wie etwa Onomatopoeien oder Gefühlszeichen in Sprechblasen, im Fotocomic nicht verwandt werden. Durch die offensichtliche Gleichförmigkeit des Erscheinungsbildes – sie ergab sich aus den Produktionsbedingungen – hat es den Anschein, als seien dem Fotocomic künstlerische Ambitionen fremd.[1]

Der Fotocomic ist eine bewusste Erzählform, die sich von der Chronofotografie und vom ungeschnittenen Filmstreifen – die ja auch «Handlung«, also Veränderungen in zeitlichen Räumen – abbilden, dadurch unterscheidet, dass sich – wie im Comic, aber auch wie im geschnittenen Film – das Einzelbild (die »Szene«) in eine komplexe Komposition einfügt. Der individuelle Einsatz der Fotos bestimmt den künstlerischen Ausdruck. In der Regel liegt ein Fotocomic in gedruckter Form in einer Zeitschrift oder in einem separaten Heft oder Buch vor, doch auch eine über eine Folge von Ansichtskarten oder Sammelbildern verteilte Handlung kann in mehreren kausal zusammenhängenden Fotos eine Erzählung transportieren.

Ganz ähnlich wie beim Comic sehen wir beim Fotocomic verschiedene Formen des Zusammenspiels von Text und Bild. So gibt es textlose Fotocomics, Fotocomics mit Untertexten und solche mit Sprechblasen und Textboxen. Der Sprechblasen-Fotocomic ist die jüngste dieser Formen; er wurde erst nach dem Zweiten Weltkrieg entwickelt, und zwar in Abhängigkeit sowohl vom Comic als auch vom Film.

Wann Fotos zum erstenmal in sequentieller Bildreihung nach dem Prinzip von Comic und Fotocomic eingesetzt wurden, ist unerforscht. Als frühes Beispiel liegt uns eine

[1] Die ersten Fotoromanzi in *Il mio Sogno* versuchten noch das unkonventionelle Layout der »gezeichneten Filme« aus *Grand Hotel* nachzuahmen.

[2] Kleine Fotofolgen sequentieller (und erotischer) Art veröffentlichte um 1900 *Das kleine Witzblatt.*

[3] Raffaele de Berti: Dallo schermo alla carta. Romanzi, fotoromanzi, rotocalchi cinematografici: il film e i suoi paratesti. Milano 2000. S. 100ff. Dagegen lehnte sich die Comiczeitschrift *Cine Comico* (ab 1935) dem amerikanischen Slapstick-Comic an (etwa mit der Serie »Grata Gherbo«, in der Greta Garbo und Charly Chaplin »adaptiert« werden).

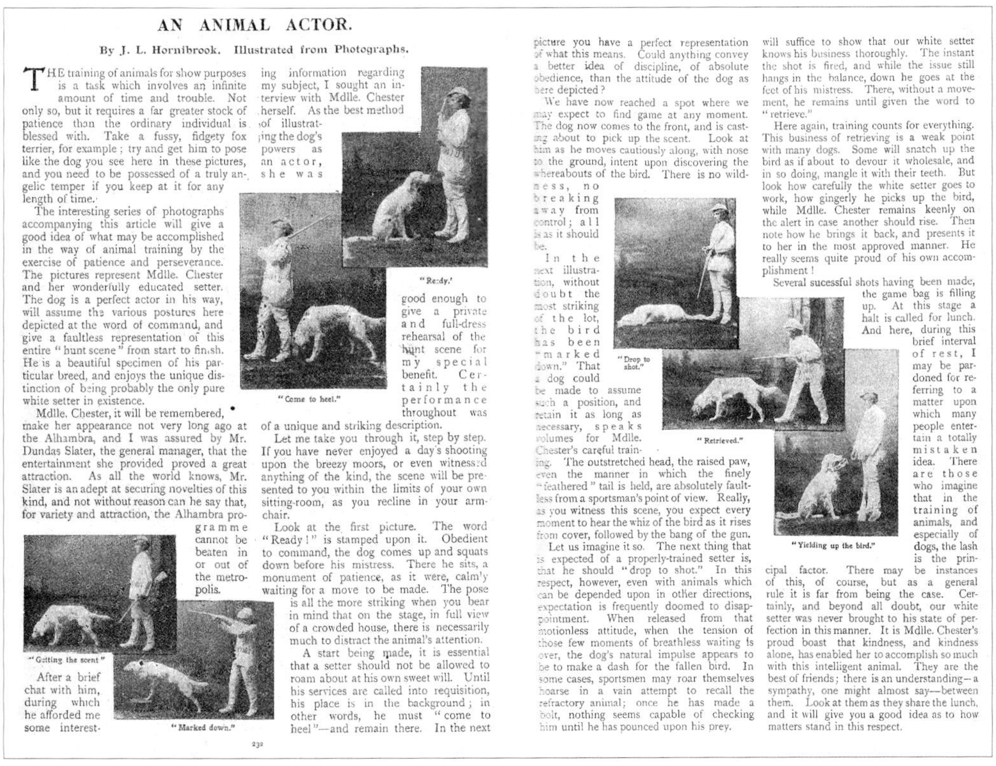

AN ANIMAL ACTOR.

By J. L. Hornibrook. Illustrated from Photographs.

THE training of animals for show purposes is a task which involves an infinite amount of time and trouble. Not only so, but it requires a far greater stock of patience than the ordinary individual is blessed with. Take a fussy, fidgety fox terrier, for example; try and get him to pose like the dog you see here in these pictures, and you need to be possessed of a truly angelic temper if you keep at it for any length of time.

The interesting series of photographs accompanying this article will give a good idea of what may be accomplished in the way of animal training by the exercise of patience and perseverance. The pictures represent Mdlle. Chester and her wonderfully educated setter. The dog is a perfect actor in his way, will assume the various postures here depicted at the word of command, and give a faultless representation of this entire "hunt scene" from start to finish. He is a beautiful specimen of his particular breed, and enjoys the unique distinction of being probably the only pure white setter in existence.

Mdlle. Chester, it will be remembered, make her appearance not very long ago at the Alhambra, and I was assured by Mr. Dundas Slater, the general manager, that the entertainment she provided proved a great attraction. As all the world knows, Mr. Slater is an adept at securing novelties of this kind, and not without reason can he say that, for variety and attraction, the Alhambra programme cannot be beaten in or out of the metropolis.

"Getting the scent"

After a brief chat with him, during which he afforded me some interesting information regarding my subject, I sought an interview with Mdlle. Chester herself. As the best method of illustrating the dog's powers as an actor, she was good enough to give a private and full-dress rehearsal of the hunt scene for my special benefit. Certainly the performance throughout was of a unique and striking description.

"Ready.'

"Come to heel."

Let me take you through it, step by step. If you have never enjoyed a day's shooting upon the breezy moors, or even witnessed anything of the kind, the scene will be presented to you within the limits of your own sitting-room, as you recline in your arm-chair.

Look at the first picture. The word "Ready!" is stamped upon it. Obedient to command, the dog comes up and squats down before his mistress. There he sits, a monument of patience, as it were, calmly waiting for a move to be made. The pose is all the more striking when you bear in mind that on the stage, in full view of a crowded house, there is necessarily much to distract the animal's attention.

A start being made, it is essential that a setter should not be allowed to roam about at his own sweet will. Until his services are called into requisition, his place is in the background; in other words, he must "come to heel"—and remain there. In the next picture you have a perfect representation of what this means. Could anything convey a better idea of discipline, of absolute obedience, than the attitude of the dog as here depicted?

"Marked down."

232

We have now reached a spot where we may expect to find game at any moment. The dog now comes to the front, and is casting about to pick up the scent. Look at him as he moves cautiously along, with nose to the ground, intent upon discovering the whereabouts of the bird. There is no wildness, no breaking away from control; all is as it should be.

In the next illustration, without doubt the most striking of the lot, the bird has been "marked down." That a dog could be made to assume such a position, and retain it as long as necessary, speaks volumes for Mdlle. Chester's careful training. The outstretched head, the raised paw, even the manner in which the finely "feathered" tail is held, are absolutely faultless from a sportsman's point of view. Really, as you witness this scene, you expect every moment to hear the whiz of the bird as it rises from cover, followed by the bang of the gun.

"Drop to shot."

"Retrieved."

Let us imagine it so. The next thing that is expected of a properly-trained setter is, that he should "drop to shot." In this respect, however, even with animals which can be depended upon in other directions, expectation is frequently doomed to disappointment. When released from that motionless attitude, when the tension of those few moments of breathless waiting is over, the dog's natural impulse appears to be to make a dash for the fallen bird. In some cases, sportsmen may roar themselves hoarse in a vain attempt to recall the refractory animal; once he has made a bolt, nothing seems capable of checking him until he has pounced upon his prey.

A glance at the accompanying picture will suffice to show that our white setter knows his business thoroughly. The instant the shot is fired, and while the issue still hangs in the balance, down he goes at the feet of his mistress. There, without a movement, he remains until given the word to "retrieve."

Here again, training counts for everything. This business of retrieving is a weak point with many dogs. Some will snatch up the bird as if about to devour it wholesale, and in so doing, mangle it with their teeth. But look how carefully the white setter goes to work, how gingerly he picks up the bird, while Mdlle. Chester remains keenly on the alert in case another should rise. Then note how he brings it back, and presents it to her in the most approved manner. He really seems quite proud of his own accomplishment!

Several sucessful shots having been made, the game bag is filling up. At this stage a halt is called for lunch. And here, during this brief interval of rest, I may be pardoned for referring to a matter upon which many people entertain a totally mistaken idea. There are those who imagine that in the training of animals, and especially of dogs, the lash is the principal factor. There may be instances of this, of course, but as a general rule it is far from being the case. Certainly, and beyond all doubt, our white setter was never brought to his state of perfection in this manner. It is Mdlle. Chester's proud boast that kindness, and kindness alone, has enabled her to accomplish so much with this intelligent animal. They are the best of friends; there is an understanding—a sympathy, one might almost say—between them. Look at them as they share the lunch, and it will give you a good idea as to how matters stand in this respect.

"Yielding up the bird."

Links ein früher »Fotocomic« in *Penny Pictorial Magazine* (1899; Dank für die Vorlage an Andy Bleck). Die früheste derzeit bekannte Bildergeschichte mit Fotos stammt aus *Le Journal Illustré* vom 5.9.1886 (»L'Art de vivre cent ans«).

Oben: »Bel Ami«, nacherzählt in 15 Bildern auf insgesamt drei Seiten des *Stern* 3/1939.

Bildfolge von 1899 vor, die in sieben Szenen ein Jagderlebnis schildert. Es gibt andere Beispiele von kurzen Fotofolgen, auch in Deutschland.[2] Aus der Frühzeit der Ansichtspostkarten, etwa von 1900 bis zum Ersten Weltkrieg, sind in Deutschland Serien von zumeist sechs Karten bekannt, die die Annäherung von Liebespaaren oder soldatisches Verhalten erzählen. Aus späterer Zeit gibt es Bücher, die ihre Geschichte mit einem Bild pro Seite erzählen, ähnlich wie wir das von einigen Comics in Kinderbüchern von Arpad Schmidhammer (»Lieb Vaterland, magst ruhig sein«) kennen.

Der Sprechblasen-Fotocomic sollte sich durchsetzen – ab 1947 in Italien, ab 1948 in Frankreich, ab 1950 auch in Deutschland. Eine Voraussetzung dafür, dass sich diese Form entwickeln konnte, war die Wandlung des gezeichneten Comic in den 20er und vor allem 30er Jahren, als das Abenteuergenre die Dominanz humoristischer Slapstick-Kurzgeschichten aufbrach und verstärkt Bild-Erzählungen von epischer Länge in Fortsetzungen erschienen. Auf der Suche nach Stoffen entdeckten die Autoren von Comics nicht nur populäre Romane (»Tarzan«), sondern sehr bald auch den Film. Raffaele de Berti verweist auf den 1939 von Walter Molino für *Paperino* gezeichneten Fliegercomic »Luciano Serra Pilota«, der die Handlung eines zeitgenössischen Kinostrei-

Rechts: Die Kurzfilme von Tran und Helle (alias Jupp Hussels und Ludwig Schmitz) kamen bei Kriegsbeginn in zwei illustrierten Heften heraus, die pro Seite ein Szenenfoto zeigten (rechts eine Doppelseite aus Heft 1). In Heft 1 bestand der Text aus den Dialogen. In Heft 2 war er gereimt; durch die Handlung führte ein Erzähler. Für einen Kurzfilm genügten vier bis acht Seiten.

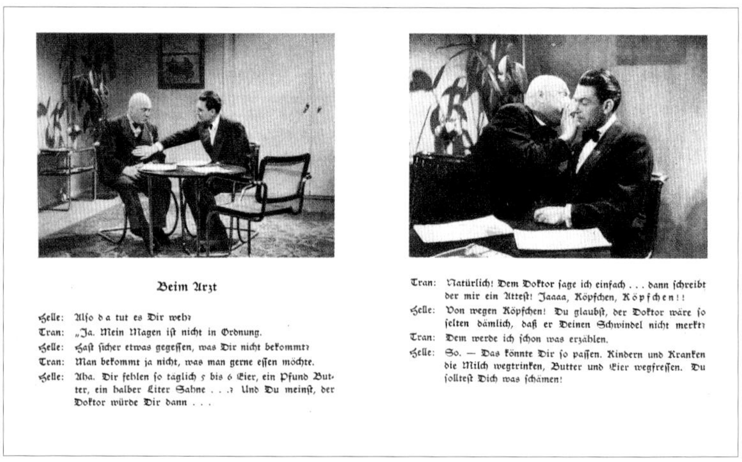

In der italienischen Reihe *Cinevita* wurde pro Heft (im Format von etwa A4 quer) ein Film auf acht Seiten in rund 45 Szenenbildern abgehandelt. Die Handlung stand in durchgehender Prosa unter den Bildern. In den Fotos selbst wurde sie in allerkürzester Form noch einmal mit einer Textzeile pro Szene nacherzählt. Heft 16 gehörte dem deutschen Streifen »Auf Wiedersehen, Franziska«.

fens aufgreift.[3] Nach dem Krieg wurden immer mehr Comics nach Filmen und Fernsehserien gezeichnet, bis hin zum heutigen Medienverbund von Film, DVD, Print, Games und Merchandising.

Der Film, eine Technik, Handlung in Bildern zu erzählen, die mit dem Comic einige dramaturgische und gestalterische Überschneidungen hat, war eine zweite, grundlegende Voraussetzung für die Entwicklung des Sprechblasen-Fotocomic. Seit Beginn des 20. Jahrhunderts wurden Bilder aus Filmen gedruckt, mit der Tendenz, den Inhalt des Films, »das Erlebnis Film«, nachvollziehbar zu erhalten – in erster Linie demjenigen, der den Film im Kino gesehen hatte und etwas davon mit nach Hause tragen wollte. Die Handlung und die Bilder – diese beiden Bestandteile galt es zu vermitteln.

In Deutschland übernahm seit 1919 (in Österreich bereits seit 1911) das Filmprogrammheft diese Funktion, zunächst der *Film-Kurier*, nach 1945 dominierend die *Illustrierte Film-Bühne*. In vier bis (seltener) acht Seiten rekapitulierte dieses an der Kinokasse verkaufte Programm den Inhalt des Films, nannte Darsteller und Produktion und – das vermutlich Wichtigste – zeigte in ausgewählten Szenen die in den jeweiligen Streifen auftretenden Darsteller. Der Film förderte den Personenkult.

Gleiches galt für Filmzeitschriften, zum Beispiel für den 1938/39 erscheinenden *Stern*. Hier gab es mitunter auch bildliche Zusammenfassungen populärer Filme. In Italien, wo das faschistische Regime Ende der 30er Jahre das Verbot amerikanischer Kulturimporte mit einer Tolerierung ähnlicher italienischer Produkte aufgeweicht hatte – das galt für den Comic wie auch für andere Tendenzen der Unterhaltung – wurden ab 1941 in der Zeitschrift *Cinevita* Filme in einer relativ großen Anzahl von Szenen mit Untertexten »nacherzählt«.[4]

Eine andere Form der »Archivierung« von Filmen war deren Nacherzählung in Romanheften, zum geringeren Teil auch in Abdrucken des Drehbuchs, illustriert mit einigen wenigen Schlüsselszenen. Diese Hefte gab es sowohl in Italien (Cineromanzi) als auch in Frankreich (Ciné-Romans), vor 1945 aber kaum in Deutschland. Erst in den späten 40er Jahren versuchten Romanheft-Verleger hierzulande (mit mäßigem Erfolg), sich an dieses Konzept anzuhängen. In Deutschland dominierten die Filmprogram-

Unten links das deutsche Programmheft desselben Films (1941). Daneben Programmhefte zu drei Filmen der Nachkriegszeit, die sich dem Melodram, dem Heimatfilm und der Exotik Italiens widmen.

4 Als Zeitschrift bestand *Cinevita* seit 1936. Die Änderung zu einer Publikation mit Filmromanen erfolgte im November 1941.

5 Pacifico (»Cino«) Del Duca (1899-1967) lebte seit 1932 in Frankreich, wo er 1934 zusammen mit seinen Brüdern Alceo und Domenico die Editions Mondiales gründete. Das französische Pendant der Del Ducas zu *Grand Hotel* war ab 1947 *Nous deux*.

6 *Grand Hotel* und seine Epigonen waren keine Comiczeitschriften, sondern Publikationen mit hohem Comicanteil, die z. B. auch traditionelle Fortsetzungsromane führten.

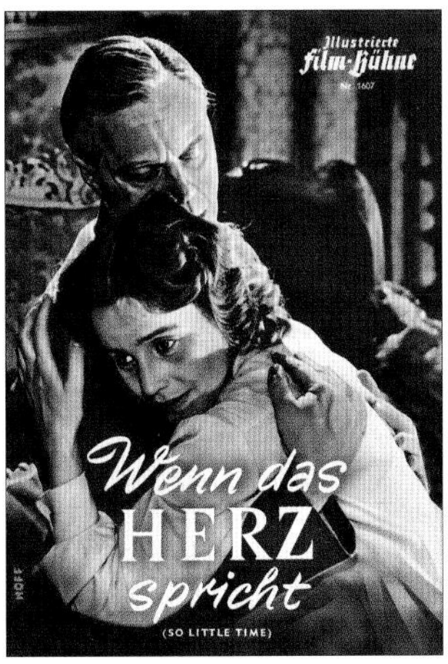

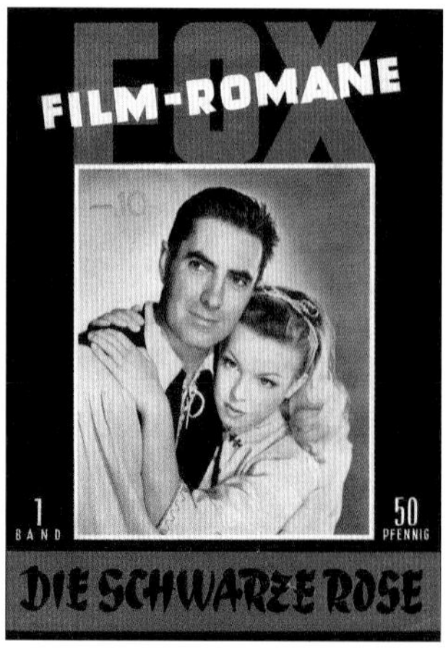

Oben vier Romanheftserien der 40er und 50er Jahre, die Anklang an Filme suchen: *Der Film-Roman* (1949), *Internationaler Film-Roman* (ca. 1952), *Fox Film-Romane* (1953) und *Hermes Film-Roman* (1955).

me, die zwar wenig Lesestoff boten, dafür aber einen hohen Bildanteil hatten und – nicht zu unterschätzen – sammelbar waren.

Der Zündfunke, Film und Comic zusammenzubringen, kam Mitte der 40er Jahre aus Italien, zunächst in Form des »gezeichneten Films«, schon ein Jahr später aber auch als Sprechblasen-Fotocomic. Eine nicht zu unterschätzende Voraussetzung für die Genese des Sprechblasen-Fotocomic war die thematisch-inhaltliche: die Popularität melodramatischer Filme im Italien der Nachkriegsjahre. Dieses Filmerlebnis versuchten die Comiczeichner der im Juli 1946 von Cino Del Duca[5] gegründeten italienischen Zeitschrift *Grand Hotel* nachzuvollziehen.[6] Die Künstler – herausragend waren die zumeist unter Pseudonym arbeitenden Walter Molino (1915-1997) und Giulio Bertoletti (1919-1976) – bedienten sich eines forcierten Realismus mit lavierten, durchmodellierten Figuren und Hintergründen und mit Charakteren, die im Aussehen bekannten Filmstars nahekamen. Diese Comics unterschieden sich so sehr von den damals gängigen, dass die italienische und auch die französische Comicszene bis heute zögerlich ist, sich diesem Phänomen zu widmen und es in die Geschichte des Comic einzusortieren.

Mit dem gezeichneten Melodram, dem »fumetto rosa« kreierte *Grand Hotel* ein neues Genre. Anders als der seit den 30er Jahren zunehmend auf männliche Leser zugeschnittene Comic war das Melodram eine Domäne der weiblichen Leserschaft.[7] *Grand Hotel* hatte einen Trend erkannt und erreichte in den Folgejahren immense Auflagen. Die sollte der Zeitschrift eine andere Form bescheren, die die »gezeichneten Filme« konsequent weiterdachte: der Sprechblasen-Fotocomic. Er erschien allerdings nicht zuerst in *Grand Hotel*[8], sondern – fast zeitgleich – in zwei anderen Publikationen, *Bolero Film* und *Il mio sogno.*

Cino Del Duca

Rechts das Titelbild der ersten Ausgabe von *Grand Hotel* und der darin abgedruckte Comic »Anime incatenate«. Einen Film dieses Titels sollte es in Italien erst 1951 geben (orig. frz. »La belle que voilà«). Der Name der Publikation folgt offensichtlich dem US-Film von 1932 (dt. »Menschen im Hotel«). Zum Comic: J. W. Symes ist ein Pseudonym des Zeichners Walter Molino.

Der frühe Sprechblasen-Fotocomic war nicht, wie etwa *Cinevita* ein paar Jahre zuvor, eine Adaption des Films. Die sogenannten Fotoromanzi[9] suchten den Film nachzustellen, nicht unähnlich den gezeichneten Comics in *Grand Hotel*, nun aber mit dem Mittel der Fotografie. Nach einem mehr oder minder ausgefeilten Drehbuch wurden Serien von Fotos gemacht, mit Darstellern, die in Italien bald vergleichbare Popularität erreichten wie »echte« Filmschauspieler. Darüber hinaus war der Fotoroman ein Sprungbrett für die Karriere auf der Leinwand: Die bekanntesten Beispiele jener Zeit sind Sofia Loren (in den Fotoromanzi unter dem Namen Sofia Lazzaro) und Gina Lollobrigida (alias Giana Loris).[10]

Wie diese Fotoromanzi entstanden, zeigt uns Fellinis Frühwerk »Der weiße Scheich«, in dem eine junge Frau aus der Provinz einen populären Darsteller anhimmelt.[11] Als sie in Rom die Redaktion aufsucht und der Redakteurin ihre Schwärmerei beichtet, antwortet diese verständnisvoll: »La vera vita e quella del sogno.« Das wahre Leben spielt sich in den Träumen ab – oder in der Traumwelt von Film und Fotoromanzo. Während der »Dreharbeiten«, dem Fotoshooting am Strand, nähert sich ein Zaungast einer der Schönheiten und fragt sie: »Drehen Sie hier einen Film?« Die Antwort lautet: »Si, quasi« – ja, so etwas ähnliches. Die Fotoromanzi waren »etwas ähnliches« wie der Film – Kino nicht auf der Leinwand, sondern auf Papier.

Das, was die Italienerinnen jener Tage suchten, war nicht das wahre Leben, es waren die Fluchtwelten der sentimentalen Groschenromane, aufgegriffen vom Kino und rücküberwiesen in eine illustrierte Zeitschrift. Regierte den anspruchsvollen Film jener Jahre der Neorealismus, so war der Versuch einer »realistischen« Nachbildung des Films im Fotocomic alles andere als ein Einfangen der Realität. Die Darsteller der Fotoromanzi sind durch die Bank schön, es sind unerreichbare Idole, verstrickt in eine Welt der Gefühle. Der lesenden Damenwelt brach es vermutlich das Herz.

Von Italien aus wurde die neue Mode des Trivialen exportiert, nach Spanien, in die Länder Mittel- und Südamerikas, vor allem aber nach Frankreich. Die Del Ducas waren der Auslöser. Die Produktion der Fotoromanzi bzw. der roman-photos[12] war grenzübergreifend: Viele der frühen in Frankreich produzierten oder veröffentlichten Fotocomics kamen aus italienischen Händen, von Del Duca, Bozzesi, La Torraccia, Mercurio oder anderen Verlegern, die den Geist der Zeit erkannt hatten. Diese beiden Nationalitäten, Italien und Frankreich, waren federführend, als das Phänomen Fotocomic in den deutschen Sprachraum ausgriff.[13]

In Deutschland jedoch fehlte eine wichtige Voraussetzung: die Affinität zum Sprechblasencomic, den es vor 1945 kaum gegeben hatte, der im Krieg gar als amerikanische Unkultur gegeißelt worden war. Erwachsene Frauen zum Comiclesen zu verführen, selbst wenn es um gefühlsbetonte Themen ging – das dürfte Ende der 40er Jahre völlig absurd gewesen sein. So kam auch ein deutsches Pendant zu *Grand Hotel* erst mit langer Verzögerung – und blieb dabei ohne nennenswerten Erfolg. Die Zeit für Fotocomics war hierzulande noch lange nicht reif.

Der erste bundesdeutsche Versuch, Filme auf Papier zu erzählen, war denn auch weniger aus Italien oder Frankreich inspi-

Oben links die Zeitschrift *Bolero Film*, die am 25. Mai 1947, also nur rund zwei Wochen nach *Il mio Sogno* (8. Mai) erschien. Auf dem weißen Feld steht eine Suchanzeige für Darsteller der Fotoromanzi.

Links der erste Fotocomic aus *Il mio Sogno*. Mitwirkende war – unter dem Namen Giana Loris – die spätere Gina Lollobrigida, die auch das Cover der Ausgabe 11 der Zeitschrift ziert (oben). Noch ist die Gestaltung unbeholfen: Die Textboxen stechen hervor. Die an den Anfang gestellte Liste der handelnden Personen mit der Namensnennung der Akteure schafft die Verbindung zum »richtigen« Film.

[7] In den USA begann im September 1947 mit *Young Romance* (Untertitel »Designed for the most ADULT readers of COMICS«) die erfolgreiche Welle (gezeichneter) Romance Comics für junge Frauen. Anders als in Italien kam der Anreiz hier nicht vom Film-Melodram, sondern von »True Romance«-Pulpmagazinen. Vgl. dazu die Anthologie von Michael Barson: Agonizing Love. The Golden Era of Romance Comics. New York 2011.

[8] In *Grand Hotel* erschien der erste Comic mit Fotos erst 1950 (»Amarti e dirti addio«). In *Il mio Sogno* sah man 1948 auch eine Mischung aus Zeichnungen (für die Hintergründe) und Fotos.

riert als vielmehr von den »Film-Roman«-Heftserien (deren Format übernommen wurde). Heft 1 des *Film-Bild-Romans,* »Die Reise nach Marrakesch«, erschien 1950 im Remscheider Verlag Bunte Welt. In der Einführung hieß es:

Der FILM-BILD-ROMAN schildert in Wort und Bild jeweils einen Film, so wie er ist, frei nacherzählt. Gefällt Ihnen der FILM-BILD-ROMAN, dann gefällt Ihnen ganz bestimmt auch der Film selbst. Und umgekehrt! Hat Ihnen ein Film gut gefallen, dann gibt der FILM-BILD-ROMAN Ihnen die Möglichkeit, die schönen Stunden jederzeit wieder zu erleben, denn der Film ist durch den FILM-BILD-ROMAN Ihr persönliches, bleibendes Eigentum geworden. Eine FILM-BILD-ROMAN-Sammlung wird bald zum selbstverständlichen Besitz jedes modernen Menschen gehören.

Auf 32 Seiten mit rund 130 teilweise in sehr enger Bildfolge ausgewählten Szenenbildern bot der *Film-Bild-Roman* dem Kinogänger weit mehr, als ein Programmheft das konnte – allerdings zum Preis von 50 Pfennig (Programmhefte kosteten seinerzeit 20 Pfennig).[14] Die Publikation war dem *Spiegel* einen Beitrag wert. Das Nachrichtenmagazin hatte sich ein Jahr zuvor über die Mode der Fotoromanzi mokiert:

Für seine Produktion wurde eine eigene Industrie aufgebaut, mit Ateliers, Drehbuchschreibern, Architekten, Regisseuren und Schauspielern. Das Niveau konnte kaum noch weiter sinken. Mit einiger Anstrengung wurde auch das erreicht. Heute gibt es abgelegene Dörfer in Süditalien, in die nie eine Tageszeitung kommt, wohl aber regelmäßig »Mein Traum« und »Lunapark«. Wer nicht lesen kann, läßt sich die aufregend rührseligen Bilder von Schriftkundigen erklären.[15]

Initiatorin des *Film-Bild-Romans* war die damals 24jährige Düsseldorfer Leihbibliothekarin Marianne Fromme:

Dann machte sie Entwürfe, nächtelang, mit Schere, viel Leim und neuartigen 3x10,7-Fotos, nachentwickelt aus dem Zelluloidstreifen einer geliehenen »Reise nach Marrakesch«-Kopie. Die schlugen ein. »Man meint, man wäre im Kino«, sagte »Bunte Welt«-Verleger H. Schmitz begeistert, als er in den Probeseiten blätterte.[16]

Der Verleger setzte laut *Spiegel* auf »die Denkfaulheit des breiten Leserpublikums«. Er kooperierte mit den Film-Verleihfilmen, so dass er die Kopien nachts ausleihen und abziehen lassen konnte.

Der Film-Bild-Roman ist eine Art »Fumetti«-Roman: Ein Verwandter jener aus gezeichneten oder eigens fotografierten Bildern bestehenden »Roman«-Serien, auf denen den Personen das, was sie sagen, in Wölkchen zum Munde herauskommt.[17]

Sprechblasen, wie man sie aus Comics kannte, sah man in den italienischen Fotoromanzi zunächst allerdings nur wenige.[18] Die Dialoge wurden dort handgelettert in die Bilder integriert, nicht aber eingerahmt, sondern durch einen Unterstrich und einen Dorn dem Sprecher zugewiesen.

Als die Italiener dazu übergingen, neben den eigens produzierten Fotoromanen auch Filmvorlagen zu verwenden, gab es zwei Arten von Bildmaterial. Einige Verleger setzen ihre Bildromane aus Standfotos zusammen, was den Nachteil hatte, dass es für eine flüssige Erzählweise nicht ausreichend Bilder gab und die Handlung oft durch Textboxen vorangetrieben werden musste. Andere kopierten – wie in Deutschland Marianne Fromme – direkt von der Filmrolle. Die Bilder wurden an denjenigen Stellen, die den Text aufnehmen sollten, künstlich nachgedunkelt bzw. aufgehellt. Der Dialogtext erschien sowohl negativ als auch positiv. Anders als die »gezeichneten Filme« in *Grand Hotel* nutzten die Fotoromanzi von Anfang an ein rigides Layout: Die Bilder waren streng zeilenweise angeordnet, unterbrochen nur durch ausgewählte Vergrößerungen.

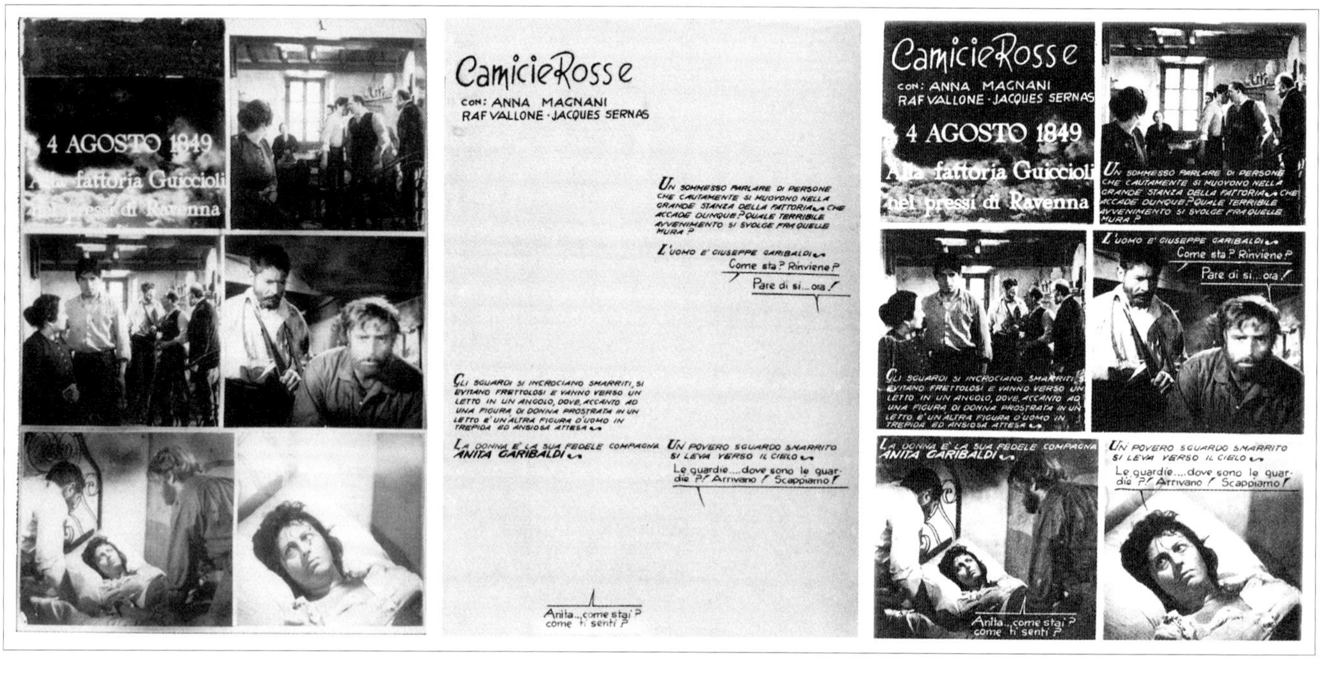

Bearbeitete Bildvorlagen im Layout, das Lettering und die Montage für den Druck: So sah in Italien um 1950 der handwerkliche Prozess aus, sobald erst einmal das Bildmaterial zur Verfügung stand.

Oben links eine Seite aus dem ersten »Film-Bild-Roman«, »Die Reise nach Marrakesch«; rechts davon eine Seite aus Heft 3 (»Adam und Evelyn«), mit der neuen Anordnung von Text und Bildleiste.

Auf in die Bilder integrierte Dialoge verzichtete *Der Film-Bild-Roman*. Entweder fehlte es an der Technik, solche Texte fotomechanisch einzusetzen (vom Lettering ganz zu schweigen) oder aber der Verlag wollte den deutschen Lesegewohnheiten entgegenkommen, indem er Text und Bild separierte. Wie auf einem Filmstreifen (dessen Perforierung am Rand der Seiten angedeutet wurde) spulten die Herausgeber die Handlung in zwei senkrechten Kolumnen ab. Der Text stand in Prosa unter dem zugehörigen Bild. Wegen der ungewohnten Leserichtung, aber auch durch die grafische Gestaltung war das Ergebnis nicht sehr attraktiv.

In Heft 3 (das auch schon das letzte dieser Reihe war, obwohl auf dem Backcover noch ein Folgeband genannt wurde), zog man die Texte zu einer fortlaufenden Erzählung zusammen und reihte in der Spalte daneben Bild an Bild. Das Experiment mit dem »gedruckten Film« – angelegt auf zweiwöchiges Erscheinen und Sammelbarkeit – scheiterte schon nach zwei Monaten.

Anders als *Der Film Bild-Roman* orientierte sich ein Jahr später, im September 1951, die Zeitschrift *Mein Traum* deutlich an italienischen Vorbildern. Darauf verweist allein der Titel, eine Übersetzung von *Il mio Sogno*. Das zweiwöchentlich im sonst nicht weiter bekannten Nova Verlag in Köln erscheinende Heft im großen Format der damaligen Illustrierten brachte in der Erstausgabe zwei Fortsetzungs-Fotocomics vermutlich französischer Herkunft und auch zwei Fortsetzungromane. Obwohl die Fotocomics als »Filmromane« benannt wurden, handelt es

Unten das Titelbild von Heft 1 der Zeitschrift *Mein Traum*.

[9] Die Benennung ist uneindeutig. Der Begriff Fotoromanzi schließt die Cineromanzi, die Fotoromane nach Kinofilmen, mit ein. Andererseits werden auch die »Romane nach Filmen« Cineromanzi genannt; sie sind jedoch keine Bild-Erzählungen.

[10] In Frankreich und Italien waren die Fotocomics für Schauspieler auch später noch eine Möglichkeit, sich über schlechte Zeiten im Filmgeschäft hinwegzuretten. So hat zum Beispiel auch Pierre Brice (»Winnetou«) Fotocomics gemacht.

[11] Ein neuerer, französischer Film, der die Produktion von Fotocomics thematisiert, ist »Toi et moi« von 2005 (Regie: Julie Lopes-Curval).

Briefe die uns erreichten

Liebe Freunde!

Da sind wir, wir abertausend Träume. Nehmt uns und träumt mit uns rund um die Welt, rund um die Liebe, in das Abenteuer, rund um das Leben. Das Leben ist im Traum oft sehr schön. Man sollte sich in Stunden der Musse ruhig mehr mit dem Traum beschäftigen.

Wir haben darüber nachgedacht und festgestellt, dass es — besonders für Frauen — Zeitschriften in reicher Fülle gibt. Sie haben zumeist einen kleinen Fehler: sie führen die Leserin immer wieder in die Bezirke zurück, aus denen sie — wenigstens für ein paar Stunden in der Woche — heraus möchte. Kochrezepte? — Schon wieder wird man an die Frage erinnert, was abends auf den Tisch kommen soll. — Schnittmuster? — Wozu die ewige Mahnung, dass an der Nähmaschine eine Menge Arbeit wartet? — Grossmütter-Weisheiten für die Einmachzeit? — Erinnern nicht oft genug die Hände daran, dass diese Arbeit zur Genüge getan wurde? — Sind die Menschen eigentlich nur für die Arbeit da? Oder leben sie nicht doch neben diesem sichtbaren Leben noch ein anderes, ein unsichtbares, in das sie ihre Gedanken zurückziehen, wenn die Hände noch arbeiten?

In die Welt dieses anderen Erlebens will „Mein Traum" führen. Zunächst überrascht er mit einer neuen Form des Romans. Nicht das Wort, sondern Bilder formen die Geschicke. Die Schicksale der Romanfiguren werden nicht auf herkömmliche Weise geschildert: der Phantasie des Lesers kommt das lebendige Geschehen entgegen. Die Bilder sprechen, die Texte wollen nur erläutern. Wie auf einer Filmleinwand reiht sich die Handlung aneinander. Es gibt keine farblosen Stellen.

„Mein Traum" vernachlässigt aber auch die Freunde des grossen Textromans nicht. Bekannte Autoren wissen jeden Leser zu fesseln. Und was auf den Seiten vor und hinter dem grossen Roman zu finden ist, wird unser Bestreben kennzeichnen, den grauen Alltag zu vertreiben, wenn es auch nur für ein paar Stunden ist. So werden sich alle, die „Mein Traum" lesen, auf die nächste Ausgabe freuen.

Unsere besondere Sorgfalt gilt den Stimmen unserer Freunde. Wir warten auf Briefe der offenen Meinung und auf Fragen, die das Leben stellt. Die Beteiligung unserer Leser an dem wöchentlichen Wettbewerb um die beste Kurzgeschichte wird ohne Zweifel groß sein. Die beste Geschichte wird unter dem Titel „Das habe ich erlebt" veröffentlicht und mit 100 DM honoriert.

Suchen wir das Gute und behalten wir das Beste. Unter diesem Motto wollen wir unsere Freunde unterhalten, sie zerstreuen und erfreuen.

Eure Redaktion „Mein Traum".

Oben der programmatische Brief der Redaktion an ihre Leser in *Mein Traum* 1/1951.

sich hier jedoch nicht um die Wiedergabe von Kinostreifen, sondern um eigenständige Produktionen. Erzählt wurde mit Dialogen in Sprechblasen; zusätzlich hatte die Redaktion unter jedes Bild zwei Zeilen Prosa plaziert, in denen Aspekte der Handlung erzählt wurden, die das Bild nicht vermittelte, etwa Gefühlsregungen der agierenden Personen und Kommentare zu ihren Handlungsweisen. »Die Bilder sprechen, die Texte wollen nur erläutern«, hieß es in einem als Editorial funktionierenden »Brief«. Mit den Traumwelten dieser Fotocomics sollte dezidiert die weibliche Leserschaft angesprochen werden. *Mein Traum* hatte einen Umfang von 16 Seiten; davon waren 10 Seiten mit Fotocomics belegt.

Mit diesem Konzept ein deutsches Publikum zu erreichen, war gewagt, und wie es scheint, brauchte die Zeitschrift Unterstützung genehmerer Art. So rückten bald Fotoromane nach deutschen Kinofilmen auf den Titel und die ersten Heftseiten. Das Erzählprinzip – Sprechblasen und Untertexte – behielt man allerdings bei. Möglicherweise reichte auch das nicht, um das Überleben der Zeitschrift zu sichern, die am Kiosk nur 30 Pfennig kostete, die aber kaum Anzeigen führte. Im März 1952, nach insgesamt 30 Ausgaben, wurde dem Leser die Einstellung angekündigt. Dabei verwies der Verlag auf stetige Papierpreis-Steigerungen und deutete an, bei sinkenden Preisen werde die Publikation wieder aufgenommen. Die Papierpreise allein werden nicht der Grund gewesen sein. Nach Freigabe der Lizenzen Ende der 40er Jahre waren allerorten Illustrierte gegründet worden. Schon bald fand ein Reinigungsprozess statt, den nur die potenten Blätter überstanden, im Bereich der

Unten das letzte Heft der ambitioniert gestarteten Zeitschrift.

[12] Vgl. Serge Saint-Michel: Le roman-photo. Paris 1979.

[13] Reich illustrierte Darstellungen des Fotoromans in Italien und Frankreich sind Fabien Lecoeuvre/Bruno Takodjerad: Les années roman-photos. Paris 1991; Gianni Amelio/Emiliani Morreale: Lo schermo di carta. Turin 2007; Dominique Faber/Marion Minuit/Bruno Takodjerad: Nous Deux présente La saga du roman-photo. Paris 2012.

Es fällt André schwer, Sylvia gegenüber Gleichgültigkeit zu heucheln, aber er muss es tun. Sylvia ist traurig, sie seufzt; dann geht sie wieder in den Garten
André ist allein geblieben, und gleich überfallen ihn wieder trübe Gedanken. Er liebt Sylvia, und seine Abhängigkeit quält ihn doppelt. Was soll er tun?
Am nächsten Tag lässt Ronnie durch das Zimmermädchen seiner Tochter sagen, dass er mit ihr zu reden habe. Sylvia geht mit ungewissem Gefühl zu ihrem Vater
Sylvia ist durch die Worte ihres Vaters bestürzt. Sie sagt ihm, dass André der einzige Mensch für sie ist, dem sie vertrauen kann und der sie ganz versteht
Wie konntest du das tun, Vati? Du kannst doch nicht über mich verfügen ohne mich zu fragen...
Ich habe nur zu deinem Besten gehandelt, Sylvia. Deine Jugendliebe für André musst du jetzt vergessen.
François wird dich auf Händen tragen. Er wird dir ein schönes Leben sichern, auch wenn ich einmal nicht mehr da bin.
Ronnie hat für seine Tochter ganz andere Pläne. François, sein Teilhaber, hat bei ihm um Sylvia angehalten, und Ronnie hat aus sehr wichtigen Gründen zugestimmt
Ronnie ist unerbittlich. Er versucht Sylvia zu überreden, sagt ihr, dass François ein gemachter Mann und André ein armer Schlucker ist, der wenig Aussichten hat

Das letzte REZEPT
der große Bildroman nach dem neuen deutschen Meteor-Fama-Film im Europa-Filmverleih
Bozena Boroszi, Tänzerin . . . . Sybill Werden
Dr. med. Steininger . . . . René Deltgen
Anna Falkner, Apothekerin . . . . Heidemarie Hatheyer
Hans Falkner, ihr Mann, Apotheker . . . . O. W. Fischer
Thomas, das Söhnchen . . . . Peter Czeike
Sanitätsrat Dr. Falkner . . . . Carl Wery
Berichtigung: Das Drehbuch schrieben Hans Joachim Beyer und Tibor Yost.
Inhaltsangabe der vorhergehenden Szenen

Publikumsillustrierten häufig durch Übernahmen und Aufkäufe.

Die Illustriertenverlage, denen es in der angespannten Konkurrenzsituation nicht leicht fiel, das eigene Heft von dem der Mitbewerber zu unterscheiden, sahen dazu offenbar auch im Fotoroman ein Mittel. Fotoromane wurden fortan nicht mehr allein in eigenständiger Publikation angeboten, sondern als ein redaktioneller Bestandteil von Presseorganen. Zwei Dinge sollten den Reiz dieser neuartigen Teile ausmachen: die Adaption von Kinofilmen und das Prinzip der Fortsetzung, ganz ähnlich wie bei den populär werdenden Illustriertenromanen.

Eine Programmzeitschrift war es, die den ersten Schritt in diese Richtung tat, das (1950 beginnend mit dem 3. Jahrgang) im Hamburger Jahreszeiten-Verlag erscheinende Heft *Funk um die Familie* (später *Funk und Familie*). Hier sollte dem Fotoroman (»Roman-Film«, wie es Zeitschriften-intern hieß) ein langes Leben beschieden sein. Auch als *Funk und Familie* 1965 in *Programm* aufging, übernahm man diesen Bestandteil mit in das neue Konzept.

Beim Start in Heft 5/1950 wurde das Experiment vorgestellt:

> Wenn wir Sie, liebe Leserinnen und Leser, heute mit unserem Romanfilm bekannt machen, so wissen wir, daß Sie zuerst etwas überrascht sein werden. Aber warum eigentlich? Wir ersetzen ja nur die Schilderung, die im Roman von den Personen und ihren Handlungen gegeben wird, durch Photos. Und Sie lesen dazu, was die Gestalten in der jeweiligen Situation sagen. Es ist im Grunde gar nichts anderes, als was der Film tut. Daher haben wir diese neue Form der Erzählung in Photos auch »Romanfilm« genannt. Und wir meinen, dass unser Romanfilm zugleich etwas von einer Kunstform vorwegnimmt, die wir bei der Wiedereinführung des Fensehens erleben werden: das Fernsehspiel. Auch bei ihm werden Wort und Bild so oder ähnlich zusammenwirken.

Nach der ersten, zweiseitigen Folge sollte der Leser auf Dauer eingefangen werden:

Oben links ein eigenständig produzierter Fotocomic aus *Mein Traum* 1/1951. Daneben die Schlussfolge einer Adaption des deutschen Kinofilms »Das letzte Rezept« in *Mein Traum* 13/1952.

Links der Fotoroman »Bis zur letzten Stunde...« aus der Programmzeitschrift *Funk um die Familie* (Heft 5/1950).

Wir empfehlen Ihnen auch, die einzelnen Folgen unseres Roman-Films auszuschneiden und zu sammeln. Nach Abschluß der Fortsetzungen haben Sie dann einen vollständigen Roman-Film, in dem Sie sicher immer wieder gern blättern werden.

Etwas großartig Neues bot die Zeitschrift mit diesen Romanfilmen nicht. Wieder einmal kamen hier nicht Filmbilder zum Einsatz, sondern eigens produzierte Fotoserien, deren »Regisseur« und »Kameramann« ebenso genannt werden wie der »Drehbuchautor«. Die Handlung trugen ein halbes Dutzend durchnumerierte Bilder pro Heftseite, unter denen die dazugehörigen Dialoge (aber kein erzählender Kommentar) standen. Sprechblasen wollte man den Lesern vermutlich nicht zumuten; vielleicht war die gewählte Form auch einfach die am leichtesten zu produzierende. Sie wurde 1965 von *Programm* übernommen, nun mit zehn Bildern pro Seite (aber nur auf einer Seite) und unter Nennung der »Schauspieler«.

Drei Jahre später begann auch eine allgemeine Illustrierte damit, regelmäßig eine Folge ihres »Filmromans« abzudrucken, nämlich die *Deutsche Illustrierte*[19]. Was in Heft 21/1952 startete, sollte nur ein gutes Jahr dauern. In Heft 28/1953 war der letzte von insgesamt 14 »Filmen« abgeschlossen – keiner der Streifen war länger als fünf Folgen; bei manchen reichte es auch nur für zwei Episoden zu jeweils 11 bis 15 Bildern. Wie in *Funk und Familie* standen die Texte (Dialoge und Handlungsanweisungen) unter den Fotos, weiß vor dunklem Hintergrund, was die Seite deutlich vom Rest des Heftes abhob. Die Auswahl der Filme war inhomogen und reichte vom anspruchsvollen (»Die ehrbare Dirne« nach Sartre) über den unterhaltenden (»Sturmfahrt nach Alaska«) bis hin zum Heimatfilm (»Tausend rote Rosen blüh'n«).

Gleich zwei neue Publikationen ähnlicher Machart erreichten Anfang 1954 den Kiosk: *Bei Dir* vom Mondial Verlag am 26. März und *wir zwei* vom Walter Lehning Verlag am 2. Mai. Beide Verleger waren im Grunde Geschäftspartner. Die Umstände, warum Lehning so schnell auf den Vorstoß der Franzosen »reagierte« und dabei auch den Titel abgriff (*wir zwei* ist die Übersetzung des erfolgreichen *Nous Deux* der Editions Mondiales), ist derzeit noch ungeklärt. Eine Rangelei unter Kollegen vielleicht, die keinem der Verlage Meriten und Gewinne einbringen sollte.

Nous Deux war das französische Pendant zum italienischen *Grand Hotel.* Alles blieb in der Familie – Del Duca. Die Produktion der abgedruckten Comics und Fotocomics teilte man sich offenbar auf, wobei die französischen Zeichner mit den italienischen Stars Molino und Bertoletti nicht annähernd mithalten konnten. Inzwischen hatte sich das Geschäft professionalisiert: Fotoromane zu produzieren, war ein lukrativer Erwerbszweig geworden. *Grand Hotel* und *Nous Deux* nahmen beide seit 1950 Fotoromane auf.

Die Grundidee von *Nous Deux* unterschied sich allerdings von der des *Grand Hotel.* Im Vordergrund stand nicht mehr die Idee, eine von einem Filmerlebnis geprägte Leserschaft einzufangen. Wie allein die Cover zeigten, ging es den Franzosen um die Frau in der Familie. Die Frau ist die Angesprochene; sie soll das Blatt kaufen. Ihr wird die perfekte Partnerschaft vorgegaukelt, eine sentimentale Idee, zeichnerisch auf jedem Titel vermittelt über attraktive Paare – die durchaus einem filmischen Melodram entsprungen sein konnten. Beide deutsche

Unten die Folge eines »Filmromans« nach dem 1952 gedrehten Film (*Deutsche Illustrierte* 10/1953).

Der Filmroman der Deutschen Jllustrierten

Die ehrbare Dirne

Der Film „Die ehrbare Dirne" wurde nach dem berühmten Bühnenstück von Jean Paul Sartre gedreht. In die Regie teilen sich Marcel Pagliero und Charles Brabant. Das Drehbuch schrieb Paul Sartre selbst, der besonders in Deutschland als Autor durch seine „Fliegen" und „Schmutzigen Hände" bekannt geworden ist.

Lizzie MacKay, auf der Fahrt in die Südstaaten der USA. wo sie eine neue Stellung antreten soll, wird in der Eisenbahn von Betrunkenen belästigt. Um Ruhe zu haben, flüchtet sie in ein für Schwarze reserviertes Abteil. Plötzlich fliegt die Tür auf. Ted taumelt angetrunken auf sie zu. „Da steckst du ja, mein Traum!"

„Rühren Sie mich nicht an!" Scharf weist Lizzie ihn zurück und verbietet sich seine Belästigungen. Doch Ted will sie zwingen, mit ihm Whisky zu trinken. Das lehnt sie ab. Erschreckt haben sich die im Abteil sitzenden Schwarzen geflüchtet. Nur zwei junge Neger stehen in der Ecke. Immer heftiger drängt Ted.

Als er gegen Lizzie handgreiflich wird, beschützen die beiden Neger, ihren weißen Fahrgast. Besinnungslos vor Wut schlägt Ted ihn nieder. Der Neger knallt mit dem Hinterkopf gegen den Eisenbeschlag der Tür. Sidney, der andere Schwarze, sieht, daß sein Freund tot ist, zieht die Notbremse und flieht.

Auf der Polizeiwache ist Ted nicht nüchtern zu bekommen. Seine Situation ist hoffnungslos, denn auch in den Südstaaten ist seine Tat glatter Mord. Auch wenn der Getötete ein Neger war. Verzweifelt sucht der Kommissar nach einem Ausweg, denn Ted ist der Neffe des Senators Clarc. Demnächst sind Wahlen.

Auch Fred, der Sohn des Senators, kann nichts für seinen Vetter tun. Er wird verhaftet. Dem Kommissar war aufgefallen, daß Lizzie, die einzige Zeugin des Mordes, gefallen an Fred gefunden hat. Darauf baut er seinen Plan. Fred soll versuchen, das Mädchen kennenzulernen und sie veranlassen, für Ted auszusagen.

Nach der Vernehmung durch die Kriminalpolizei sucht Lizzie ihre Freundin Annie auf. Diese hat ihr den neuen Job in der „Blue Bell Bar" verschafft, den sie schnell antreten möchte. Das Zugabenteuer ist vergessen. Sie kommt aus den Nordstaaten, wo man die Trennung zwischen Schwarz und Weiß nicht so ernst nimmt.

Barbara Laage (Lizzi Mac Kay), Ivan Desney (Fred Clark), Walter Bryant (Sidney) und Marcel Herrand (Senator Clark) spielen die Hauptrollen. Von der internationalen Presse wird der Film als einer der sensationellsten Erfolge bezeichnet.

Man hat sie in der Bar zwar als „Sängerin" engagiert, doch liegt ihre Tätigkeit mehr darin, die Gäste zum Trinken zu animieren. Das gelingt ihr bereits in den ersten zwei Tagen. Doch hat sie den gutaussehenden Fred, den Sohn des Senators, nicht vergessen. Als er in das Lokal kommt, erkennt sie ihn sofort wieder.

Sie verbringen den Abend zusammen in mehreren Lokalen. Fred trinkt viel Whisky, um sich selbst zu betäuben und den Mut zu finden, ihr zu sagen, welchen Dienst sie ihm erweisen soll. Dann fährt er mit zu Lizzie, um ihr den Vorschlag zu machen, eine andere Aussage zu unterschreiben. Aber er wagt es nicht.

Am nächsten Morgen sitzt er auf ihrem Bett. „Wie soll ich es ihr sagen?" überlegt er bei unzähligen Zigaretten. Seine Gedanken drehen sich im Kreise. „Wie bringe ich ihr es bei?" Lizzie, die den Grund seines eigenartigen Verhaltens nicht kennt, sucht vergeblich, den Anlaß seiner Verstimmung zu erfahren.

„Lizzie, Du mußt eine Erklärung unterschreiben", sagt er schließlich stockend, „aus der hervorgeht, daß Ted den Neger in Notwehr erschlagen hat." Sie begreift im ersten Moment nicht, was er eigentlich will. Bis es ihr plötzlich bewußt wird. „Nur darum bist du mit mir gegangen! Und ich habe gedacht, du liebst mich!"

Fotos: Neuer Filmverleih/Arca-Film

Copyright by Jllustrierte Presse GmbH., Stuttgart, 1953

Fortsetzung folgt

[14] »Für den Filmbesucher ist der FBR ein abschauliches Archiv, das die Erinnerungskraft gewaltig unterstützt, für die Filmindustrie ein Helfer, der insbesondere in Gebieten mit geringer Kinodichte [...] das Interesse am Film wachhält.« (Venditor: Typisches Verkaufsobjekt mit Sammelanreiz: Der Film-Bild-Roman. In: *Der neue Vertrieb* 23/1950, S. 387f.)

[15] Anon.: Ich lege dir meine Liebe zu Füßen. In Wölkchenform. In: *Der Spiegel* 48/1949, S. 20-21 (hier S. 21).

[16] Anon.: Im Nachttisch. In: *Der Spiegel* 7/1950, S. 39-40 (hier S. 39).

Publikationen griffen dies 1954 auf, mit voneinander abweichenden Formaten und Konzepten.

Die Editions Mondiales versuchten über ihren deutschen Ableger, den 1952 gegründeten und in Hamburg ansässigen Mondial Verlag, eine Zeitschrift zu übertragen, die sich in Frankreich als ausgesprochen populär und profitabel erwiesen hatte. Mondial hatte sich zuvor im deutschen Comicmarkt engagiert; »Tarzan« war wohl die erfolgreichste Produktion aus diesem Bereich. *Bei Dir* sprach ein ganz anderes Publikum an: nicht männliche Kinder und Jugendliche, sondern weibliche Erwachsene im Arm ihres männlichen Beschützers.

Das Vorhaben der Franzosen, mit »gezeichneten Filmen« in Deutschland zu landen, musste allein deswegen scheitern, weil deutsche Frauen keine Comics lasen (die zudem – als Kinderlektüre – über die Bundesprüfstelle gerade verteufelt wurden). Viel mehr bot die Zeitschrift im Format von etwa 30 cm mal 22 cm aber nicht (im Vergleich zu den damaligen Illustrierten ein Kleinformat). Die Comics stammten aus Frankreich und aus Italien.

Nach einem halben Jahr – *Bei Dir* war im März 1954 gestartet worden – nahm die Redaktion auch Filmromane auf. Das waren keine internationalen Erfolge, sondern Filme deutscher Provenienz: »Null-acht-fünfzehn«, »Heideschulmeister Uwe Karsten«, »Herr über Leben und Tod«, »Weg in die Vergangenheit« und »Des Teufels General«. Die Umsetzung dieser Filme geschah sehr »deutsch«, also in anspruchslosem Layout und ohne Sprechblasen, dafür mit ausgiebigen Untertiteln und drei bis acht Szenenfotos pro Seite. Während die Comics als »Bildromane« angekündigt wurden, liefen die Filmadaptionen unter »Filmbildserie«. Die Zeitschrift hielt sich ein Jahr lang, bis zum März 1955. Im Laufe dieser Zeit nahm der Anteil an Comics und Fotoserien im Heft stetig ab – sie waren offensichtlich kein Verkaufsargument, so wie in Frankreich, wo *Nous Deux* Millionenauflagen erreichte.[20]

Der Mondial Verlag suchte für seine noch in Deutschland laufenden Comicserien

Links das Titelbild von *Nous Deux* 282 (7.11.1952): »Le kiosque enchanté«, ein glückliches Paar an einem französischen Kiosk, der eine ganze Reihe von Herz-Schmerz-Blättern in der Auslage hat. Der unbekannte Illustrator ließ sich vom Cover des *Grand Hotel* 269 inspirieren (18.8.1951); dort verkauft der Händler allerdings Melonen und der Junge am rechten Bildrand beißt in eine Melonenscheibe.

Ganz links die Nummer 1 von *Bei Dir* (Mondial), rechts daneben das Konkurrenzprodukt, die Nummer 1 von *wir zwei* (Lehning).

Heideschulmeister Uwe Karsten

Große Bildserie aus dem Hans-Deppe-Film in NF-Verleih nach dem Roman v. Felicitas Rose

Der Hamburger Kaufmann Ernst Diewen hatte vor seinem Tode den Wunsch geäußert, daß seine Tochter Ursula den Geschäftsfreund Heinsius heiraten sollte. In letzter Minute klärte jedoch Martha Detleffsen ihre Freundin Ursula über Heinsius' wahren Charakter auf. — Ursula sucht Vergessen in dem Heidedorf Süderhof. Sie lebt im Heidehaus der Mutter Alslev und begegnet dort deren Sohn, dem Heideschulmeister Uwe Karsten. Zwischen beiden spinnt sich ein zartes Liebesspiel an. Martha Detleffsen hat ihren Sohn Heini der Obhut Ursulas anvertraut, die ihn bei dem kinderlosen Pastorehepaar Sanneby gut betreut weiß. Im Dorf aber tuscheln böse Zungen, daß Heini in Wahrheit Ursulas Kind sei und daß sie es auf Uwe abgesehen habe. Als Ursula von dem Klatsch erfährt, reist sie nach Hamburg zurück.

1 Ursulas Stiefmutter, Frau Sabine, die hochfahrende Ziele verfolgt, ist wenig erbaut über die plötzliche Rückkehr Ursulas und versucht ihrem Stiefsohn Ludwig klarzumachen, daß Ursulas Verhalten im Heidedorf nicht den Verpflichtungen ihres Standes entsprochen habe.

2 Ursula tritt zu ihnen. Ludwig begrüßt die Schwester herzlich: „Laß dich ansehen. Großartig! Die Heide hat dir gutgetan." Frau Sabine: „Wenn du uns überraschen wolltest, dann ist es dir glänzend geglückt — na, die Hauptsache ist, du hast dich auf uns besonnen und gehst wieder fleißig unter die Leute. Man hat sich schon sehr gewundert ..." Ursula: „Man wird sich weiter wundern müssen, Mama. Ich bin zurückgekommen, um zu arbeiten ...", und zu Ludwig gewendet: „Ganze Mappen von Skizzen und Entwürfen habe ich mitgebracht."

3 Ursula hat sich im Dachgeschoß ein Atelier eingerichtet. Frau Sabine betrachtet prüfend die Bilder und Skizzen. „Das ist alles recht interessant, Ursula, zum Teil sogar recht gelungen. Nur eines versteh' ich nicht — warum malst du eigentlich lauter arme Leute? Findest du das schön?" Ursula: „Ja, Mama. Noch schöner wäre es allerdings, wenn die armen Leute nicht ganz so arm wären." Frau Sabine, etwas verstimmt: „Mit Künstlern kann man bekanntlich nicht diskutieren ..."

4 Als Ludwig erscheint, verläßt Frau Sabine den Raum. Ursula fragt: „Viel um die Ohren im Kontor?" Ludwig: „Natürlich. Und da wir gerade beim Geschäft sind — du solltest dich nicht zu sehr verausgaben." Ursula: „Ich danke dir, Bruderherz. Ist der Notariatsakt in Ordnung?" Ludwig: „In Ordnung, und ich bin wohlbestallter Kurator der Ernst-Diewen-Stiftung." Ludwig bricht alsbald auf. Er hat eine dringende Verabredung mit Ellen Vanlos, der Tochter eines Geschäftsfreundes des verstorbenen Vaters. Ursula lächelt. Sie weiß, daß Ludwig um Ellen wirbt.

Oben links ein Fotoroman nach dem Heimatfilm»Heideschulmeister« Uwe Karsten« aus *Bei Dir* 40/1954; rechts eine kolorierte Seite aus dem Western »Der Freund der Cheyennen« in »Tarzan« 125 (ca. 1956).

einen deutschen Geschäftspartner und fand ihn im Rastatter Pabel Verlag. Hier wurden ab 1956 »Tarzan« und ab 1957 »Der kleine Sheriff« weitergeführt. Letzteres wurde bald in »Tarzan« integriert; 1958 kam dann das Aus für beide Serien. Einen »Photoroman« brachten die federführenden Franzosen erst unter Pabel in »Tarzan« unter, beginnend in Heft 116 (1957) mit dem Western »Burschen aus dem Wilden Westen«. Einige andere Stories folgten, von denen jeweils ein Teil der Seiten in knallbunter Kolorierung abgedruckt wurde, ein anderer mit einer Schmuckfarbe und der Rest in Schwarzweiß.

Der Walter Lehning Verlag hatte nicht nur die Zeitschrift von Mondial kopieren wollen; Lehning schwebte wohl vor, im lukrativen Geschäft der bundesdeutschen

Rechts *Bei Dir* 40/1954 in geänderter Aufmachung, daneben *wir zwei* unter dem neuen Titel *Moderne Illustrierte* (Heft 27/1954).

Zeitschriftenverleger mitzumischen.[21] Er merkte nicht, dass die Karten hierfür längst verteilt waren. Sein Pendant zu *Bei Dir* war mit einem Format von 37 cm x 26 cm weit größer als die Konkurrenz von Mondial. *Wir zwei* war aufgemacht wie eine Illustrierte, aber ihm fehlte anfangs etwas für eine Illustrierte Wesentliches, nämlich Fotostrecken. Dafür hatte Lehning neben dem »gezeichneten Film« »Lydias Tagebuch« aus Italien einen Fotoroman übernommen, »Reise ins Glück«, der mit Dialogtexten im Bild arbeitete, aber die ungewöhnliche Leserichtung von oben nach unten in zwei Kolumnen abverlangte, wie sie 1950 schon in *Der Film-Bild-Roman* zu sehen gewesen war.

»Reise ins Glück« lief über 15 Hefte und wurde gefolgt von dem ebenfalls importierten »Petras Geheimnis« (bis 27/1954). Die Attraktion von Comics und Fotocomics in seiner Zeitschrift (sie änderte mit Ausgabe 20 den Titel in *wir zwei/moderne illustrierte* und ab 24/1955 in *moderne illustrierte*) schätzte Lehning offenbar gering ein, jedenfalls weit geringer als *Bei Dir*. In der gesamten Laufzeit der Publikation sah man hier lediglich drei Comics und zwei Fotocomics. Mit Heft 14/1955 war das Abenteuer Illustrierte für Walter Lehning beendet. Er hatte sich mit diesem Projekt übernommen und rutschte in einen Konkurs.[22] Die Ära der »gezeichneten Filme« kam mit dem Scheitern dieser beiden Zeitschriften des Mondial und des Lehning Verlags in Deutschland zu einem Ende. Die ausschließlich dem Melodram verpflichtete Ausdrucksform war allerdings auch in Italien und Frankreich ein Auslaufmodell, obwohl solche Comics dort noch bis Anfang der 60er Jahre zu sehen waren. In beiden Ländern buhlten in den 50er Jahren sowohl die Cineromanzi (frz. ciné-roman; Fotocomics nach Kinofilmen) als auch die Fotoromanzi (frz. roman-photos; eigenständig produzierte Fotocomics) um die Gunst der Leser. Die Begrifflichkeiten sind nicht eindeutig.

Cineromanzi besaßen einige Vorteile: sie waren an (populäre) Filme angelehnt und konnten auf deren nicht selten üppige Ausstattung verweisen. Fotoromanzi reproduzierten das immer gleiche Muster, sowohl im Inhalt als auch in der Machart – es war dies allerdings ein Muster mit großer Nachfrage. Immer neue Zeitschriften entstanden, so dass der Fundus an geeigneten Cineromanzi bald nicht mehr aussreichte. Das wiederum förderte die Produktion von Fotoromanzi, denen bald auch der Fortschritt der Technik Vorteile gewann: Das Fernsehen brachte das Kino in Bedrängnis; in den 70ern kam die Videokassette auf. Fortan brauchte niemand mehr »Filme auf Papier«; jeder hatte die Möglichkeit, sich das Kino in die eigenen vier Wände zu holen.

[17] ebd., S. 40. Vgl. dazu auch die Selbstdarstellung des Verlags Bunte Welt in *Der neue Vertrieb* 22/1950, S. 371.

[18] Fotocomics mit »echten« Sprechblasen setzten sich in Italien erst Anfang der 50er Jahre durch.

[19] Bis 29/1952 *Schwäbische Illustrierte/Die Deutsche Illustrierte*.

[20] Vgl. Sylvette Giet: Nous Deux 1947-1997: Apprende la langue du coeur. Leuven 1997. S. 17.

Unten links der eigenständige Fotocomic »Reise ins Glück« aus *wir zwei* 1/1954; daneben »Petras Geheimnis« aus *moderne illustrierte* 27/1954.

Filmzeitschriften brachten nur selten Fotocomics. Eine Ausnahme war 1950 in Österreich *Mein Film*, mit »Filmadaptionen«, die über eine Heftseite pro Film nicht hinauskamen (oben links). Daneben der »Filmroman« »Die Kaiserin von China« (1953) in *Star Revue* 19/1954.

Noch sind wir in den 50er Jahren. In Deutschland war der Fotocomic bisher kein Erfolgsmodell gewesen. Von wenigen Ausnahmen abgesehen (zum Beispiel den altmodisch aufgemachten Filmromanen in *Star Revue*), sah man diese Form bei uns nicht. Dann geschah 1958 etwas, das dem Fotocomic für lange Zeit einen Stempel aufdrücken sollte. Auf dem Cover von Heft 46 der Frauenzeitschrift *Frau im Spiegel* sahen die Leserinnen eine ungewohnte Ankündigung: »NEU Der französische Fotoroman«. Zwar waren es nur zwei Seiten pro Ausgabe, aber *Frau im Spiegel* schaffte es, den Fotocomic zum Markenzeichen zu machen.

Die Redaktion hatte der seit 1946 im Lübecker Verlag der Norddeutschen Verlagsgesellschaft von Leonhard Ehrlich bestehenden Zeitschrift mit dieser Ausgabe ein neues Gesicht verliehen. Im Editorial wies Chefredakteur Heinz Gärtner auf »farbige Reportagen aus der Welt der ›oberen Zehntausend‹ und erregende[n] Geschichten um Menschen wie Du und Ich« hin, auf einen »Tatsachenbericht«, einen Roman – und auf eine »Überraschung«:

Etwas ganz Neues und Besonderes: der französische Foto-Roman »Das Mädchen mit den zwei Gesichtern«. Diesen französischen Foto-Roman wie auch alle, die noch folgen werden, lesen oder besser sehen Sie in Deutschland allein in der *Frau im Spiegel*!

In ihrem Bemühen um Eindrücke aus der »Welt der oberen Zehntausend« hatte *Frau im Spiegel* schon zuvor die Welt der Filmstars mit einbezogen. 1953 gab es gar einen Comic in Fortsetzungen über »Ingrid Bergmans Weg zum Ruhm« (Zeichner Heinrich Tornow). Der Fotocomic »Das Mädchen mit den zwei Gesichtern« wurde jedoch nicht als »Film« präsentiert (es war ja auch keine Filmadaption), sondern als »Roman« – ein Roman in Fotos, eigens als Fotocomic in Frankreich produziert. Dennoch dürfte den Leserinnen das »Filmische« dieser Erzähl-

Unten »Ingrid Bergmans Weg zum Ruhm« in *Frau im Spiegel* 52/1953.

form vertraut gewesen sein. Die Fotocomics in *Frau im Spiegel* waren sehr modern gestaltet, ohne die hierzulande so beliebten Untertexte, mit Sprechblasen und in einer Erzählweise, die so gut wie keine Textboxen erforderte. Die Handlung erschloss sich allein aus Bildern und Dialogen.

Der »Foto-Roman« der *Frau im Spiegel* kam ebenso an wie das gesamte neue Konzept der Zeitschrift. Das führte dazu, dass andere Illustrierte der »Regenbogenpresse« Fotoromane aufnahmen. Der triviale Gehalt der Erzählungen war den Erwartungen der Leserschaft angepasst – dies war der auch in Italien und Frankreich beliebte Stoff, wie ihn bei uns bisher fast nur Textromane in Zeitschriften oder in den diversen Romanheftserien verbreitet hatten.

Dadurch, dass sich jetzt die trivialen Frauenzeitschriften des Fotocomic annahmen, wurde die Form als typisch für die Regenbogenpresse angesehen. So blieb es bis in die 70er Jahre, obgleich der Fotocomic bis dahin bewiesen hatte, dass er auch andere Inhalte transportieren konnte. In der DDR, wo die Auswüchse der westdeutschen Unterhaltungslandschaft stets kritisch beäugt wurden, schrieb Claus Ritter 1974:

> [...] von einer Spezialität, die in ihrer Art und ebenfalls in Fortsetzungen in der BRD nur von Regenbogen-Postillen verbreitet wird: Der Fotoroman! Im Foto-Roman werden fotografische Standbilder (wie sie die Filmwerbung benutzt) mit Kurztexten versehen und das Ganze zu einer fortlaufenden Story montiert. Aus dem Comic-Strip, jenem amerikanischen analphabetisierenden Massenmedium, entstanden und in Italien von unterbeschäftigten Filmemachern zur Hochblüte gebracht, wurde der Fotoroman von der Regenbogen-Presse dankbar als Mittler aufgenommen, um auch leseschwache und zeitbeschränkte Bundesbürger mit dem Weltbild der bunten Blätter idiotensicher vertraut zu machen. Die Bildergeschichten in den Wochenpostillen haben dieselben Inhalte wie die dortigen Trivialromane, nur ist das schon für diese Literatur charakteristische Schwarzweiß-Raster der Konfiguration noch wesentlich gröber.[23]

Das ist polemisch, traf aber doch die in den Frauenzeitschriften abgedruckte Auswahl. Die »Seifenopern« in Comicform haben menschliche »Schicksale« zum Thema, von Menschen, die dem Leser in ihrer »Normalität« nahezustehen scheinen, womit das Gelesene mit der Welt des Lesers vergleichbar bleibt. Einige Jahrzehnte später sollten TV-Serien wie »Lindenstraße« oder »Gute Zeiten, schlechte Zeiten« für den Nachschub an Trivialität sorgen. Der Fotoroman des Herz-Schmerz-Genres reiht sich ein in eine lange Kette solch schlichter »Unterhaltung«, die von den vergleichbaren Romanen des 18. und 19. Jahrhunderts über Kolportageliteratur und Groschenromane bis hin zum Melodram in Kino und Fernsehen reicht. Das Melodram bildet – schon allein in der historischen Ableitung – für den Fotocomic zwar ein dominantes Genre, man darf sich aber nicht, wie Ritter, dazu verleiten lassen, die Fotoromane der Regenbogenpresse mit der Ausdrucksform generell gleichzusetzen.

Neben der Übernahme aus Frankreich und Italien setzten die deutschen Frauenzeit-

Links das Titelbild der *Frau im Spiegel* 46/1958 mit der Ankündigung des ersten Fotoromans. Unten eine Seite (von zweien) des Abdrucks im Heft.

[21] Vgl. Robert Marsche: Ursula Reuter. Eine Mitarbeiterin des Lehning-Verlages. In: *Die Sprechblase* 29 (1980). S. 9-14; bes. S. 11. Reuter war in den 50er Jahren Walter Lehnings Sekretärin.

[22] Vgl. Stefan Doeller/Hartmut Becker: Walter Lehning. 1. Folge. In: *Die Sprechblase* 69 (1985), S. 11. Einige der dort kolportierten Fakten möchte Doeller heute relativieren. So etwa erscheint Fritz Baudachs Aussage völlig unglaubwürdig, der Redaktionsstab für *wir zwei* habe anfangs 80 Mitarbeiter betragen.

[23] Claus Ritter: Woche für Woche. Report über Regenbogen-Postillen. Berlin (Ost) 1974. S. 225f.

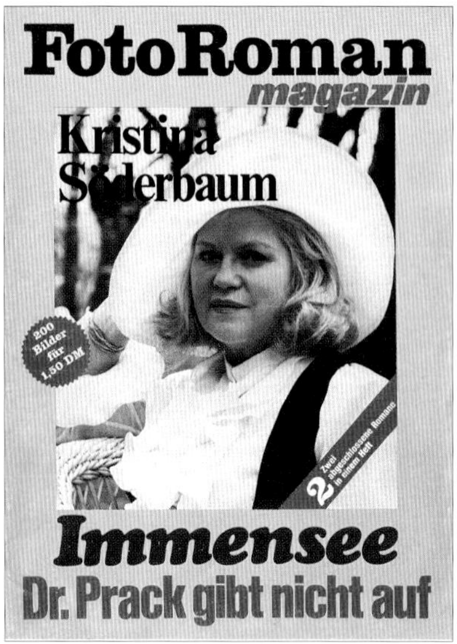

schriften bald auch auf Eigenproduktionen. In *Frau im Spiegel* beispielsweise kam 1970 ein »Arztroman in Bildern« mit dem Titel »Dr. Prack gibt nicht auf« zum Abdruck. Hinter dieser Produktion, ein Melodram im Subgenre des in der trivialen Heftliteratur beliebten Arztmilieus, steckte als Produzentin wie auch als Darstellerin die Schauspielerin Kristina Söderbaum. Söderbaum hatte seit Mitte der 60er Jahre ihren Lebensunterhalt mit Fotografie verdient; für »Dr. Prack« beanspruchte sie die »künstlerische Oberleitung«, was auch immer das bedeutet.

Mit diesem Fotocomic (in veränderter Form, nämlich mit Untertexten an Stelle der in *Frau im Bild* verwandten Sprechblasen) war Söderbaum bereits 1968 das Aushängeschild der Zeitschrift *Foto Roman magazin* (im Impressum heißt es: *Das deutsche Foto-Roman-Magazin*) gewesen. Neben dem Arztroman brachte das im Lübecker Lüning-Verlag erscheinende Heft einen zweiten Fotoroman, eine modernisierte Fassung von Storms »Immensee«.[24] Beide Romane liefen über Doppelseiten, »Dr. Prack« im Querformat, »Immensee« im Hochformat, so dass man zum Lesen das Heft drehen musste. Im Editorial beschwor Chefredakteur Walter Bergmann das Anspruchsvolle seiner Publikation:

> In vielen Ländern hat der Fotoroman in den letzten Jahren einen Siegeszug angetreten. Bei uns gibt es diese Form bisher nur als Bestandteil weniger Blätter. Vorwiegend Kriminal- und Sexgeschichten, meist im Ausland produziert, werden gezeigt. Von uns dürfen Sie mit Recht mehr erwarten.

Mit diesem Anspruch konnte der Verlag offenbar kein Geld verdienen; das *Foto Roman magazin* kam über eine Ausgabe nicht hinaus. Zwei Jahre später gab Lüning seine Zurückhaltung gegenüber Sexgeschichten auf und veröffentlichte »Immensee« noch einmal in seiner neuen »Lust- und Wonne-Illustrierten« *st. porno*.

Seit den 60er Jahren schwamm Deutschland auf der Sexwelle. Begierden wurden geweckt, auch bei denen, die sahen, wieviel Geld hier zu verdienen war. Vor dem Aufkommen von Videotheken Mitte der 70er Jahre schien der Fotocomic eine geeignete Form zu sein, Erotik und Pornografie an den Mann zu bringen. Was 1963/64 in der Heftreihe *PARIS photo-strips*[25] auf dem Cover suggeriert, im prüden Innenteil aber nicht erfüllt worden war (dort sah man »reizlose« französische Beziehungsgeschichten), kam 1966 in *Spannung exklusiv* und erst recht 1970 in *Klassische Erotik* schon deutlicher

[24] Kristina Söderbaum hatte in der Verfilmung von 1943 mitgewirkt; ihr Name wird allerdings in Zusammenhang mit der Gestaltung des Fotocomic nicht genannt.

[25] Im Fotoroman Verlag C. G. Hermann, Düsseldorf erschienen 1963 und 1964 insgesamt 11 schwarzweiße Hefte zu jeweils 32 Seiten. Das Material zu den Beziehungsgeschichten stammte von Mondial-Presse in Paris.

[26] »Wer glaubt, in unserem dynamischen Team als ›Stummfilm‹-Darsteller mitwirken zu können?« hieß es auf dem Backcover der Nummer 1.

[27] In Italien gab es seit Ende der 60er Jahre erotische Fotocomics in spezialisierten Zeitschrift wie *Supersex*, *Cinesex* oder *Big Film*.

Rechts eine Doppelseite aus *Foto Roman magazin*. Die Leserichtung verlief quer über die beiden Seiten.

Die Marke »Dr. Prack« wurde noch in den 80er Jahren für eine Romanheftserie mit Arztromanen genutzt (unten).

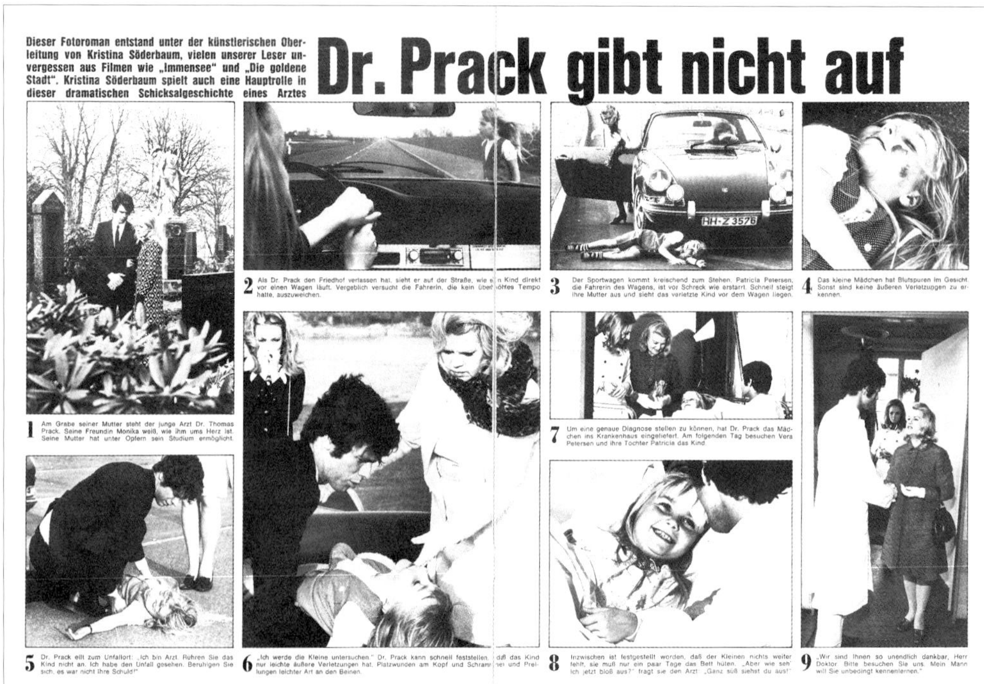

speziellen Wünsche er in bezug auf mich haben würde. Zu weiteren Überlegungen kam ich nicht mehr. Mit leisem Rauschen schob sich ein Vorhang zur Seite, und ich erblickte ein Mädchen, dessen Anblick mich wie ein Schock traf: sie war ohne Zweifel Europäerin. So sprach ich sie aufs Geratewohl in englischer Sprache an, als sie sich demütig vor mir verneigte.

„Wer ... wer sind Sie?"

„Keine Angst, die Television hat Sendepause. Ich bin Deutsche und soll Ihnen beim Ankleiden und Salben helfen!"

„Das wollte ich nicht wissen. Aber machen Sie, was Sie tun müssen, damit nichts auffällt. Nur, seien Sie ehrlich: Sind Sie freiwillig hier?"

„Nein! Aber bitte, verraten Sie mich nicht!"

„Ich Sie verraten? Nein, auf keinen Fall. Ich bin ja selbst nicht freiwillig hier."

„Ich war als Touristin in der Nähe dieses Schlosses. Kheber Bascha hat mich kidnappen lassen!"

„Grausam. Und jetzt läßt er sie nicht mehr fort?"

„Nein. Flucht wird mit dem Tode bestraft – oder mit Blendung. Das käme aber schon einer Begnadigung gleich."

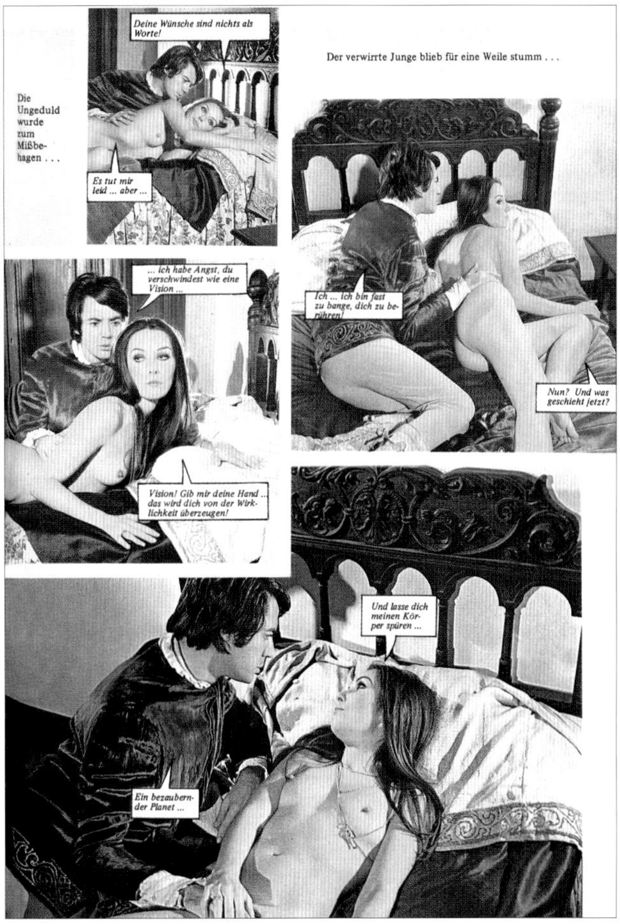

zum Ausdruck. Das in insgesamt drei Heften im Abbog-Verlag Hannover erscheinende *Spannung exklusiv* glaubte seine Softporno-Krimis noch als »Persiflage« verkaufen zu müssen. Die Hervorhebung der Buchstabenkombination »S ex« auf dem Titel verriet allerdings die Absicht. Formal waren diese offenkundig selbst produzierten Fotocomics[26] Mischungen aus Fließtext und Fotostrecken, bei denen die Dialoge nicht ins Bild integriert waren.

Klassische Erotik erschien nicht im einem Kleinverlag, sondern im Aachener Bildschriftenverlag (BSV) und wurde laut Impressum »im Buch- und Zeitschriftenhandel« bereitgehalten. Unter »klassischer« Erotik verstand der Herausgeber in Italien[27] produzierte, auf viel nacktes Fleisch konzentrierte Fotostrecken zu Werken von Casanova, Maupassant, Boccaccio und Zola. Wenngleich im Unterschied zu bisherigen Fotocomics ganz in Farbe, kam die Reihe über vier Hefte nicht hinaus.

Oben links eine Seite aus der Geschichte »Bauchtanz für einen Toten« in *Spannung exclusiv* 1 (1966). Daneben »Das Dekameron des Boccaccio«, in *Klassische Erotik* 3 (1970).

Fotostrip (Williams Verlag, Aachen) und *Studio Sex* (Studio Verlag, Offenburg) stammten beide von 1974 und boten dem Leser nichts Pornografisches. Anders dagegen *Gina* aus dem Flensburger Carl Stephenson Verlag (1976) und *Color Star* (ohne Impressum).

Rechts: Das Buch »Josephines Abenteuer« erschien 1971 im Frankfurter Softpress Verlag, bot allerdings (in klamaukig-nostalgischer Inszenierung) harte Pornografie.

Unten links eine Seite aus einem völlig textlosen (und weitgehend textillosen) Fotocomic in *Color Star* 1 (70er Jahre).

Rechts daneben »Lola. Eine gefährliche Liebe« in dem »Schlüssellochmagazin« *praline* 2/1973.

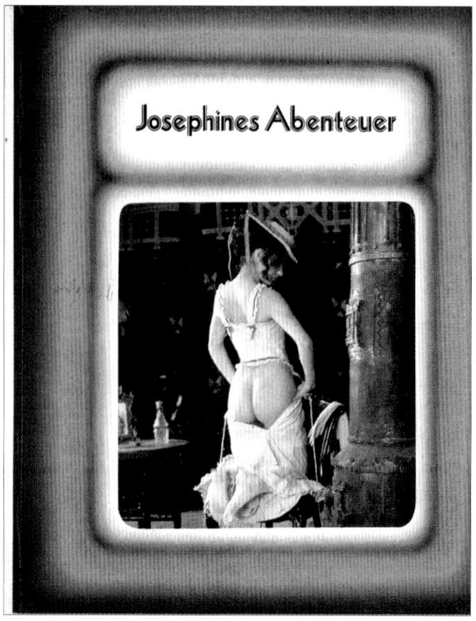

Vielleicht lag das daran, dass außer blanken Busen keine Anreize gezeigt wurden. Wer mehr als »Erotik« sehen wollte, griff zu Pornografie. Ganz ohne Text war der Fotocomic in *Color Star*. Solch pornografische Hefte (ohne Impressum) sind international absetzbar und wurden damals häufig von Skandinavien aus »importiert«. In *Color Star*, wie auch in *Gina* (das von Heft 1 bis 5 unter dem Titel *Geila* lief; insgesamt sind 7 Ausgaben bekannt) bekam der Betrachter alle Details geboten. Pornografie ist in Deutschland von vornherein indiziert; pornografische Fotocomics konnten also nur in Sexshops erworben werden. Demjenigen, der solch einen Shop nicht in der Nähe hatte, standen in sogenannten »Schlüssellochmagazinen« auch erotisch angehauchte

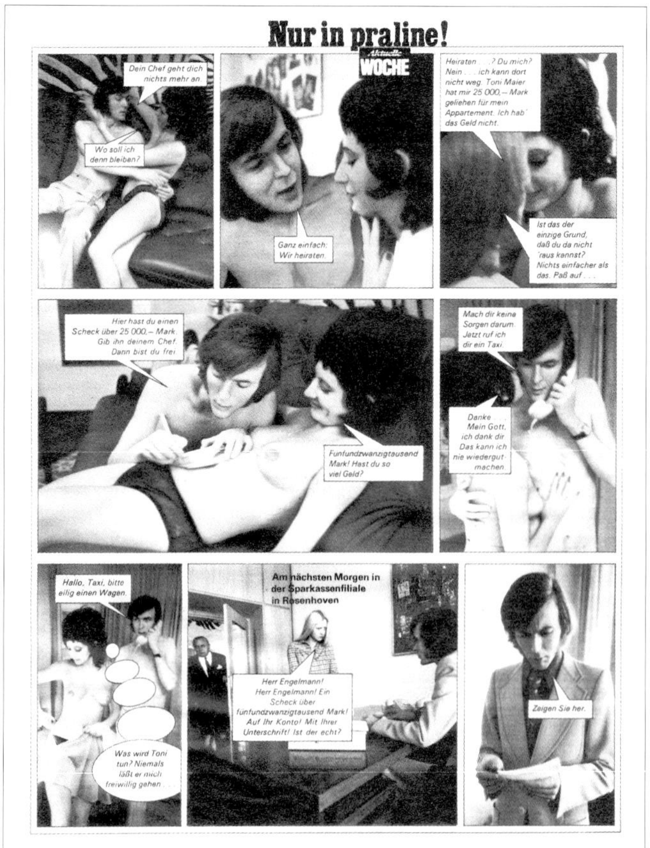

Fotoromane zur Verfügung. In Zeitschriften wie zum Beispiel *Sexy, Wochenend* und *Praline* wandten sie sich an ein männliches Publikum, das hier seine Bedürfnisse zu befriedigen suchte. Wenn man so will, ist das Genre der Schlüsselloch-Erotik das andergeschlechtliche Pendant zum Herz-Schmerz der weiblich orientierten Regenbogenpresse. Beim einen steht Sex im Vordergrund, beim anderen der Wunsch nach Liebe.

Ob in einer Zeit der sexuellen Lockerung pubertierende Jugendliche aufgeklärter oder orientierungsloser sind als zuvor, sei dahingestellt. Jedenfalls wurde jetzt öffentlich über Aufklärung gesprochen, und öffentlich hieß insbesondere: in der Musikzeitschrift *Bravo*. Seit Mitte der 60er beantworteten hier verschiedene »Doktoren«[28] die intimen Fragen der Leser. In Heft 23/1972 wurde die auflagensteigernde Aufklärungskampagne auch in Form eines Fotocomic fortgesetzt. Die »Foto-Love-Story« in *Bravo* sollte sich zu einem derartigen Erfolgsmodell auswachsen, dass die Zeitschrift (und nicht

Oben der Beginn der ersten »Foto-Lovy-Story« in *Bravo* 23/1972 (Doppelseite).

Auf dem Cover (unten links) stand der Anreißer: »Bravo bringt als erste Zeitschrift der Welt: Foto-Love-Storys in Bildern«. Unten rechts einer von zwei Bildbänden mit »Foto-Love-Storys« vom *Bravo*-Fotografen Ota Richter.

[28] Insbesondere Dr. Jochen Sommer alias Martin Goldstein (ab 1969). Gleich zweimal landete das Heft deswegen 1972 auf dem Index für »jugendgefährdende« Schriften.

Oben links eine Seite mit »Anita«, eine mit wechselnden Darstellerinnen besetzte Figur, die Ende der 60er Jahre regelmäßig in *pardon* posierte (*pardon* 10/1967). Daneben ein satirischer Blick auf die Politik am Vorabend der Großen Koalition (*pardon* 10/1965).

Unten ein Strip aus dem Buch »Bon(n)bons« (»Prominenten in den Mund geschoben« von Erhard Kortmann und Fritz Wolf«), eine Sammlung der Polit-Fotostrips aus dem *stern* (1965).

nur sie) dieses Muster bis in die heutige Zeit weiterverfolgen konnte. Um »Aufklärung« ging es dabei nur am Rande, vielmehr um Liebesbeziehungen zwischen jungen Leuten, was diesem Fotocomic – für eine nicht intendierte Leserschaft – auch die Funktion von Schlüssellochliteratur gab. Die beiden vom *Bravo*-Fotografen Ota Richter 1973 veröffentlichten Bücher mit dem Titel »Foto-Love-Story« werden sich ganz sicher nicht an Jugendliche gerichtet haben.

Unterdessen war der Fotocomic als Ausdrucksform etabliert. Das verdankte er sicherlich auch den Entwicklungen im Bereich der »Hochkunst«. In der Pop Art wie in der anhängigen Kunstpädagogik wurden seit Ende der 60er Jahre Trivialität und Sprechblasenkultur positiv bewertet. Gleichzeitig wurden die alten »Werte« der Kunst diskutiert und in eine neue Ordnung gebracht. Der Fotocomic hatte – als dialogtragender Sprechblasencomic – die Form erreicht, die der Comic in gezeichneter Form längst verfolgte, aber immer noch, ohne dessen Besonderheiten zu übernehmen, wie Onomatopoesien oder visuelle Hervorhebungen in den Sprechblasen. Sein Status war weniger künstlerischer Art als vielmehr medialer: Der Fotocomic wurde genutzt als Transportmittel einer Handlung.

Melodram, Porno oder – wie es jetzt in der hedonistisch-satirischen Zeitschrift *pardon* oder auch in einer humoristischen Rubrik des *stern* zu sehen war – auch mit Blick auf politische Gegebenheiten: Mit dem Fotocomic ließ sich alles ausdrücken. Diese Auffassung war ebenso restaurativ (weil sie keine künstlerische Entwicklung begünstigte) wie fortschrittlich (weil damit eine von allen akzeptierte und von jedem nutzbare Ausdrucksform vorlag). Von den Anfängen als eine dem Film nahestehende Form waren

Ganz links Heft 1 der Reihe *Der illustrierte Filmroman* (1960). Unten links eine Seite aus diesem Heft. Rechts daneben eine 1965 in Frankreich erschienene Fotocomic-Version des ersten deutschen Karl-May-Films »Der Schatz im Silbersee« von 1962. Dessen Hauptdarsteller Pierre Brice hatte sich in jungen Jahren als Darsteller von Fotocomics verdingt. *Star Ciné Aventures* kam wie *Der illustrierte Filmroman* vom italienischen Verleger Bozzesi. Vom *Illustrierten Filmroman* gab es bis Ende des Jahres 1960 (dem Zeitpunkt der Einstellung) 14 Bände. Auf jeweils 64 schwarzweißen Seiten erlaubten sie einen lebendigen Nachvollzug des Kino-Erlebnisses. Die vergleichbaren Reihen in Italien und Frankreich waren weitlanglebiger und trugen dazu bei, den Genrebegriff im Fotocomic auszuweiten.

die eigenhändig produzierten Fotocomics der 60er und 70er Jahre weit entfernt. Oder auch nicht? Was den deutschen Film anbelangt, so waren die 60er Jahre eine Phase des Höhenflugs. Das verdankten die Kinobetreiber der Phantasie des sächsischen Romanschreibers Karl May. 1962, mit Auslaufen des Copyrights seiner Werke, lag es nahe, insbesondere »Winnetou« und die sich daran anschließenden Abenteuer auch als Film zu vermarkten.

Und nicht nur als Film. Den Karl-May-Fan (wohl vorwiegend jugendlichen Alters) überrollte eine Welle an Merchandising. Das war damals noch nicht so koordiniert wie heute, so dass durchaus Filmfremde wie

Oben ein Vergleich der Gestaltung von Karl-May-Fotocomics in den 60er und 80er Jahren: »Der Schut« in *Micky Maus* 44/1964 und »Winnetou I« aus *Gong* 45/1980.

Unten das Cover und eine Doppelseite aus dem Filmbildband »Winnetou I« (1963).

Comicverlage oder Wundertütenhersteller daran teilhaben konnten. Die Standbilder aus den Filmen ließen sich in verschiedener Form der Vermarktung zuführen: in Sammelbildern im Postkartenformat, einzeln oder für das Sammelalbum und in Buchform.

Die Filmbücher waren in der Vielzahl an Szenenbildern und ihrer Absicht, über das Bild und wenig Text die Handlung des Films abzubilden, quasi Fotoromane[29] – auch wenn sie nicht die Ausdrucksmöglichkeiten des Sprechblasen-Fotocomic nachvollzogen. Mit den parallel zu den Filmen herausgegebenen »Film-Bildbüchern« (Buchhandelsausgabe im Phoenix Verlag) bzw. »Filmbildbänden« (Buchclubausgabe bei Bertelsmann) konnte der »Leser« auf rund 200 Seiten anhand von großformatigen Bildern in Schwarzweiß und Farbe (ein Foto pro Seite) und wenigen Zwischentexten das Filmerlebnis nachvollziehen. Von 1964 bis 1967 erschienen sieben solcher Bücher. Man scheut sich vielleicht, so etwas als Comic zu bezeichnen; es sind allerdings ausführliche Bild-Erzählungen mit nicht allzu weiter Bildfolge.

Der ungemeine Erfolg der Karl-May-Filme alarmierte auch die deutsche Presse. Den Anfang machte (mit Ausgabe 46/1962) die Programmzeitschrift *Bild und Funk*. Hier, wie auch später in *Micky Maus* und *Bunte Illustrierte*, glaubte man dem Leser die radikale Umsetzung in einen Sprechblasencomic wohl nicht zumuten zu können. Die ausgiebigen Fotostrecken waren brav mit Begleittexten in Prosa versehen.[30]

1980, als die Karl-May-Filme der 60er Jahre erstmals im Fernsehen ausgestrahlt wurden, ergriff die Programmzeitschrift *Gong* die Gelegenheit, das Ereignis rundum auszunutzen. Auf die Artikelreihe »Winnetou – Die Welt des roten Mannes« folgte ab Ausgabe 45/1980 der Fotocomic »Winnetou I«, dem sich die beiden anderen Folgen der Trilogie anschlossen. Beendet war »Winnetou« 1-3 in Heft 16/1983. Es war dies nicht das erste Mal, dass *Gong* Fotocomics zu Fernseh-Events brachte. Von 1974 bis 1977 sah der Leser hier Fotocomics zu der TV-Serie »Raumschiff Enterprise«. Andere folgten, und auch nach »Winnetou« blieb die Zeitschrift beim Einsatz dieses offenbar publikumsträchtigen Segments (zeitweise sogar mit zwei Serien parallel, so etwa Ende 1980 mit »Winnetou« und »Krieg der Sterne«).

Die genannten Beispiele aus den Bereichen Regenbogen, Schlüsselloch, Jugend und diverser Genres nach populären Film- und Fernsehstoffen markieren die Jahre um 1970 als den Zeitraum, in dem der Sprechblasen-Fotocomic in Deutschland »angekommen« war – bei einem sehr breiten und heterogenen Publikum, männlich und weiblich, jung und alt. Wie bereits angedeutet, hängt diese Entwicklung mit der über Pop Art und Werbung propagierten Sonderstellung von (gezeichneten) Comics zusammen, was sich nicht nur am Kiosk-Angebot, sondern auch im Feuilleton und im Kunstunterricht jener Jahre ablesen lässt. Comics waren »modisch« geworden, eine Trendkultur.[31]

Pop Art und Werbung haben gemeinsame Schnittmengen: Pop-Künstler wie Andy Warhol und Roy Lichtenstein entlehnten ihre Motive der Konsumwelt; die Werbung griff dankbar das Plakative der in der Kunst neu formulierten Bildwelten auf. In der Printwerbung war seit den 60er Jahren ein zunehmender Einsatz von Sprechblasen und Zeichen aus dem Repertoire des Comic (Farben, »Pengwörter« etc.) zu bemerken. Der Fotocomic blieb davon nicht unberührt.

Allerdings hatte man in den USA schon in den 30er Jahren Fotocomics in der Werbung verwandt (z. B. für Palmolive), was sicherlich auf die Stellung des (gezeichneten) Comic in diesem Land zurückzuführen ist. Auch als die deutsche Printwerbung in den 60er Jahren verstärkt auf diese Form zurückgriff, kamen die ersten Anreize von jenseits des Atlantiks. Ein eindringliches Beispiel ist die Werbung für Ariel, die (ab 1968) ihre »Waschexpertin« Klementine in Fotocomics agieren ließ. Ariel ist eine Marke des US-Konzerns Procter & Gamble, der damals mit Erfolg versuchte, sich ein Stück vom deut-

1979/80 gab der Verlag Bastei Lübbe die Serie »Raumschiff Enterprise« in Form von sechs Taschenbüchern mit Fotocomics heraus (oben Band 1).

Oben das Cover von *Gong* 42/1973, dem Heft, in dem die Fernsehzeitschrift ihre erfolgreichen Fotocomics zur Serie »Raumschiff Enterprise« begann (unten die erste Seite aus diesem Heft).

Rechts eine deutsche Palmolive-Werbung von 1938. Palmolive war im Kern ein amerikanisches Produkt, ebenso wie die zum selben Konzern gehörende Zahnpastamarke Colgate (unten ein Fotocomic aus den 50er Jahren).

schen Waschmittelmarkt abzuschneiden. Einige Jahre vor Ariel war schon das aus demselben Hause stammende Waschmittel Cascade mit ganz ähnlichen Fotocomics beworben worden. Der Cascade-Werbung sah man an, dass sie sich auf TV-Werbespots bezog: Die Panels hatten Bildschirmformat. Auch die Ariel-Dialoge waren dem Leser aus dem Fernsehen bekannt.

Anfang der 70er Jahre war der Fotocomic aus Ausdrucksform akzeptiert, auch dort, wo er sich an erwachsene Leser wandte. Inhaltlich lassen sich in der Folgezeit wechselnde Moden ausmachen. Die schleichende Liberalisierung sexueller Befriedigung durch das Bereitstellen von Pornografie hatte zur Sexwelle und damit auch zu Foto-Sexcomics geführt. Diesen Heften erwuchs ab Mitte der 70er Jahre Konkurrenz durch die Videotheken; sie wurden weniger nachgefragt und verschwanden.

Die Fotoromane der Regenbogenpresse der 50er und 60er Jahre hatten zum einen versucht, sich an Filmerfolge anzuhängen, es waren aber auch – als Import aus Frankreich und Italien – speziell für den Fotocomic geschaffene Storys abgedruckt worden. Diese Fotocomics »verjüngten« sich, als 1972 die Zeitschrift *Bravo* diese Form aufgriff und populär machte. Heftserien mit Fotocomics, die sich an die Zielgruppe der jungen Frauen wandten, wurden 1980 in Deutschland vom Egmont Verlag mit *Angela* lanciert und bald darauf durch die Serien *Daniela, Pamela* und *Michaela* ergänzt. Egmont führte alle vier Serien bis Ende der 90er Jahre im Programm, war damit also offenbar erfolgreich. Eine vergleichbare Begeisterung, wie man sie

[29] Noch bildintensiver war die Mitte der 70er Jahre in den USA erschienene, jeweils rund 250 Seiten starke Reihe »The Film Classics Library« (Darien House): »Presents the most accurate and complete reconstruction of a film in book form: over 1500 frame blow up photos shown sequentially and coupled with the complete dialogue from the original soundtrack allow you to recapture this film classic in its entirety – at your leisure.« (Eigenwerbung) Die Dialoge standen jeweils unter den Fotos; weitere Erzähltexte waren unnötig.

[30] Eine Aufstellung aller Karl-May-Fotoromane siehe im Internet unter http://karl-may-wiki.de/index.php/Fotoromane

[31] Vgl. dazu Dietrich Grünewald: Zwischen Schund und Kunst. Comics in den 70er Jahren. In: Eckart Sackmann (Hg.): Deutsche Comicforschung 2010. Hildesheim 2009. S. 132-143.

[32] Ronald Putzker: Eva Sedlitzky. In: *Comicland* 16-17/18 (1985).

Der Verf. dankt Heiner Jahncke und Werner Knüppel für das Bereitstellen von Bildmaterial.

aus Italien oder Frankreich kannte (*Lanciostory, Nous deux*) ließ sich für die Fotoromane hierzulande jedoch nicht entfachen.

Der Fotocomic ist eine Sonderform der Bild-Erzählung. Dass er in Deutschland ein Schattendasein führte, hängt mit der mangelnden Aufnahme des gezeichneten Comic – insbesondere des Sprechblasencomic – zusammen: Fotocomics richteten sich in der Hauptsache nicht an Kinder, sondern an ein älteres Publikum. In Deutschland gelten Comics bis heute als kulturell zweifelhafte Gebrauchslektüre für Kinder; eher mühsam versucht sich der Comic seit einigen Jahren als Literatur für Erwachsene zu behaupten. So blieb der Fotocomic letztlich immer ein Ableger italienischer, französischer oder amerikanischer Einflüsse, ohne große eigene Ambition oder gar Innovation.

Der gezeichnete Comic kann immerhin damit punkten, dass eine interessante Erzählung möglicherweise durch eine künstlerisch hochwertige Zeichnung transportiert wird. Dieser dem Zeichner zugestandene Kunstbonus entfällt beim Fotocomic. Die Fotografie entwickelt im Fotocomic in der Regel kein künstlerisches Eigenleben, sie ordnet sich völlig dem Transport der Handlung unter. Eine seltene Ausnahme von dieser Regel ist der vom österreichischen Fotografen und Comiczeichner Ronald Putzker 1985 geschaffene »Fotokrimi« »Eva Sedlitzky«.[32]

Das Publikum verlangt vom Fotocomic keine »Kunst«, sondern die Vermittlung einer Handlung in einer an den Film erinnernden, aber im Printbereich nutzbaren Form. Dem Leser ist der Name des Fotografen gleichgültig. Entscheidend ist die »Realitätsnähe«, die Wiedererkennbarkeit von populären Protagonisten, die Wiedergabe einer aus dem Film bekannten Handlung. So besteht trotz vieler Ähnlichkeiten zwischen beiden Spielarten des Comic doch ein gravierender Unterschied. Der Fotocomic steht dem Film noch immer weitaus näher als sein gezeichneter Bruder.

Oben eine als redaktioneller Beitrag ausgewiesene Werbung für den Citroen 2CV (in: *hobby.* Das Magazin der Technik, 8/1956). Der insgesamt sechsseitige Fotocomic wurde übernommen aus *La scienza illustrata* (Mailand).

Unten links die Cascade-Werbung von Procter & Gamble (1966), mit deutlichem Fernsehbezug. Vom Fernsehen her kannte man auch die Ariel-Werbung (1968), hier mit dem Vater des Comicexperten Heiner Jahncke als Hauptdarsteller, später dann mit »Klementine« Johanna König.

2
Rede doch keinen Unsinn, ich habe recht!
Wir werden Lubo fragen, der soll entscheiden.
LUBO
POCH
POCH
Hoffentlich ist er zu Hause.
Ah, Fix und Foxi und so spät. Was verschafft mir die Ehre?
Wir brauchen dich als Schiedsrichter!
Oh, sehr schmeichelhaft, kommt herein und erzählt!
Also pass auf...
Ich bin ganz Ohr!
Knickebein sagte: "Ich bin dagegen, die Gegner der Werbung gegen die Nichteinführung des Kaugummikauens...
... nicht mit allen Mitteln zu bekämpfen!"
Ist Knickebein nun für oder gegen das Kauen?
Das ist doch ganz einfach, er ist gegen...
... Nein, doch nicht, er ist ...
... Moment mal ...

Rolf Kauka – der lange Weg zu Fix und Foxi

Von Eckart Sackmann, Klaus Spillmann und Klaus Wintrich

Mit »Fix und Foxi« hat Rolf Kauka sich einen Ehrenplatz in der Riege der deutschen Comicverleger geschaffen. Wer aber ist dieser Rolf Kauka, wo hat er seine privaten und beruflichen Wurzeln? Was geschah, bevor 1953 das erste Heft von »Fix und Foxi« am Kiosk zu kaufen war?

Die Vorfahren Kaukas kamen in der zweiten Hälfte des 19. Jahrhunderts aus Schlesien in die Gegend von Leipzig/Halle.[1] Der Vater, Alexander Paul Kauka, war Wagenbauer und Hufschmied und arbeitete vor Ausbruch des 1. Weltkriegs in einer Schmiede in Zuckelhausen (südöstlich von Leipzig). Im Krieg schwer verwundet, verlor er ein Bein; im Lazarett lernte er seine spätere Frau Margarethe kennen. Die beiden heirateten am 2. Dezember 1916 in Markranstädt, einer Kleinstadt im Südwesten Leipzigs.[2] Am 9. April 1917 wurde dort das erste von drei Kindern geboren wird, ein Sohn. Er trug den Namen Paul Rudolf[3]. 1921 und 1929 folgten zwei Töchter, Ingeburg und Brunhilde. Die Kaukas wohnten zunächst in der Albertstr. 40, später zogen sie in die Bismarckstr. 8 (heute Heidestraße).

Ende des 19. Jahrhunderts erlebte Markranstädt eine wirtschaftliche Blütezeit. Von 1875 bis 1910 verdreifachte sich die Bevölkerungszahl, von etwa 2500 auf über 8000 Einwohner. Arbeitsplätze boten das Kürschnergewerbe, aber auch der Maschinenbau, die Markranstädter Automobilfabrik (MAF) und eine Brauerei. In den 20er Jahren brach die Wirtschaft stark ein, sie erholte sich erst wieder in den 30er Jahren, als in den Betrieben für die Kriegswirtschaft produziert wurde.

Rudolf Kauka wurde 1923 in die Grundschule in der Parkstraße eingeschult, die er 1927 verließ, um im nahen Leipzig die Friedrich-Liszt-Realschule zu besuchen. Vermutlich hat er diese Schule nicht bis zum Abschluss durchlaufen, denn schon mit 14 Jahren, am 1. Juni 1931, begann der Junge eine Lehre in der Markranstädter Drogerie Borst (unter dem Mitinhaber Arthur Kremsier) in der Leipziger Straße.[4]

Der Lehrherr stellte dem Jungen nach dreieinhalb Jahren am 30. April 1934 ein Zeugnis aus:

> [...] Die Vielseitigkeit meines Geschäftes hat Kauka Gelegenheit geboten, sich in allen Sparten der Branche die notwendigen Kenntnisse anzueignen. Zu meiner vollen Zufriedenheit hat er stets die ihm obliegenden Arbeiten, wie Bedienen der Kundschaft, Dekorieren, Lagerhaltung sowie fototechnische und schriftliche Arbeiten erledigt. Durch Ehrlichkeit, Pünktlichkeit, flottes Arbeiten und

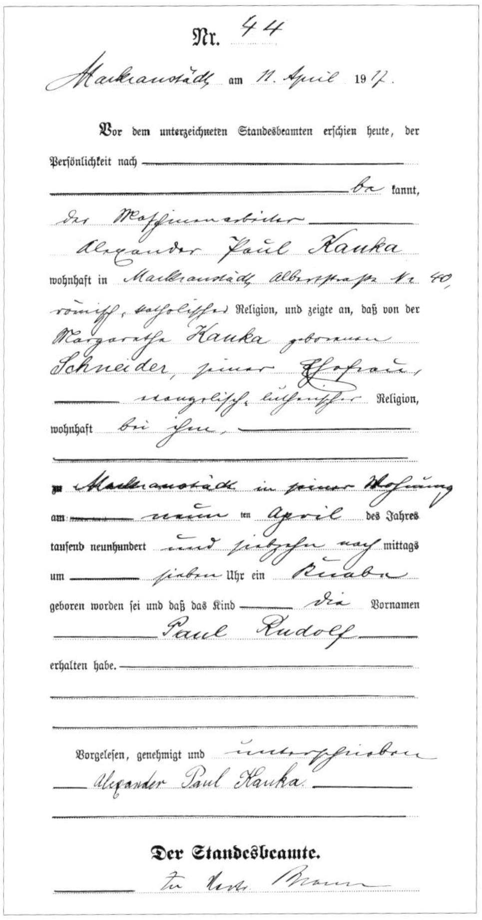

Nr. 44

Markranstädt am 11. April 1917.

Vor dem unterzeichneten Standesbeamten erschien heute, der Persönlichkeit nach ——— bekannt,

der Waffenarbeiter Alexander Paul Kauka

wohnhaft in Markranstädt Albertstraße Nr. 40,

römisch-katholischer Religion, und zeigte an, daß von der Margarethe Kauka geborene Schneider, seiner Ehefrau, evangelisch-lutherischer Religion,

wohnhaft bei ihm,

zu Markranstädt in seiner Wohnung

am neunten April des Jahres tausend neunhundert und siebzehn vormittags

um sieben Uhr ein Knabe

geboren worden sei und daß das Kind die Vornamen Paul Rudolf

erhalten habe.

Vorgelesen, genehmigt und unterschrieben

Alexander Paul Kauka.

Der Standesbeamte.

In Vertr. Braun

Oben Rudolf Kauka als Junge in den frühen 20er Jahren.

Links die Geburtsurkunde, unten das Geburtshaus des späteren Verlegers in Markranstädt, Albertstr. 40.

Gegenüberliegende Seite: eine Originalzeichnung zu »Fix und Foxi« 15 (1954) von Dorul van der Heide und Werner Hierl (annähernd Originalgröße). Vorzeichnung mit Bleistift, Ausbesserungen mit Deckweiß, Linien für den Text mit Bleistift vorgezogen.

Zwei Ansichten von Markranstädt, aufgenommen in den 20er Jahren: Ganz oben die Parkstraße mit dem Gebäude der Grundschule, darunter die Leipziger Straße, in der sich die Drogerie Borst befand.

Oben rechts ein (Konfirmations-?) Bild, wohl um 1930 aufgenommen.

Strebsamkeit hat er sich meine besondere Wertschätzung erworben.[5]

Nach Ende der Lehrzeit setzte Rudolf Kauka sein Arbeitsverhältnis bei Borst als Gehilfe fort. Er verließ die Drogerie erst im März 1936. Wieder erhielt er ein Zeugnis, in dem es unter anderem heißt:

Besondere Erwähnung verdienen seine Leistungen auf dem Gebiete des Dekorierens nebst Plakatschreibens, oft auch mit zeichnerischen Motiven ausgestattet. [...] Herr Kauka verläßt mein Geschäft auf eignen Wunsch, um anderswo seine Kenntnisse zu verwerten und den Aufbau derselben fortzusetzen. Ich sehe K. ungern scheiden, da er stets ehrlich, fleißig und pünktlich war und es sich gut mit ihm arbeiten ließ.[6]

Rudolf Kauka (links im Bild) mit Schulfreunden in den 20er Jahren.

Was die zeichnerischen Fähigkeiten angeht, so erinnerte man sich später noch daran, dass er seine Zeichnungen ins Schaufenster der Drogerie gestellt hat, wo sie als Attraktion empfunden wurden. Auch zeichnete Kauka in jenen Jahren für die *Leipziger Neuesten Nachrichten* sowie für das *Weißenfelser Tageblatt*. Diese Arbeiten, von denen einige aus dem Jahr 1937 bekannt sind, signierte er mit »Rudo«.

Paul Kauka, der Vater, hatte Glück: Er bekam eine Stelle als Schrankenwärter bei der Leipzig-Thüringischen Eisenbahn; sein Arbeitsplatz war das Schrankenwärterhäuschen in der Nordstraße. Vielleicht waren es auch nur seine guten Beziehungen, denn er war Mitglied in der NSDAP und Vorsitzender der Nationalsozialistischen Kriegsopferversorgung. Mit seiner Kriegsopferrente und dem Gehalt als Eisenbahner leistete er sich den Bau eines Hauses. Es sollte allerdings erst lange nach Kriegsende voll abbezahlt sein (mit Hilfe seines Sohnes, wie es heißt).

Über Kaukas Mitgliedschaft in der Hitlerjugend weiß man nichts; alle Unterlagen der Markranstädter HJ wurden kurz vor Kriegsende verbrannt. Ungewöhnlich ist, dass sich die Spuren des weiteren Lebenswegs nach dem Weggang von der Drogerie Borst verlieren. Rudolf Kauka selbst hat sich später seinen eigenen Lebenslauf gestrickt, in dem von Gymnasium und Studium (vier

Die Verkaufsstände des Weihnachtsmarktes sind auch in diesem Jahre wieder auf dem Marktplatz aufgebaut worden. Und all die bunten Spielsachen, die Aepfel und Nüsse finden ihre Käufer. Der Weihnachtsmarkt bildet natürlich wieder einen besonderen Anziehungspunkt. Als wir dieser Tage einmal durch die engen Gassen

„Du, Gustav, halt emal meinen Schirm . . .“

zwischen den Buden schlenderten, wurden wir zufällig Zeuge eines kleinen Gesprächs, das sich gerade zwischen einem paketbepackten Mann und seiner Ehefrau entspann:

„Du, Gustav, halte emal meinen Schirm, mir wolln schnell noch een Werschtchen essen!“

„Freilich, Emma — meint Gustav darauf — steck'n mir am besten hinter's Ohr, ich gloobe, da is noch e häppchen Platz . . .“

Womit er gar nicht unrecht hatte; denn alle übrigen Möglichkeiten zum Pakettragen waren tatsächlich aufs äußerste ausgenutzt. Aber die „Werschtchen“ haben den beiden wieder neue Kraft gegeben, die unzähligen Pakete und Paketchen glücklich nach Hause zu befördern.

Links eine mit »Rudo Kauka« signierte Illustration aus dem *Weißenfelser Tageblatt* von 1937. Ob auch der kurze Erzähltext von Kauka stammt, ist unbekannt.

Semester BWL) die Rede ist. Da er Mitte der 30er Jahre – wenn man davon ausgeht, dass die Realschule vorzeitig abgebrochen wurde – wohl nur den Volksschulabschluss hatte, wäre ein Abitur nur über eine Parteischule nachzuholen gewesen. Auch darüber gibt es Gerüchte, die sich bislang aber nicht belegen ließen. Gegen einen Aufenthalt auf der Napola spricht, dass diese Station in einem Wehrmachtsdokument (»Vorschlag zur Beförderung zum Leutnant« vom 7.9.1940) nicht erwähnt wird.[7]

In selbigem Dokument steht als Berufsbezeichnung »Presse-Zeichner«. So mochte Kauka sich gesehen haben, als er im Anschluss an die Zeit bei Borst den Zeitungen zulieferte. Bestätigt sind dagegen die folgenden Daten: »4.4.1938 – 25.10.1938 R.A.D. [Reichsarbeitsdienst] Abtlg. 13/114« sowie der anschließende Eintritt in den Wehrdienst am 29.11.1938 (bei dem der Luftwaffe unterstehenden III./Flak Regt. 33 in Halle an der Saale). Während der Ableistung des Wehrdienstes begann 1939 der Krieg.

Im Krieg avancierte Rudolf Kauka 1940 zum Leutnant. In der Begründung heißt es:

> Kauka ist ein Mensch von anständigem Charakter und aufgeschlossenem frischen Wesen. Er ist zielbewußt mit stark ausgeprägtem Selbstbewußtsein, ohne unkameradschaftlich zu sein. Er zeigt Dienstfreude und Passion für den Soldatenberuf. Sein Auftreten ist bestimmt und energisch. Er bejaht den nationalsozialistischen Staat und kann nationalsozialistisches Gedankengut seinen Untergebenen übermitteln. Körperlich ist er eine große, kräftige Erscheinung. Sportlich gut durchgebildet. Geistig sehr gut veranlagt. Er ist frisch, beweglich und vielseitig interessiert. Als Vorgesetzter zeigt er eine straffe Haltung, ist klar und wirkt überzeugend. Er versteht es gut, seine Kenntnisse den Untergebenen weiterzugeben. Als Untergebener ist er aufgeschlossen und taktvoll. Seine gesellschaftlichen Formen sind gut. Zur Zeit als Meßtruppführer eingesetzt ist er als Meß-Offz. vorgesehen. Im Einsatz gegen Frankreich hat Kauka sich durch Tapferkeit bewährt. Er wurde mit dem E.K. I und II ausgezeichnet. Obwohl keineswegs anspruchslos, versteht er hauszuhalten und in geordneten Verhältnissen zu leben. Kauka ist zur Beförderung zum Leutnant gut geeignet.[8]

1942 wurde Kauka Oberleutnant; als solcher erhielt er am 27. Juni 1944 das Deutsche Kreuz in Gold. Dazu der Kommandeur des Flakregiments 133, Ohnemüller:

> Oberleutnant Kauka war als verantwortlicher Führer der Flakkampfgruppe Nord mit 3 schweren Flakbatterien am Nordrand Woitowka eingesetzt. In rücksichtslosem Einsatz seiner eigenen Person, mit hohem taktischen Können und hervorragendem Kämpfertum gelang es ihm, den mit starken Kräften anrennenden Gegner blutigst abzuschlagen. Durch Einschließung seiner Batterie und Ausfall der Nachrichtenverbindung war K. längere Zeit auf sich selbst angewiesen. Er hat sich hierbei als ein äußerst tapferer und standhafter Offizier erwiesen.[9]

1943 heiratete Rudolf Kauka Erika Bahre[10], eine gebürtige Münchnerin, die 1940 in Berlin das Studium der Medizin aufgenommen und die er in einem Lazarett kennengelernt hatte. Die Heirat wurde am 7. Juni 1943 beim Standesamt Berlin-Tiergarten eingetragen. Die Familie Bahre lebte in Berlin im Hause des Großvaters von Erika Bahre, Eugen Ritter von Zoellner, einem bayerischen General des 1. Weltkriegs, wechselte nach Ausbombung Ende 1943 nach München und von dort 1944 nach Prien am Chiemsee.

Über Rudolf Kaukas Leben und Werdegang in den Jahren 1944 und 1945 gibt es

Links Rudolf Kauka als Oberleutnant der Luftwaffe.

Rechts die Titelseite des ersten Buchs aus dem Kauka-Verlag (1947).

Unten der erste Band der 1948 von Norbert Pohl verfassten Reihe »Elemente der Rechtswissenschaft«, dessen Cover Rudolf Kauka als Verfasser vorgaukelt.

Auf der gegenüberliegenden Seite die Titel einiger von Rudolf Kauka verlegter Romanhefte.

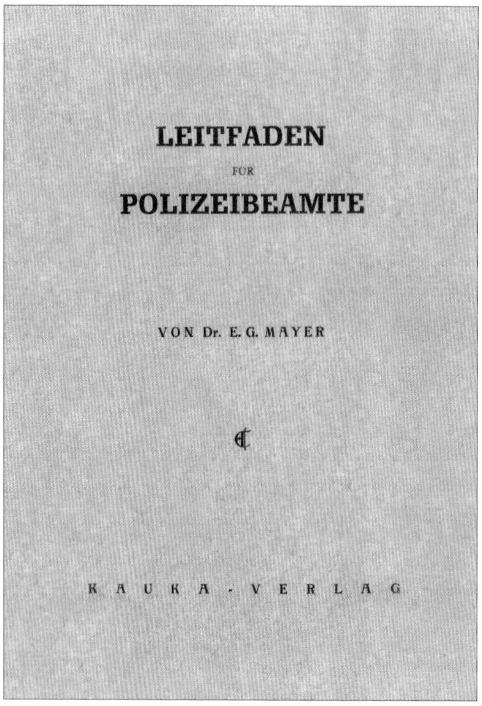

keine verlässlichen Zeugnisse. Die Tochter Margarethe (Mascha) Kauka schreibt:

Mein Vater setzte sich vor »Ladenschluss« (Kriegsende) von der Truppe ab – wahrscheinlich mit dem Wissen und Billigung der gerade die Seiten wechselnden Gehlen-Organisation. Er schlug sich des nachts von der Front bis nach Prien durch und blieb dort vorerst auch »unsichtbar«.[11]

Auch für eine Verbindung Rudolf Kaukas zur Organisation Gehlen gibt es keine Belege. Mascha Kauka führt weiter aus:

Mein Vater war in den letzten Kriegsjahren S1 = Sicherheitsoffizier. Die in der Kriegszeit entstandene Verbindung zum Abwehrdienst fand nach dem Krieg ihre lose Fortsetzung. In der Aufbauzeit des Verlages, vor allem dann aber im FF-Schloss in Grünwald, waren des öfteren Agenten aus Pullach – wohl zum Aufbau ihrer »Legenden« – monatelang als »Redakteure« im Verlag tätig... und General Gerhard Wessel – ab 1968 Nachfolger von Herrn Gehlen [...] in Pullach – war immer wieder Gast bei meinem Vater.[12]

Nach der Zwischenstation Prien führt die Spur nach München: 1947 nahm Erika Kauka dort ihr Studium wieder auf, das sie im Jahr darauf mit der Promotion abschloss. Ihr Ehemann scheute sich nicht, jetzt ebenfalls den akademischen Titel vor seinen Namen zu stellen. Die Dissertation Erika Kaukas wurde 1948 im Verlag ihres Mannes veröffentlicht, der Münchener Verlagsbuchhandlung. Für Ende 1949 vermerkt das Melderegister den Umzug der gesamten Familie Kauka nach München, in die Habsburgerstr. 12. Drei Töchter wurden den Kaukas in diesen Jahren geboren: 1945 Margarethe, 1947 Gabriele und 1950 Irene.

In Prien war über Erika Kauka der Kontakt zu dem Juristen Norbert Pohl geknüpft worden, der im und nach dem Krieg als Dolmetscher für Englisch tätig war.[13] 1947 erschien dort im »Kauka-Verlag« Prien in einer Auflage von 5000 Exemplaren ein von Ernst Günter Mayer (laut Angaben im Buch Städtischer Rechtsrat beim Polizeipräsidium München) verfasster »Leitfaden für Polizeibeamte«. Das Buch war erfolgreich; es gibt später weitere Auflagen unter dem Titel »Leitfaden für das Polizeirecht«.

Im Impressum steht »Veröffentlicht unter der Lizenz Nr. 17 (Kurt Sellin, Heidelberg) der Amerikanischen Militärregierung«. Auf diese Lizenz verweisen auch die hinten im Buch genannten und 1946 bzw. 1947 bei Sellin veröffentlichten Titel von Felix Brandl, »Strafgesetzbuch für das Deutsche Reich« und »Das Recht der Besatzungsmacht«. Der Kauka-Verlag schmückte sich hier ganz offensichtlich mit der Lizenz eines anderen. Wir werden sehen, dass das Methode hat.

Anfang Januar 1948 wurde Rudolf Kauka in München Herausgeber der von Norbert Pohl verfassten Reihe »Elemente der Rechtswissenschaft« (»Kurzlehrbücher für Studium und Praxis«). Auf dem Titelblatt stand sein Name so prominent, dass man ihn gar für den Autor halten könnte, und er schrieb auch ein kurzes Vorwort (als Rudolf A. Kauka). Obwohl diese Reihe im »Leitfaden für das Polizeirecht« für den Kauka-Verlag angekündigt worden war, stand nun im Impressum »Published under Military Government Information Control License No. US-E 183 (Harry Schulze-Wilde)«, und als Verlag wurde genannt »Verlag der Zwölf; Abt. Recht und Polizei«. Das war eine für Rudolf Kauka etwas ungewöhnliche Verbindung.

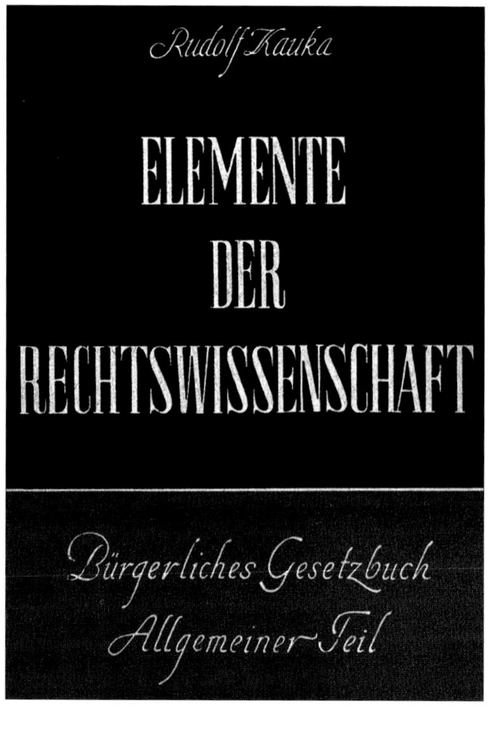

[1] Stammbaum Kauka im Büro für Stadtgeschichte Markranstädt. Die folgenden Angaben zur Familie folgen in Teilen dem, was Klaus Spillmann für die *Sprechblase* recherchiert hat (Eine Reise in Rolf Kaukas Kindheit! In: *Die Sprechblase* 186 (2002), S. 40f.) sowie Erinnerungen des Cousins von Rolf Kauka, Rudolf Kauka (geb. 1930). Die noch lebende Schwester Brunhilde Wagner, geb. Kauka, war nicht zu Auskünften bereit.

[2] Paul Kauka, geb. 16.7.1892 in Serbitz, seine Frau Margarethe, geb. 20.3.1889 in Wetterfeld (Oberhessen). Bei der Hochzeit wurde als Wohnadresse Quesitz angegeben, ein Nachbarort von Markranstädt (Heiratseintrag 36/1916, Standesamt Markranstädt). Die beiden müssen bald darauf nach Markranstädt gezogen sein.

[3] Rudolf Kauka nannte sich in den 30er und 40er Jahren Jahren Rudo, nach dem Krieg Rolf. Der Junge wurde evangelisch erzogen, wie es in der Gegend üblich war. Die Mutter war evangelischen Glaubens, der aus Schlesien stammende Vater katholisch.

[4] Der Cousin Rudolf Kauka vermutet, die Fortführung der Realschule sei am fehlenden Schulgeld gescheitert.

[5] Kopie des Zeugnisses im Büro für Stadtgeschichte Markranstädt.

[6] ebd.

[7] Enthalten in einem Konvolut »Personalakten für Kauka, Rudolf« im Bundesarchiv (Freiburg/Br.), PERS 6/150244. Im selben Dokument wird für »Ostern 1931 – Ostern 1934« angegeben: »II. Bürgerschule in Leipzig, daselbst am 27.2.34 Obersekundareife«. Das widerspricht der Lehrausbildung bei Borst. In Kaukas Wehrstammkarte von 1937 steht als Schulbildung »Realschule o.Ter.« (Obertertia?).

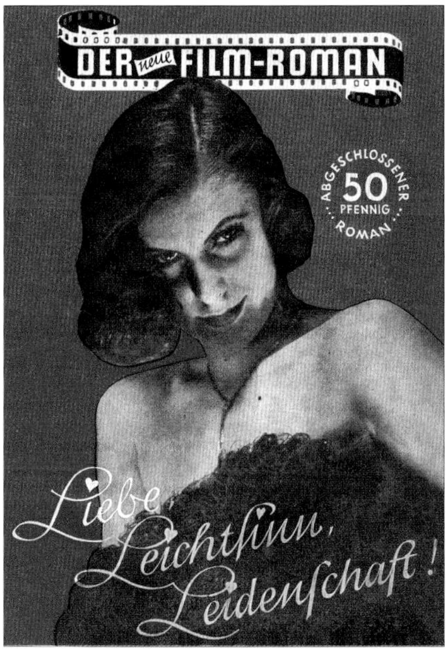
DER neue FILM-ROMAN
ABGESCHLOSSENER 50 PFENNIG ROMAN
Liebe, Leichtsinn, Leidenschaft!

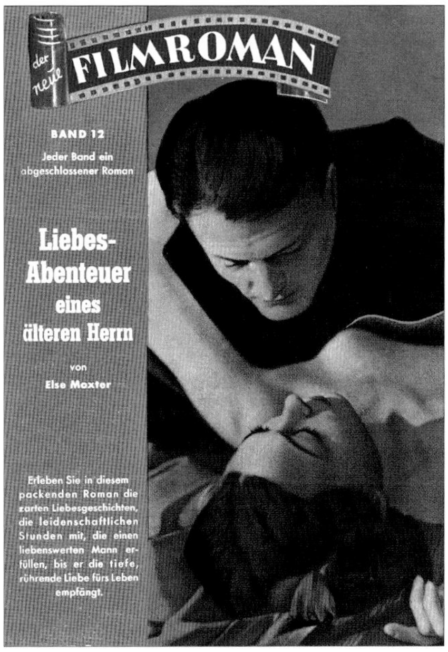
der neue FILMROMAN
BAND 12
Jeder Band ein abgeschlossener Roman
Liebes-Abenteuer eines älteren Herrn
von Else Maxter
Erleben Sie in diesem packenden Roman die zarten Liebesgeschichten, die leidenschaftlichen Stunden mit, die einen liebenswerten Mann erfüllen, bis er die tiefe, rührende Liebe fürs Leben empfängt.

Delphin Roman
Licht und Schatten
Ein spannender Liebesroman von H. Courths-Mahler
Band 27
50 Pfg.

Kriminal-Magazin
60 Pf.

neues KRIMINAL MAGAZIN
Mädchenhandel!
64 SEITEN
60
PFENNIG

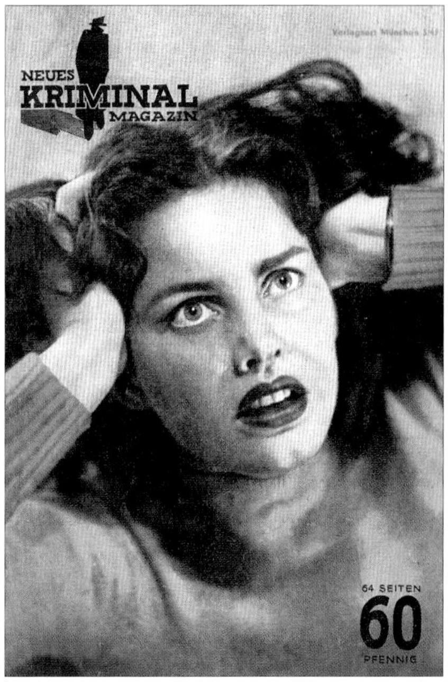
NEUES KRIMINAL MAGAZIN
64 SEITEN
60
PFENNIG

BILL ROCKY
BAND 3 · PREIS 50 PFENNI
Die Bande vom TEUFELSHORN

BILL ROCKY
BAND 10 50 PFG.
Die Mühle der Toten

Verlagsort München 6/49
NEUES KRIMINAL MAGAZIN
60 Pfg.
EIN HEIKLES KAPITEL:
Ehebruch!

Rechts die vermutlich erste Ausgabe von *Der neue Filmroman* (1948; unnumeriert). In der Bayerischen Staatsbibliothek als Band 2 geführt, mit dem handschriftlichen Vermerk »fehlt 1«.

Unten die Nummer 1 (1949) von *Neues Kriminal-Magazin*.

Der Verlag der Zwölf war 1923 von dem Kommunisten und Anarchisten Theodor Plivier gegründet worden. Wie Schulze-Wilde[14] an diesen Titel kam, ist unbekannt. Schulze führte in den 20er Jahren ein unstetes Leben zwischen Bündischer Jugend und Kommunistischer Partei. Zusammen mit Plivier leitete er 1922/23 die Gruppe der sogenannten »Christrevolutionäre«. Nach 1933 zog er kreuz und quer durch Europa, verfasste (mit Jef Last) einen Roman über den mutmaßlichen Reichstagsbrandstifter Marinus van der Lubbe und äußerte sich schriftlich zu seiner offenkundigen Homosexualität.

1947 hatten die Amerikaner Schulze-Wilde, wie er sich jetzt nannte, aus der Schweiz geholt und ihm die Lizenz zur Gründung einer in München erscheinenden Wochenzeitung namens *Echo der Woche* angetragen. Der einstige Kommunist war inzwischen ins Lager der Antistalinisten übergewechselt. Inwieweit sich aus der Lizenz E 183 auch andere Verlagstätigkeiten ableiten ließen (wie die im Grunde von Kauka geführte »Münchener Verlagsbuchhandlung«, die mitunter auch als »Münchener Verlagsbuchhandlung Schulze & Co.« im Impressum[15] steht), ob dies für Kauka also eine echte Lizenz war oder nur ein Trick, ist nicht geklärt. Bei der Münchener Verlagsbuchhandlung (zu der nie eine Buchhandlung gehörte) erschien – vermutlich als erstes Buch – 1948 die Dissertation von Kaukas Frau Erika (»Die Entscheidungen des Reichsversicherungsamtes über die Anerkennung von Berufskrankheiten«), 1949 dann auch die Fortsetzungen der von Norbert Pohl verfassten Rechtskunde.

Ende 1948 entdeckte Rudolf Kauka das Romanheft als mögliche Quelle des Gelderwerbs. Auf dem Cover von *Der neue Filmroman* steht der Titel in einem stilisierten Filmstreifen, doch mit Kino hat das anfangs großformatige Heft (ca. A4; ab Heft 9 verkleinert auf 15 cm x 22 cm) nur am Rande zu tun. Der Inhalt besteht aus Groschenromanen und anderer Kurzweil, die Auflage lag laut Impressum anfangs bei (wegen des Papiermangels zu jener Zeit zweifelhaften) 120 000 Exemplaren. Als Verlagsanschrift wurde die Weinstr. 4 in München[16] angegeben; das ist direkt neben dem Münchener Rathaus in der (im Krieg weitgehend zerstörten) Innenstadt. Als Vertrieb für die ersten Ausgaben fungierte laut Impressum die »Zeitungs-Blitz Bentzinger & Co. KG., Rosenheim«. Ein Detail am Rande: Als redaktionelle Mitarbeiterin gewann der Verlag Traudl Junge, die ehemalige Sekretärin Adolf Hitlers.

> Traudl Junge ist nachmittags Karl Udes Sekretärin, vormittags ist sie als Redaktionsassistentin im Verlag Rolf Kauka beschäftigt und redigiert ein Kriminalmagazin.[17]

Damit ist zum einen wohl das *ax Kriminal-Magazin* gemeint, von dem von Ende 1948 bis Anfang 1949 aber nur 4 Hefte erscheinen. Heft 1 nennt Josef Seifried als Herausgeber – ist das derselbe Josef Seifried, der bis 1947 bayerischer Innenminister war, der 1948 noch im Landtag saß und als dessen Beruf »Kaufmann im Zeitungsgewerbe« angegeben wird? Auch das *ax Kriminal-Magazin* erschien bei der Münchener Verlagsbuchhand-

[8] Vorschlag zur Beförderung zum Leutnant vom 7.9.1940.

[9] Im Faksimile abgdruckt in Gottlob Herbert Bidermann: ... und litt an meiner Seite. Reutlingen 1995. S. 204.

[10] Geb. als Erika Bahre am 6. Januar 1921 in München, Vater Kaufmann Karl-Ernst Bahre (gest. 1940 in Buenos Aires), Mutter Emma Bahre, geb. Zöllner.

[11] Mdl. Mitteilung Mascha Kauka an Peter Wiechmann vom 8.6.2013; aufgezeichnet von Peter Wiechmann (mit anschl. Korrektur durch die Urheberin).

[12] ebd.

[13] Pohl, geb. am 24.11.1910 in Breslau, war Dolmetscher bei den Nürnberger Prozessen gewesen.

[14] Eigentlich Harry Paul Schulze, geb. 16. Juli 1899 in Zwickau. Auch Harry Schulze-Hegner und Harry Wilde. – Möglicherweise wurde der neu ins Leben gerufene Verlag der Zwölf von Schulze-Wilde betrieben. Eine Anzeige für einen Buchtitel des Verlags (Margarete Buber-Neumann: Als Gefangene bei Stalin und Hitler; auf der Rückseite von *Der neue Filmroman* Heft 6 von 1949) nennt als Verlagssitz die Weinstr. 4, also das Domizil der Münchener Verlagsbuchhandlung.

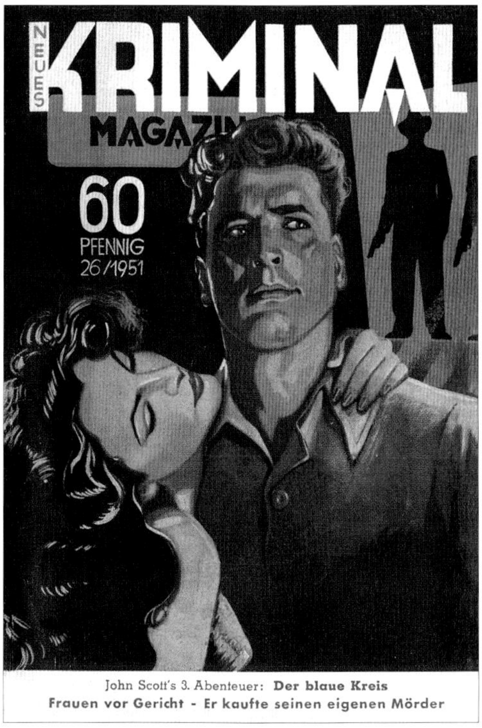

lung unter der US-Lizenz E 183 von Harry Schulze-Wilde. Wie bei *Der neue Film-Roman* wurde im Impressum eine Auflage von 100 000 Exemplaren angegeben, und auch hier handelte es sich weniger um ein Romanheft als um eine Zeitschrift, ein Magazin (diesmal im gängigen Romanheftformat) mit allerlei Beiträgen zur Kriminologie. Der Verleger Rudolf Kauka trat – wenigstens in der gesichteten Nummer 1 – nicht namentlich in Erscheinung.

Gefolgt wurde das *ax Kriminal-Magazin* 1949 vom *Neuen Kriminal-Magazin*. Dieses erschien allerdings erst mit der Ausgabe 5 bei der Münchener Verlagsbuchhandlung; die ersten vier Hefte nennen im Impressum den Heinz Ullstein Verlag. Ullstein trug einen großen Namen: Heinz Ullstein war das einzige Mitglied der Verlegerfamilie, das nicht in den 30er Jahren Deutschland verlassen hatte. Er hatte sich als Schauspieler versucht, dann doch ein wenig im Verlag gearbeitet, war, da er Jude war, festgesetzt worden, auf Betreiben seiner arischen Frau aber wieder freigekommen. Wie es heißt, habe er in den letzten Jahren vor dem »Zusammenbruch« auf dem Lehrter Bahnhof in Berlin Waggons gesäubert.[18] Seit Juli 1945 bemühte sich Ullstein bei den Amerikanern um eine Lizenz und bekam schließlich die für eine Frauenzeitschrift. Zusammen mit Helmut Kindler entstand *sie* – zunächst mit einigem Erfolg, der gegen Ende der 40er Jahre aber zu schwinden begann.

Wie Ullstein zu Kauka kam und was ihn dazu trieb, seinen Namen für eine halbseidene Romanheftreihe herzugeben, bleibt ein Rätsel. Es war offensichtlich nur der Name, nicht die Person Heinz Ullstein, was für die Heinz Ullstein Verlag GmbH München stand. Die Adresse war die der Münchener Verlagsbuchhandlung (also im 4. Stock des Hauses Weinstr. 4), die laut Impressum auch den Vertrieb der Hefte übernahm. Als verantwortlicher Herausgeber fungierte anfangs Wilhelm Ehglücksfurtner – vermutlich derselbe Ehglücksfurtner, der im gleichnamigen Verlag in Mainz ein Buch von Theodor Plivier (jetzt: Plievier) herausbrachte. Dann hieße der Angelpunkt wieder Harry Schulze-Wilde. Der umtriebige Schulze-Wilde muss in dieser Zeit großen Einfluss gehabt haben; vielleicht war er es auch, der für Kauka das Geld und das Papier organisierte. Wenigstens nutzte der Verleger die Namen – die Lizenzen – von Schulze-Wilde und Ullstein, ohne dass die beiden in Kaukas Verlagsgeschäft eingriffen. Dazu waren beide »Lizenzgeber« viel zu sehr mit ihren eigenen Aktivitäten beschäftigt, Ullstein gar in Berlin. Mit Gründung der Bundesrepublik und dem Ende der Lizenzpflicht Mitte 1949 wurde Harry Schulze-Wilde für Kauka entbehrlich. In Kaukas Magazin *Mix* wird 1951 ein H. Wilde als Anzeigenakquisiteur genannt – da war er schon nicht mehr Chefredakteur des *Echo der Woche*.[19] In den 60er Jahren tauchte Schulze-Wilde noch mal im Kauka Verlag auf. Laut Wiechmann[20] wurde er vom Verleger nicht mit offenen Armen empfangen, und doch schrieb Rudolf Kauka kurze Zeit später in einem Grußwort:

Lieber Harry Schulze-Wilde, zum 70. Geburtstag gratuliere ich Ihnen besonders herzlich, denn Ihnen verdanke ich

TECHNISCHE NEUHEITEN
UND ERFINDERNACHRICHTEN
TECHNICAL NEWS AND INVENTOR-INFORMATIONS
NOUVEAUTÉS TECHNIQUES ET INFORMATIONS DES INVENTEURS

Aus dem Inhalt:

Geleitwort des Bundesministers für Wirtschaft Professor Dr. Ludwig Erhard

Meßmethoden der Kernstrahlung
und ihre Anwendung in Technik und Medizin
von Professor Dr. W. Hanle

Die Stellung Deutschlands im internationalen gewerblichen Rechtsschutz
von Oberregierungsrat Sünner

Neue Wege im Holzleichtbau von Priv.-Doz. Dr. Ing. Sonntag

Technische Neuheiten aus aller Welt:
Magnetron · Gasturbinenlokomotiven · Warentransport auf neuen Wegen

Bericht von der Technischen Messe Hannover

Die pannensicheren Reifen · Neue Elektrowerkzeuge · Fünfzehn Maschinen in einer vereint · Der neue Kleinwagen für 2800 DM · Feinstdrehbank P 12

Der Neuheiten-Dienst mit zahlreichen Verwertungsangeboten

1. Jahrgang 1950 Heft 2

Oben: Harry Schulze-Wilde Ende der 50er Jahre.

Links die (vorletzte) Nummer 26 (1951) der Reihe *Neues Kriminal-Magazin*.

15 1948/49 in *Der neue Filmroman*. Die Produkte der Münchener Verlagsbuchhandlung und Schulze-Wildes *Echo der Woche* verweisen beide auf dieselbe Lizenz US-E 183.

16 Später dann die Parzivalstr. 8. Ab Heft 51 erschien die Reihe im Pabel-Verlag Rastatt; mit Heft 19 wurde sie in »Delphin Roman« umbenannt.

17 Melissa Müller: Chronologie einer Schuldverarbeitung. In: Traudl Junge: Bis zur letzten Stunde. München 2002. S. 250. Von Traudl Junge stammt offenbar auch der Artikel »Madame, Ihre Augen« in *Mix* 10(=1)/1950.

18 Curt Riess: Restitution und Neubeginn. In: W. Joachim Freyburg/ Hans Wallenberg (Hg.): 100 Jahre Ullstein. Berlin 1977. Bd. 3; S. 396.

19 Die Zeitung ging 1951 in Konkurs (letzte Ausgabe vom 3. März 1951). Schulze-Wilde war bis 1950 Chefredakteur. Laut *Der Spiegel* (Heft 22/1952, »Lassen Sie Habe weg«, S. 8) hatte er zu großzügig über die von ihm zu verwaltenden Gelder verfügt.

20 Mündl. Auskunft des späteren Kauka-Redakteurs Peter Wiechmann am 5.4.2013.

> es, ab 1948 wieder arbeiten zu dürfen – für 750,-- Reichsmark im Verlag der Zwölf. Sie gehörten damals zu den Auserwählten, die eine Lizenz hatten – USE 183 –, mich hielten unsere Befreier für unwürdig. Ich konnte keine positiven Taten nachweisen, keine politische Vergangenheit, kein K.Z., keine Emigration – nur 6 Jahre Krieg als aktiver Offizier, davon zwei Jahre in Rußland. [...][21]

Das *Neue Kriminal-Magazin* war – wie schon *ax* und anders, als es das Cover der ersten Ausgabe suggerierte – kein reines Romanheft, sondern ein Magazin, in dem Sex eine nicht zu kleine Rolle spielt. Das verraten nicht nur die Titelbilder, sondern auch Beiträge, die man in einem »Kriminal-Magazin« eher nicht vermuten würde: »Schwarzmarkt der Liebe«, »Geburtenverhütung und § 218«, »Erlaubte und verbotene Nacktheit. Der Kampf der Sittenpolizei«, »Aktbilder vor dem Staatsanwalt« und anderes mehr. Ende 1949 vermerkte das Impressum als neue Verlagsanschrift die Parzivalstr. 8 in Nordschwabing. Als die Zeit vorbei war, in der man US-Lizenzen benötigte, hieß es im Impressum erst Münchener Verlagsbuchhandlung Rudolf Kauka und dann ganz einfach Kauka Verlag München.[22]

Das Programm wurde 1950 erweitert. Die drei Nummern der *Technischen Neuheiten und Erfindernachrichten* scheinen eher im Auftrag verlegt worden zu sein (zur Hannover-Messe im März 1950) als aus eigenem Antrieb. Sie fielen inhaltlich und durch ihre internationale Einbindung (im Impressum werden diverse Auslandsbüros genannt) sehr aus dem übrigen Programm heraus, wenngleich die Cover ähnlich gestaltet waren wie die »Elemente der Rechtswissenschaft«. Als Herausgeber wurde hier noch ein letztes Mal die Münchener Verlagsbuchhandlung R. Kauka bemüht; für Anzeigen war der Kauka Verlag zuständig.

Passender erscheint da schon die Reihe »Bill Rocky« mit Westernromanen, die ebenfalls 1950 begann. Wie kommt ein Neu-Verleger an seine Autoren? Was »Bill Rocky« angeht, hat Heinz J. Galle das Geheimnis gelüftet:

> Zum Schluss sollte man jedoch erwähnen, dass es im Prinzip eine »Bill Rocky«-Serie eigentlich gar nicht gab. Der Kauka-Verlag nahm einfach Vorkriegshefte der Reihe »Billy Jenkins« sowie »Hein Class«- und »Billy Jenkins«-Bücher (stark gekürzt), tauschte die Namen aus und brachte sie als »Bill Rocky«-Serie in den Handel. Von den ersten 60 Titeln sind allein 35 umgemodelte Vorkriegs-Manuskripte.[23]

»Bill Rocky« kam anfangs im papiersparenden Kleinformat von 12 cm x 17 cm heraus (ab Heft 29 im Romanheftformat 15,5 cm x 22,5 cm). Der Kauka Verlag war um eine

Zweitverwertung als Sammelband: links mit drei »Bill Rocky« Heften unter dem neuen Titel »Wild-West-Story«, in der Mitte mit drei Bänden des *Neuen Kriminal-Magazins*, rechts als »Buntes Magazin« mit je einem Heft *Mix*, *Neues Kriminal-Magazin* und *Der neue Filmroman*.

Leser-Blatt-Bindung bemüht. Für vier aufeinanderfolgende Sammelmarken und eine 20-Pf-Briefmarke gab es eine Anstecknadel, den »Bill Rocky«-Stern; zum Preis von 6 DM bzw. 8 DM konnte sich der Westernfan ein Wurfmesser oder ein Bowiemesser »aus bestem PUMA-Edelstahl« kaufen und für 20 DM sogar ein Luftgewehr.

Später gab es auch noch bunte Sammelbilder, die man gegen Wertgutscheine bekommen konnte; sie wurden in diversen Reihen des Verlages eingesetzt. Je 25 dieser Bilder konnte man dann in spezielle »Bill Rocky«-Hefte einkleben: Bd. 60, »Wie Bill Rocky Westmann wurde«, sowie Bd. 64a, »Hexentanz in Tolio«. Dazu erschienen auch noch zwei querformatige Alben: »Der wilde Westen« sowie »Indianerland«.[24]

Der Leser brauchte insgesamt zehn Tüten mit Sammelbildern (à 4 Bilder), um eines dieser »Bill Rocky«-Hefte zu komplettieren, er musste neben den 40 Pfennig für das leere Heft also 1 DM in die Sammelbilder investieren. Die beiden querformatigen Sammelbilderalben mit 55 Bildern (»Der wilde Westen«; März 1952) bzw. mit 85 Bildern (»Indianerland"; Mai 1952) gab es auch komplett zu 5,50 DM zu kaufen. Die Motive der Sammelbilder stammten von einem Dorul V. Douglas alias Dorul van der Heide, den wir ein Jahr später als Zeichner von »Fix und Foxi« erleben werden. Remittenden der ersten Hefte band der Verlag im Dreierpack zu einer neuen Reihe namens »Wild-West-Story« zusammen. Ab der Heftnummer 54, also wohl ab Anfang 1952, nannte das Impressum den Pabel Verlag als neuen Herausgeber.

Doch bleiben wir zunächst in den Jahren 1950/51. Kauka hatte den Gedanken

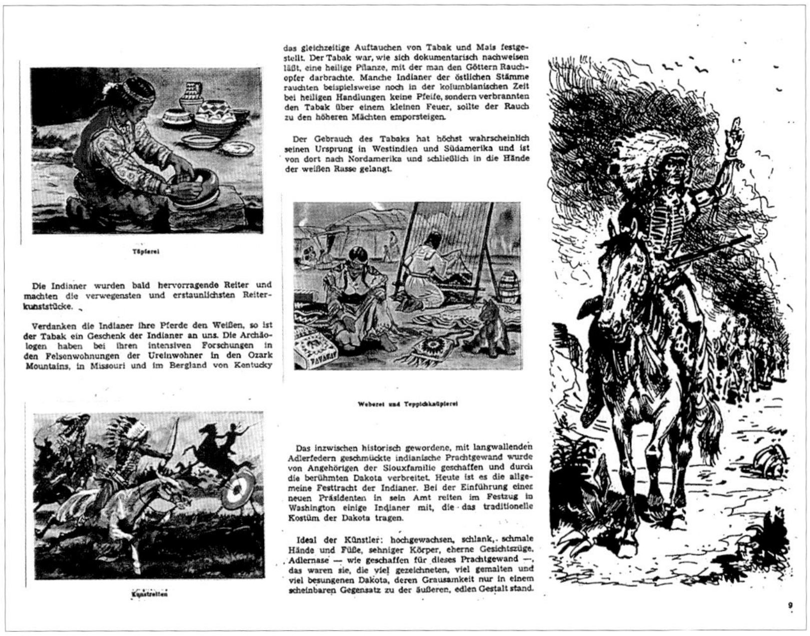

das gleichzeitige Auftauchen von Tabak und Mais festgestellt. Der Tabak war, wie sich dokumentarisch nachweisen läßt, eine heilige Pflanze, mit der man den Göttern Rauchopfer darbrachte. Manche Indianer der östlichen Stämme rauchten beispielsweise noch in der kolumbianischen Zeit bei heiligen Handlungen keine Pfeife, sondern verbrannten den Tabak über einem kleinen Feuer, sollte der Rauch zu den höheren Mächten emporsteigen.

Der Gebrauch des Tabaks hat höchst wahrscheinlich seinen Ursprung in Westindien und Südamerika und ist von dort nach Nordamerika und schließlich in die Hände der weißen Rasse gelangt.

Töpferei

Die Indianer wurden bald hervorragende Reiter und machten die verwegensten und erstaunlichsten Reiterkunststücke.

Verdanken die Indianer ihre Pferde den Weißen, so ist der Tabak ein Geschenk der Indianer an uns. Die Archäologen haben bei ihren intensiven Forschungen in den Felsenwohnungen der Ureinwohner in den Ozark Mountains, in Missouri und im Bergland von Kentucky

Weberei und Teppichknüpferei

Das inzwischen historisch gewordene, mit langwallenden Adlerfedern geschmückte indianische Prachtgewand wurde von Angehörigen der Siouxfamilie geschaffen und durch die berühmten Dakota verbreitet. Heute ist es die allgemeine Festtracht der Indianer. Bei der Einführung eines neuen Präsidenten in sein Amt reiten im Festzug in Washington einige Indianer mit, die das traditionelle Kostüm der Dakota tragen.

Ideal der Künstler: hochgewachsen, schlank, schmale Hände und Füße, sehniger Körper, eherne Gesichtszüge, Adlernase — wie geschaffen für dieses Prachtgewand —, das waren sie, die viel gezeichneten, viel gemalten und viel besungenen Dakota, deren Grausamkeit nur in einem scheinbaren Gegensatz zu der äußeren, edlen Gestalt stand.

9

Oben links »Bill Rocky« 60, eines der beiden Hefte, das vom Leser mit Sammelbildern aufgefüllt werden konnte. Daneben eine Seite aus dem Sammelbilderalbum »Indianerland«. Die Illustrationen stammen von Dorul van der Heide.

an eine Magazinreihe noch nicht aufgegeben. In den 20er und 30er Jahren waren Magazine wie *Scherls Magazin, Uhu* oder *Das Magazin* erfolgreich gewesen; in München gründete Willi Weismann 1946 das *Münchner Magazin* und im Anschluss daran 1948 das *Neue Magazin*, das Auflagen von über 100 000 Exemplaren erreichte und wegen seiner Aktfotos auch als »Skandal-Magazin« bekannte wurde.[25] Diese Freizügigkeit war Bestandteil anderer ähnlicher Magazinreihen, die mit ihrem kleinen Format und dem unterhaltenden, aus Romanen, Ratgebern und Feuilleton bestehenden Inhalt ein Pressesegment am Rande der illustrierten Zeitschriften bildeten.

Unten das erste Heft von *Mix*, offensichtlich eine Übernahme von *Neues Magazin*.

[21] Rolf Kauka in: Buch der Freunde, herausgegeben vom Komitee zum 70. Geburtstag von Harry Schulze-Wilde. o. O. [Ottobrunn], o. J. [1969]. S. 46.

[22] Offiziell wurde der Kauka-Verlag erst am 16.11.1951 durch Erika Kauka gegründet, mit Rudolf Kauka als Prokurist.

[23] Heinz J. Galle: Volksbücher und Heftromane (Bd. 1). Lüneburg 2005. S. 62.

[24] ebd., S. 60f.

[25] Gegen Weismann war Anfang 1949 eine Klage wegen Verbreitung unzüchtiger Schriften anhängig. Sein *Neues Magazin* musste im Herbst 1950 eingestellt werden.

Rechts das Cover der Schlussnummer 7 von *Mix*.

Unten zwei Cover des Herrenmagazins *Er*.

Im Kauka Verlag erschien also Ende 1950 ein Magazin, das nicht wie zuvor das *Neue Film-Magazin* und *Das neue Kriminal-Magazin* auf einen Themenbereich zugeschnitten war. Es trug den Titel *Mix* (bald mit dem an das gerade eingestellte *Neue Magazin* anknüpfenden Untertitel »Die neue bunte Monatsrevue«) und wurde geleitet von Dr. [sic] Rud. Kauka und Berndt v. Freytag. Laut der Eintragung im Handelsregister war das der ehemalige Wehrmachtsoffizier und Hitler-Vertraute Bernd Freytag von Loringhoven (1914-2007), über den die englische Wikipedia schreibt: »After being repatriated in January 1948, he lived in Munich, where he became a publisher«.

Inge Rösener, die bereits mehrere Romane für *Der neue Film-Roman* geschrieben hatte, stand der Redaktion des Hefts vor. Die erste Ausgabe trug die Nummer 10 von 1950 und den Titel *Mix Magazin*, wobei der Schriftzug »Magazin« identisch mit dem des *Neuen Magazins* war. Mit in der Titelleiste stand die Schattenfigur eines Mannes, wie man sie von Kaukas *Neuem Kriminal-Magazin* kannte; sie verdeckt hier das Wort »Neues«. Wie es scheint, hat Kauka mit diesem ersten *Mix* ein Heft (oder wenigstens ein Cover) von Weismanns *Das neue Magazin* übernommen. Mit der Nummer 2/1950 und den folgenden Ausgaben hieß die Zeitschrift dann nur noch *Mix*. Obwohl ein Folgeheft noch angekündigt wurde, ging die Reihe nur bis Heft 7/1951 (alles im 1. Jahrgang).

Auf der Rückseite dieser Ausgabe bewarb der Verlag bereits den Nachfolger, das »Herrenmagazin« *Er*, dessen erste zwei Nummern im Münchener AWA-Verlag erschienen waren. Als Verleger firmierten wieder »Dr.« Rudolf Kauka und Berndt v. Freytag. Chefredakteur war Hubert Miketta, der früher in dieser Position bei Franz Wolfgang Koebners *Das Magazin* mitgewirkt hatte.[26] Im Laufe des Jahres wechselte der Verlag (und bald auch die Redaktion) in die Hofmannstr. 7 in Obersendling, die Anschrift der Druckerei Opacher. Nach einem Jahr stieß Kauka den Titel wieder ab; er wurde von der Hamburger Verlags-Union weitergeführt und blieb auch dort nicht lange.

Das Jahr 1952 brachte einen neuerlichen Wechsel der Verlagsanschrift (Habsburgerstr. 12, Schwabing; dies war auch die Privatanschrift der Familie Kauka) und der Adresse der Redaktion (Fliegenstr. 4 1/2,

[26] Auch 1949/50 bei der kurzlebigen Nachkriegs-Variante.

Isarvorstadt). Hier erschien eine neue Publikation namens *Colombo.* Auch *Colombo* (»Menschen, Tiere, Abenteuer, Humor und Wissenswertes aus aller Welt«) war eine Art von Magazin, im Kleinformat 15 cm x 22 cm und mit 32 Seiten recht schmalbrüstig. Die Zielgruppe waren Jugendliche. Georg Friedel in München leitete die Redaktion, gedruckt wurde im Druckhaus Tempelhof in Berlin (Ullstein). Es gab nicht mehr als drei Ausgaben.

Colombo interessiert heute nur noch, weil hier auch ein Comic erschien, »Dagobert«. Er stammte aus der Feder von Dorul van der Heide, und dieser Maler und Zeichner war es, der im darauffolgenden Jahr den Grundstein zu Rudolf Kaukas Erfolg legen sollte. Dorul van der Heide, geboren am 2. Juni 1903 in München, war der Sohn des niederländischen Landschafts- und Tiermalers Johann Wilhelm van der Heide, der nach der Jahrhundertwende zum Studium nach München gekommen und dort ansässig geworden war. Dorul van der Heide studierte ab 1923 an der Münchner Kunstakademie bei Heinrich von Zügel, Angelo Jank und Olaf Gulbransson. Seine Bilder waren in den 30er und 40er Jahren in Kunstausstellungen in vielen europäischen Städten und selbst in Argentinien zu sehen, bevor der Zweite Weltkrieg die Karriere beendete.

Um seinen Lebensunterhalt zu bestreiten, war van der Heide gezwungen, Gebrauchskunst zu liefern, Illustrationen für Bücher und Zeitschriften. Die Anekdote will es, dass der Künstler 1949 in der Schau-

Der Maler und Zeichner Dorul van der Heide in den frühen 50er Jahren.

Links das Cover von *Colombo* 1/1952. Unten: »Dagobert« aus *Colombo* 3/1952. Dieselbe Geschichte wird später noch einmal in *Till Eulenspiegel* abgedruckt werden.

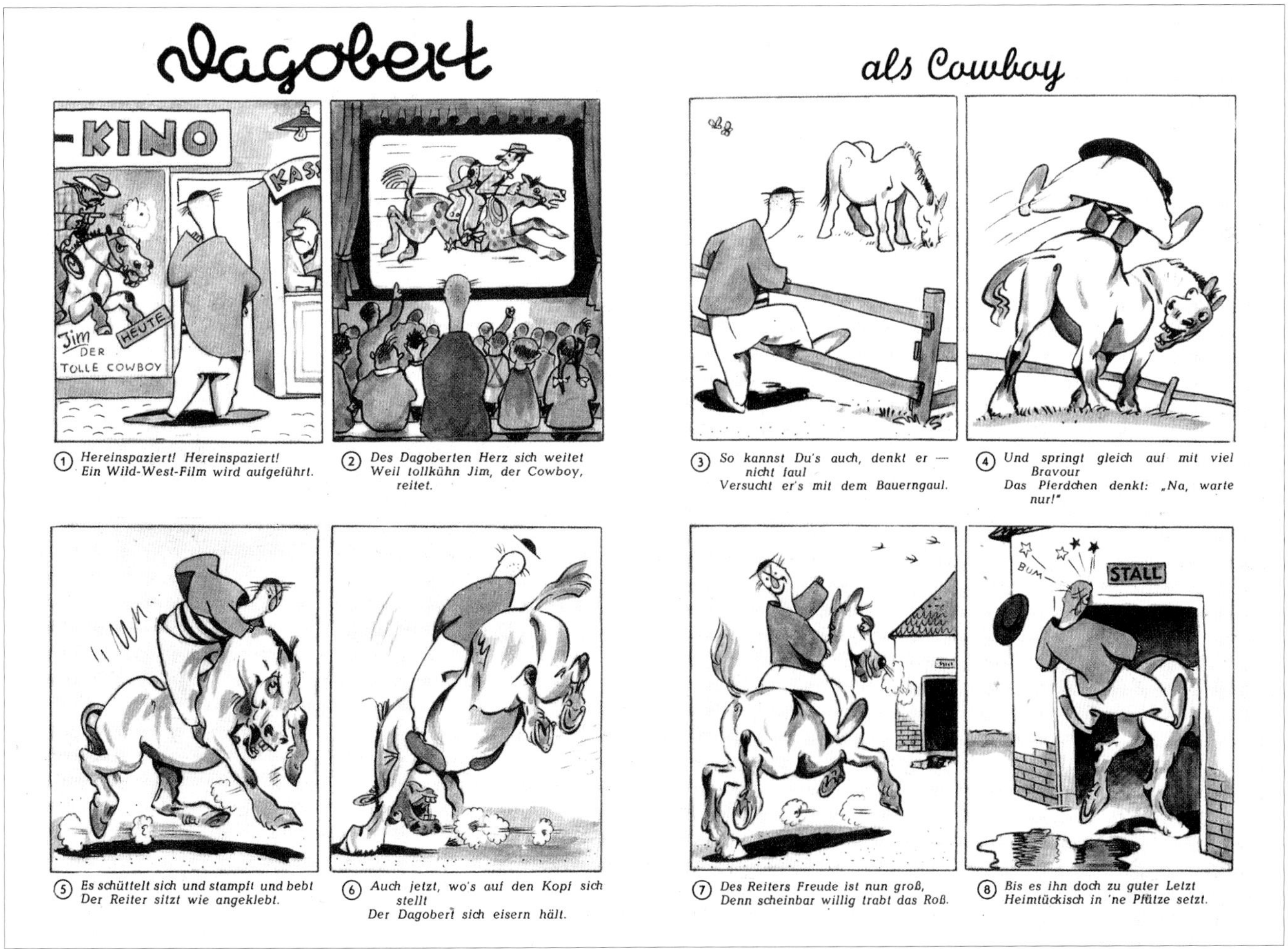

Dagobert als Cowboy
KINO
KASSE
Jim DER TOLLE COWBOY
HEUTE
1 Hereinspaziert! Hereinspaziert! Ein Wild-West-Film wird aufgeführt.
2 Des Dagoberten Herz sich weitet Weil tollkühn Jim, der Cowboy, reitet.
3 So kannst Du's auch, denkt er — nicht faul Versucht er's mit dem Bauerngaul.
4 Und springt gleich auf mit viel Bravour Das Pferdchen denkt: „Na, warte nur!"
5 Es schüttelt sich und stampft und bebt Der Reiter sitzt wie angeklebt.
6 Auch jetzt, wo's auf den Kopf sich stellt Der Dagobert sich eisern hält.
7 Des Reiters Freude ist nun groß, Denn scheinbar willig trabt das Roß.
8 Bis es ihn doch zu guter Letzt Heimtückisch in 'ne Pfütze setzt.
BUM
STALL

Der Verleger Erich Pabel.

Unten links das erste Comic-Heft der Kauka Comic Produktion.

bude[27], einem Münchener Kabarett, die Bekanntschaft von Rudolf Kauka machte. Ein Arbeitsverhältnis entstand daraus zunächst nicht. Erst 1952, als van der Heide Sammelbilder für »Bill Rocky« und die beiden Sammelbilderalben des Verlags gestaltete und mit seinem Comic »Dagobert« in *Colombo* gedruckt wurde, verfestigte sich die Beziehung zu Kauka. Dorul van der Heide hatte sein Atelier in der Münchener Tizianstr. 22; hier entstanden auch die Zeichnungen für das erste Comic-Heft im Kauka Verlag, *Eulenspiegel.*

Dass *Colombo* bei Ullstein gedruckt worden war, mag als Indiz dafür gelten, dass Kauka versuchte, mit der Familie Ullstein in Kontakt zu bleiben – jetzt aber nicht mit Heinz Ullstein, sondern mit Karl, der 1951 nach Deutschland gekommen war, um Ansprüche auf das Ullstein-Vermögen zu erheben. In einem Interview lesen wir:

> Ursprünglich wollte ich mit dem Ullstein-Verlag Cartoon-Filme herstellen. Das war eine Idee von Karl Ullstein. Es gab allerdings keine Zeichner in Deutschland, und da begann ich, Zeichner auszubilden. Um nicht dauerhaft für den Papierkorb zu arbeiten, haben wir dann Comics hergestellt, die erst bei Ullstein erscheinen sollten. Ullstein war dann aber der Meinung, dass die Comics wie in den USA im Offsetdruck hergestellt werden sollten, und es gab in Deutschand noch keine entsprechenden Maschinen. Also bot ich die Sachen Pabel an, der sie dann herausbrachte.[28]

Abzulesen ist hier, dass Rudolf Kauka sich von der Tätigkeit des Verlegers zu dem eines Zulieferers hin bewegte. Vermutlich hatte er die Erfahrung gemacht, dass er seine Publikationen ohne einen professionellen Vertrieb nicht in hoher Auflage verkaufen konnte, vielleicht auch die, dass man sich als Zeitschriften-Verleger schnell überheben kann. Dass sich sein Blick nun nicht mehr auf Magazine richtete, ein Format, das sich in (West-)Deutschland nicht dauerhaft durchsetzen konnte, sondern auf Comics und sogar auf Trickfilm, wird sicherlich Disney geschuldet sein. Im August 1951 war die *Micky Maus* an den Kiosk gegangen.

Der einzige Zeichner, über den Kauka verfügen konnte, war Dorul van der Heide, und der war in beiden dieser Bereiche unerfahren. Mit so einem Anfänger in Sachen Bild-Erzählung Trickfilme zu machen, war unmöglich; mit Comics ging es schon eher. Nachdem es sich abzeichnete, dass van der Heide (bei geeigneter Mithilfe) in der Lage war, ein Heft zu füllen, wandte sich Rudolf Kauka an Erich Pabel, dem er im selben Jahr auch die Romanheftserie »Bill Rocky« antrug. Pabel hatte mit seiner Palette von Romanheften Erfolg, und durch diesen Erfolg hatte er Geld, das er in neue Unternehmen stekken konnte. Das brachte Kauka, der bisher nie ein solides Sortiment auf die Beine stellte, in eine vorteilhafte Lage. Jetzt konnte er sich voll auf die Produktion konzentrieren. Dafür opferte er den Titel des Verlegers, mit allen Risiken, aber auch Vorteilen, die dieser Beruf hat. *Till Eulenspiegel* erschien im Pabel Verlag, aber Kauka durfte seinen Namen prominent verbreiten.

Kaukas Name stand über den Comics, so dass jeder annehmen musste, er habe diese Comics gezeichnet. Dorul van der Heide wurde nie erwähnt. Ab Heft 10 las man den Namen Rolf Kauka zunehmend auch auf

[27] Die Schaubude musste Anfang 1949 geschlossen werden, nachdem das letzte Programm, »Bitte recht friedlich«, wegen der Währungsreform im Herbst 1948 vor fast leerem Haus gelaufen war. Van der Heide hatte ein Heft aus dem Umfeld der Schaubude illustriert, »Das literarische Kabarett«.

[28] Hartmut Becker/Andreas C. Knigge: Interview mit Rolf Kauka. In: *Comixene* 31 (1980). S. 4.

[29] In: *Die Sprechblase* 179 (2001), S. 30.

dem Cover der Hefte. Bald würde jeder *Fix und Foxi* (dieser Serientitel bürgert sich 1954 ein) mit dem Namen Rolf Kauka verbinden, nicht aber mit dem des Verlegers und noch weniger mit denjenigen, die die Comics im Heft geschaffen hatten.

Peter Wiechmann philosophiert darüber, wie Kauka und Pabel zusammengekommen sein könnten:

> Wie Rolf Kauka zu Pabel oder wie Pabel zu Rolf Kauka findet, das muss ein wenig Spekulation bleiben. Die plausibelste Version dürfte jedoch immer noch diese hier sein: Als die glücklosen Jung-Verleger Rolf Kauka und Heinz Ullstein einen wohl sehr, sehr risikofreudigen Vertriebsmann für ihr betuliches (Alt-)Herrenmagazin *Er* suchen, führt der Weg auch nach Rastatt. *Er* und alle Hochglanzpläne gehen perdu und die Partner auseinander... doch Pabel ist sofort im Boot, als Rolf Kauka den Markt mit *Eulenspiegel* erobern will.[29]

Wiechmann übersieht, dass Erich Pabel im Fall von *Till Eulenspiegel*, *Delphin-Roman* (ehedem *Neuer Film-Roman*; Pabel ab Heft 51) und »Bill Rocky« (Pabel ab Heft 54) nicht nur als Vertrieb, sondern auch als Verleger auftritt. Das kurzlebige *Er* war nie in der Obhut Erich Pabels, der sich nicht auf Kaukas Magazine, sondern nur auf seine Romanheftserien einließ. Heinz Ullstein spielte zu dieser Zeit überhaupt keine Rolle mehr. Die Reihen *Delphin Roman* und »Bill Rocky« wurden ca. ab 1951/52 in Rastatt verlegt und vertrieben. Mit einem Comic-Heft betraten Kauka und Pabel im Mai 1953 Neuland; in der Konstellation hier Produzent, dort Verleger und Vertrieb werden sich beide ihre Chancen ausgerechnet haben.

In der im Oktober 1953 erscheinenden Ausgabe 108 der Fachzeitschrift *Der neue Vertrieb (DNV)* schrieb ein M. Renner:

> Vor einem guten halben Jahr stieß ich in einer deutschen Tageszeitung auf eine Comic-Serie mit typisch deutschem Charakter und stellte fest, daß der Verfasser ein Münchener namens Rolf Kauka ist. Im Gegensatz zu vielen amerikanischen Serien, mit denen der deutsche Markt überschwemmt wird, haben die Figuren und Streifen Kaukas einen spezifischen Humor, der gerade den deutschen Leser wohltuend anspricht.

Renner gab vor, den Kauka-Verlag in München-Schwabing besucht zu haben:

> Ich war überrascht, was ich dort zu sehen bekam. Die Herstellung von Comic-Streifen ist keineswegs eine ruhige, schriftstellerische oder zeichnerische Angelegenheit. Bevor Kauka eine Serie zeichnet, gehen monatelange Versuche voraus. Viele Zeichenmuster werden hergestellt und die Figuren auf ihre Wirkung vorher getestet. Erst dann wird die Endausführung vorbereitet und von einem bis aufs kleinste aufeinander abgestimmten Team gefertigt. [...] Die ausländischen Verleger haben sich deshalb für die deutschen Kauka-Comics entschieden, weil sie anständig sind, Gangster-Motive vermeiden und mit einem treffenden Humor geladen sind.

Dieser »Leserbrief« widerspricht in mehreren Punkten der Realität, so dass man davon

Oben: Die Parabel von Reineke Fuchs in *Eulenspiegel* 5 lieferte die Figuren und die Idee zur späteren Produktion von *Fix und Foxi.*

Linke Seite unten und links: Die Cover der Hefte zeigen zunehmend den zeichnerischen Duktus von Werner Hierl. Bei der Nummer 10, stehen erstmals Fix und Foxi dominant auf dem Cover.

Oben: Der erste Auftritt der beiden Füchse Fix und Foxi in *Eulenspiegel* 6 (1953).

Unten Werner Hierls gestalterische Vorlage für die beiden Füchse aus dem ersten Teil von Calvos »La bête est morte« (Die Bestie ist tot) von 1944.

ausgehen kann, dass es sich hier – wie bei vielen anderen Beiträgen von *Der Neue Vertrieb* – um einen lancierten PR-Bericht handelt. Renners Beitrag ist von 1953. Eine ausländische Ausgabe wird es erst Anfang 1954 in Finnland geben.

Das *Eulenspiegel*-Heft wurde 1953 nicht im »Kauka-Verlag« hergestellt, sondern im Atelier Dorul van der Heides in Schwabing. Dazu Werner Hierl:

Rolf Kauka schreibt die Storys und ist immer aktiv an der Produktion beteiligt. 1953 bis 1954 liegt die Hauptlast der Comic-Herstellung bei Dorul van der Heide und auch ein wenig bei mir. In der Tizianstraße 22, München entstehen Eulenspiegel-, Münchhausen- und dann auch Fix & Foxi-Episoden.[30]

Werner Hierl (geboren am 13. 9. 1930) war Student an der Münchener Kunstakademie, wo er Anfang 1953 am Schwarzen Brett einen Zettel fand, es werde ein Trickfilmzeichner gesucht. Da dies sein Traumberuf war, meldete er sich an der angebenen Adresse und wurde unter mehreren Mitbewerbern ausgewählt. Der Zettel stammte von Dorul van der Heide, und der suchte keineswegs einen Trickfilmzeichner, sondern einen Assistenten für den Auftrag, den er von Kauka bekommen hatte. Hierl erinnert sich[31], zu Beginn dieser Tätigkeit etwa drei bis fünf skizzierte Seiten eines geplanten Comic-Hefts gesehen zu haben; fertige Seiten habe es im März 1953 aber noch nicht gegeben.

cette histoire. Il me
ce temps béni,
pas connu,
douter
2. « Au temps où dans la clairière de Fleury-la-Forêt les petits lapins faisaient des cabrioles en toute liberté...

Images de CALVO
PREMIER FASCICULE
La BÊTE EST MORTE!
LA GUERRE MONDIALE CHEZ LES ANIMAUX

Dorul van der Heide sei ein genialer Zeichner und Maler gewesen, der mit ungewöhnlicher Schnelligkeit illustrieren konnte. Hierl sollte die Textblasen zeichnen und den Text hineinschreiben. Er vermutet, dass Text und Ideen von Kauka stammten, der sich aber nur selten in der Tizianstraße blicken

ließ. Sehr rasch habe Hierl sich auch zeichnerisch einbringen können, und es liegt nahe, dass die Gestaltung der beiden (in Heft 6 von *Eulenspiegel* erstmals namentlich genannten) Füchse Fix und Foxi seiner Idee und Feder entstammt. In Hierls Besitz befanden sich damals zwei französische Bücher des von ihm wegen seiner Nähe zu Disney geschätzten Zeichners Calvo (»La bête est morte«). Dort kann man tatsächlich eine Hasenfamilie entdecken, die mit ihren durch einen Träger geknüpften blauen und gelben Hosen, ihren buschigen (ganz hasen-untypischen) Schwänzen und auch in der Darstellung der Bewegung den Füchsen sehr ähnlich ist. Gerade in den Tiergeschichten, mit denen man in *Eulenspiegel* versuchte, die attraktivsten Protagonisten zu finden, ist die Hand des rasch zum Meister gereiften Assistenten spüren.

Werner Hierl war bei Dorul van der Heide ohne Vertrag beschäftigt. Da ihm die Arbeit gefiel, hatte er ein kleines Entgelt akzeptiert. Das nun war seinem Vater zu wenig, denn es sollte zum Unterhalt der ganzen Familie beitragen. In dieser kritischen Situation beschloss Hierl im April 1954, künftig direkt bei Rudolf Kauka in fester Anstellung und gegen eine bessere Bezahlung zu arbeiten. Gezeichnet wurde nun in den Räumen der Druckerei Franzis in der Münchener Luisenstraße.

Der in *DNV* beschriebene Ablauf (»Bevor Kauka eine Serie zeichnet, gehen monatelange Versuche voraus«) dürfte nicht den Umständen entsprechen, unter denen die ersten Comics entstanden. Kauka war unter Zeitdruck; die Produktion dauerte länger als erwartet; die Hefte erschienen unregelmäßig. Nicht Kauka zeichnete, sondern van der Heide, unterstützt von Werner Hierl, dann auch von Josef Braunmüller und anderen. Was war es eigentlich, womit Rudolf Kauka – oder Rolf, wie er sich jetzt nannte – künftig sein Geld verdienen wollte?

Till Eulenspiegel (das »Till« wird nach vier Heften weggelassen) ist ein Comic-Heft von 28 Seiten plus Umschlag, mit dem der Produzent an die bekannte Legende des Till Eulenspiegel anknüpfte:

> Von dem ewig jungen Till Eulenspiegel und seinen alten und neuen Streichen erzählen unsere Bilder-Hefte. Sie sind voll echten Humors und froher Heiterkeit im Geiste des Volksbuches vom Ulenspiegel, das Freude und Lachen seit Jahrhunderten nicht versiegen läßt.[32]

Heft 1 erschien im Mai 1953. Es enthielt zwei Geschichten mit dem Titelhelden, die eine abgeschlossen, die andere auf Fortsetzung angelegt. Die letzte Seite gehörte Dorul van der Heides Serie »Dagobert«. »Dagobert« ist

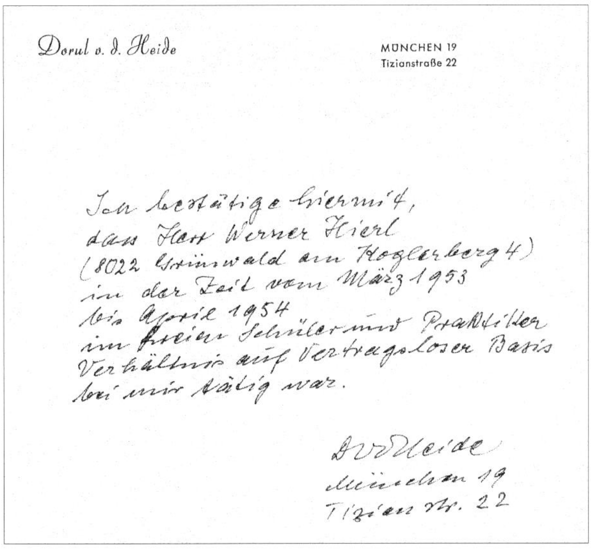
Dorul v. d. Heide
MÜNCHEN 19
Tizianstraße 22

Ich bestätige hiermit,
dass Herr Werner Hierl
(8022 Grünwald am Hoglerberg 4)
in der Zeit vom März 1953
bis April 1954
im freien Schüler- und Praktikanten
Verhältnis auf vertragsloser Basis
bei mir tätig war.

DvdHeide
München 19
Tizianstr. 22

Links das Zeugnis, das Dorul van der Heide Werner Hierl bei dessen Weggang ausstellte.

in Heft 2 auf den schwarzweißen Umschlagseiten vertreten – wieder mit einer Folge, die schon in *Colombo* zu sehen war. Till landet bei den Menschenfressern in Afrika, wird aber in letzter Sekunde gerettet. Die letzten fünf Seiten gehören dem »Lügenbaron« Münchhausen, womit erneut an populäres deutsches Volksgut angeknüpft wurde.

Eulenspiegel und Münchhausen füllten auch die folgenden beiden Hefte. Heft 5 kündigte auf dem Cover ein neues Motiv an: »Lustige Tiere«. Vielleicht hatte Kauka gemerkt, dass er mit seinen deutschen Volkshelden nicht mit der *Micky Maus* konkurrieren konnte. Auch »Reineke Fuchs« stammte aus der bewährten Quelle, doch dann, in Heft 6, machten sich zwei Füchse und ein böser, dummer Wolf selbständig. Fix und Foxi waren geboren – eine Idee, die sich über die Jahrzehnte bezahlt machen wird.

Wer ist der Schöpfer von Fix und Foxi? Gezeichnet wurden die Füchse anfangs von Dorul von der Heide und Werner Hierl; die Ideen zu den Geschichten mögen von Rolf Kauka gekommen sein. Da van der Heide (und auch der junge Hierl) es nie darauf anlegten, die Urheberschaft juristisch zu klä-

Oben Werner Hierl in den 50er Jahren.

Unten: Josef Braunmüller (links) und Werner Hierl (rechts), aufgenommen auf dem Gelände der sogenannten Türkenkaserne in der Gabelsbergerstraße, also vermutlich 1955.

30 Werner Hierl in: *Die Sprechblase* 177 (2001). S. 38.

31 Die Verf. trafen Werner Hierl am 29.5.2013 in München.

32 Aus dem Vorwort zu *Till Eulenspiegel* Heft 1.

33 Anon.: »Till Eulenspiegel« – eine deutsche Bilderzeitschrift. In: *Der neue Vertrieb* 98 (1953).

34 Erst in den 60er Jahren wird ein deutsches Comic-Heft auf dem Cover »Comic« genannt werden.

Oben: »Münchhausen« in der Kinderbeilage der Münchner *Abendzeitung.* Die Panels sind so angelegt, dass man eine Seite aus *Eulenspiegel* leicht ummontieren kann – siehe daneben dieselbe Szene in *Eulenspiegel* 16 (1954).

ren, war Kauka der lachende Gewinner. Zu einer Zeit, da in der Pädagogik Comics nicht unumstritten waren, stellten Kauka und Pabel das Positive an *Till Eulenspiegel* heraus:

> Der Erich-Pabel-Verlag, Rastatt, bringt mit Till Eulenspiegel eine Bilderzeitschrift heraus, die eine rein deutsche Schöpfung ist. Sie wird von Künstlern zeichnerisch gestaltet und ist in jeder Hinsicht auf das deutsche Geschmacks- und Stilempfinden zugeschnitten. Erwachsene, Jugendliche und Kinder werden sich auf 28 bunten Bilderseiten an den tollen Streichen und humorvollen Einfällen der beliebten und bekannten Gestalt aus der deutschen Kulturgeschichte erfreuen und Till Eulenspiegel sicher sehr begrüßen. Die neue Jugendzeitschrift, die einen Umfang von 28 mehrfarbigen Seiten hat, kann man als die erste deutsche Bilderzeitschrift bezeichnen und ihr einen recht guten Start wünschen.[33]

Das Beharren auf deutscher Provenienz der »Bilderzeitschrift« (unter Vermeidung des Reizworts »Comic«), der Hinweis auf das Stilempfinden und die Kulturgeschichte ist sicherlich vor dem Hintergrund zu bewerten, dass zu jener Zeit eine breite Diskussion über die Gefährdung der Jugend durch triviale Medien geführt wurde.[34] Die zeitgenössischen Ausgaben von *Der neue Vertrieb* waren voll der Diskussion über den Umgang mit jugendgefährdenden Heften. Am 9. Juni 1953 wurde das Gesetz über die Verbreitung jugendgefährdender Schriften verabschiedet, das am 19. Mai 1954 zur Einrichtung der Bundesprüfstelle für jugendgefährdende Schriften führen wird. Die ersten indizierten Titel waren Comics. Verleger dieser Art von Literatur bewegten sich auf dünnem Eis; Kauka und Pabel waren offensichtlich bemüht, die Reinheit ihres Angebots zu plakatieren. Mit dem Konzept von *Till Eulenspiegel* hatten die beiden wenig zu befürchten. Es war so weitreichend, dass Kaukas *Fix und Foxi* zeitlebens nachgesagt werden wird, das Heft sei von einer konservativen Haltung geprägt, die an Biederkeit grenzt.

Dass Kauka zur selben Zeit auch mit Abenteuercomics experimentierte, ist heute so gut wie vergessen. Ab September 1953 erschien wöchentlich die *Bilderpost*, anfangs im Zeitungsformat von ca. 31 cm x 46 cm, ab Ausgabe 4 im halben Format und ab Heft 11 noch einmal in der Größe halbiert. Das Impressum nannte ebenfalls Pabel als Verlag und Kauka als Produzent, richtete sich anfangs aber deutlich an ein älteres Publikum als die Leserschaft von *Eulenspiegel/Fix und Foxi.* Die Abenteuercomics (darunter auch »Bill Rocky«) dominierten lediglich die ersten Ausgaben; wer sie gezeichnet hat, ist unklar. Dass sie von humoristischen Comics verdrängt wurden (darunter auch »Fix und Foxi«), kann damit zusammenhängen, dass der »realistisch« arbeitende Zeichner auf Dauer nicht in der Lage war, das geforderte Pensum zu erfüllen. Ab Heft 9 wechselte der Titel zu *Bilderpost Krambambuli*, mit Heft 11 zu *Bambuli Bilderpost* (Untertitel » Die lustige Bilderpost«). Das

Die Verf. danken insbesondere Peter Wiechmann, Mascha Kauka, Werner Hierl und Hanna Kaemmer für wertvolle Informationen.

Experiment war von kurzer Dauer: Nach nur 15 Ausgaben stellte das Heft sein Erscheinen im Dezember desselben Jahres ein.

Seine Chancen versuchte Kauka später auch am Partner Pabel vorbei zu nutzen. Im April 1955 lancierte er mit der Franz'schen Buchdruckerei als Verlag eine parallel zu *Fix & Foxi* erscheinende Comicreihe mit dem Titel *Eulenspiegels Kunterbunt*. Vielleicht musste er die Erfahrung machen, dass ein Verlag ohne guten Vertrieb keinen Wert hat, vielleicht gab Pabel Gegenwind, vielleicht fehlte der neuen Idee auch nur ein Aufhänger à la Fix und Foxi – *Eulenspiegels Kunterbunt* (ab 1956 nur noch *Kunterbunt*) blieb der Erfolg verwehrt. Das konnte Kauka Mitte der 50er Jahre schon fast egal sein, denn sein Zugpferd *Fix & Foxi* entpuppte sich als eine der *Micky Maus* nahezu gleichwertige Comicreihe, nachdem unter der künstlerischen Leitung von Walter Neugebauer und anderer jugoslawischer Zeichner der Kosmos der Figuren erweitert und die Zeichnungen der Comics geglättet worden waren.

DIXI sucht einen Freund

Bilder-POST

PREIS 20 PFENNIGE

Lies Familie Lustig auf Seite 4

Urwelt-Reptil verschleppt Menschen

Ein Tatsachenbericht über Riesen-Echsen, die Millionen Jahre alt sind

von Ralph Renn

Eines der seltsamsten und schrecklichsten Fabeltiere ist der Drachen, ein schuppiges Ungeheuer mit Schlangenhals und furchtbarem Krokodilmaul. Er taucht in den Sagen fast aller Völker auf. Meist ist dem Drachen die Gestalt vorweltlicher Riesensaurier gegeben, die vor Millionen Jahren, in der Jurazeit, auf unserer Erde lebten.

Aber auch heute sind noch „Urenkel des Drachen" zu finden. In Südamerika ist es eine Eidechsenart, der Leguan, der eine Länge bis 2,50 Meter erreicht. Größer und drachenähnlicher aber ist der Riesenwaran, von dessen Existenz wir noch gar nicht so lange wissen. Vor vielen Zehntausenden von Jahren haben die Riesenwarane große Gebiete unserer Erde bewohnt. Man glaubte sie lange ausgestorben. Sensation löste deshalb die Nachricht aus, daß diese Untiere sich doch noch erhalten haben und auf der Insel Komodo (200 Meilen südlich Celebes) vorkommen sollen.

Das ist er, der Riesen-Waran. Wie ein Ungeheuer aus versunkenen Zeiten steht er vor uns. Bis zu 6 m lang werden diese Echsen, die noch heute leben.

Die Fahrt zur Dracheninsel

Als ich von dieser Entdeckung erfuhr, ließ es mir keine Ruhe, eines dieser Untiere zu sehen, die schon lebten, lange bevor der Mensch wurde. Endlich fand ich eine Möglichkeit, über Java nach dieser Insel zu gelangen. Mit einem schnellen Boot starteten wir von Soembawa. Wir, das waren mein Freund Sander aus München, der Dolmetscher Moja und ich. Moja hatten wir in Jacobe gedingt. Er war ein gerissener Bursche und mit allen Wassern gewaschen.

Nach kurzer Zeit legte unser Boot an der Ostküste von Komodo an. Nur wenige Eingeborene lebten auf dieser kleinen Insel und die wir zu Gesicht bekamen, waren dreckige, unsympathische Gestalten, aus denen wir kein Wort herausbrachten. Selbst Moja, der die meisten Eingeborenendialekte beherrschte, hatte Schwierigkeiten, sich zu verständigen und das wollte etwas heißen.

Aber auch auf dieser, abseits aller Zivilisation gelegenen Insel, hatte Geld Zauberkraft. Gegen eine hohe Belohnung fand sich ein schmieriges, verhuzzeltes Männchen bereit, uns den Weg zu den „bösen Dämonen" zu zeigen. Voller Spannung erwarten wir den nächsten Morgen.

Inka-Geheimnis im Sonnentor entdeckt!

Im Dominikanerkloster Ampato fand der Altertumsforscher Prof. Harding Hinweise über letzte Kultstätten der Inkas. Begleitet von seinem Neffen Nik und dem Mönch Pater Martin sucht er das geheimnisvolle Sonnentor, das Intu-Punku. Banditen kreuzen seinen Weg.

Fortsetzung Seite 2

BATAK-KANNIBALEN überfallen weißen Jäger

Tochter wird entführt

Gefahrvolle Flucht durch indischen Dschungel

Fortsetzung Seite 3

Links die Titelseite der ersten Ausgabe der kurzlebigen *Bilderpost*.

Heinrich Meyer-Mengede: Auf der Reeperbahn nachts um halb eins (*Der Sonntagsbraten* 7/1955)

»Der Sonntagsbraten« – eine Kundenzeitschrift

Von Eckart Sackmann

Mit ihrem prominent auf der Rückseite der Zeitschrift plazierten Comic zeigte »Der Sonntagsbraten«, wie hoch die Redaktion die Zugkraft eines solchen Unterhaltungsteils einschätzte. Dabei war man sich nicht einmal sicher, ob die Comics den Mann, den Jugendlichen oder das Kind ansprachen.

Während die gängigen Illustrierten in den Bibliotheken und Archiven einigermaßen auffindbar sind, stellt das Heer der Kundenzeitschriften den Comicforscher vor Probleme. Bäcker, Fleischer, Warenhäuser und Schuhgeschäfte – sie alle haben ihre Klientel mit Lesbarem zu ködern versucht, mal fachbezogen, mal produktbezogen, mal branchenbezogen. Zu letzterer Gruppe gehörten in den 1950er und -60er Jahren auch die über den Fleischerei-Einzelhandel vertriebenen Kundenzeitschriften.

Im beginnenden Wirtschaftswunder, zu Anfang der 50er Jahre, als die Menschen wieder genug zu essen hatten, erschien im Hamburger Verlag Dransmann *Der Sonntagsbraten.* Das 16seitige, bis auf den mit der Schmuckfarbe Rot gedruckten Titel einfarbige Heft versuchte »die Hausfrau« zu erreichen. Die Küche war zu jener Zeit rollen- und traditionsbedingt das Reich der Frau. In einer solchen Publikation Comics zu bringen, verweist darauf, dass das Heft beim Empfänger von der ganzen Familie gelesen werden sollte. Es gab also ab Heft 1 im Oktober 1952 einen Comic für den Mann und einen für das Kind (keinen für die Frau!).

Verkauft wurde *Der Sonntagsbraten* für 10 Pfennig, derselbe Preis wie der der *Bildzeitung.* Die Hefte im Format A4, gedruckt auf billigem Zeitungspapier bei einer Druckerei in Cuxhaven, erschienen im Rhythmus von zwei Wochen. Der Comic war zumeist auf der letzten, der sichtbaren Umschlagseite plaziert. Den Anfang machten die Serien »King der Grenzreiter« von Jim Gary und »Unser lustiges Lottchen« von (?) Fisher. Die Comicseite wurde eingeleitet mit den Worten »Für das Kind und das Kind im Manne«:

»Der Sonntagsbraten« ist ein großer Kinderfreund. Er weiß, daß die spannenden Bildstreifen Eure Herzen im Fluge erobert haben. Daher will er Euch immer die besten und schönsten zeigen. »Der Sonntagsbraten« hat als einzige deutsche Kundenzeitschrift das Recht erhalten, die kühnen Taten und Abenteuer KINGS, DES GRENZREITERS, und die reizenden Erlebnisse LOTTCHENS zu bringen.[1]

»King der Grenzreiter« war die aktuelle Version der Serie »King of the Royal Mounted«, kreiert 1935 von Stephen Slesinger, Zane Grey und dem Zeichner Allen Dean, ein Comic über die Abenteuer eines Mitglieds der »Mounties«, der berittenen kanadischen Polizei. Auf das kurze Zwischenspiel von Deans Nachfolger Charles Flanders übernahm 1939 Jim Gary das Zeichnen des Strips; er führte ihn bis 1954 fort. Über den 4-Panel-Strip »Unser lustiges Lottchen«, offensichtlich auch ein US-Import, und über ihre(n) Schöpfer(in) ist bisher nichts bekannt.

Die Redaktion des *Sonntagsbraten* nutzte die Comics zur Kundenbindung: »Wer

[1] Die Exklusivität galt möglicherweise nur für Kundenzeitschriften. »King der Grenzreiter« wurde auch in den bei Aller verlegten Comics »Phantom-Heft« (ab 1952) und »Buntes Allerlei« (ab 1953) sowie in der Romanheftserie »Bill Rocky« abgedruckt (Hefte 37-43).

Rechts die Titelseite der ersten Ausgabe von *Der Sonntagsbraten* (Januar 1952). Titelgestaltung, Papier und Umfang der Zeitschrift wurden bis in die 60er Jahre hinein nicht geändert.

diese Bilderseiten sammelt, hat bald ein schönes Album.« Vielleicht war der Erfolg nicht der gewünschte, vielleicht war auch die Einstellung von »King« in den USA daran schuld – mit Heft 7/1954 wurden beide Strips abgesetzt.

Liebe junge Leser des SONNTAGSBRATENs!
Diese Seite, auf der Ihr bisher – sicher mit Spannung – an den Abenteuern von »King, dem Grenzreiter« und den Erlebnissen des »Lustigen Lottchens« teilgenommen habt, sieht ab heute etwas anders aus. »Warum bringt der SONNTAGSBRATEN nicht auch für uns etwas zum Lesen?« – werdet Ihr schon manchmal gefragt haben. Seht Ihr, das soll nun geschehen. Aus diesem Grund müssen sich »King« und »Lottchen von Euch verabschieden. [...]

Ersetzt wurden die beiden US-Comics durch den Abdruck von Erich Kästners Roman »Pünktchen und Anton« und durch die Bildergeschichte »Nicks wunderbare Abenteuer«. Letztere, eine Zwergengeschichte mit jeweils 4 Bildern pro Heft und Untertexten in Prosa, stammte von einem (nicht näher identifizierbaren) Zeichner namens Beek und lief in 29 Folgen bis Heft 8/1955.

Bereits in Heft 1 des Jahres 1955 hatte *Der Sonntagsbraten* mit dem Abdruck eines aus deutscher Hand stammenden Comics begonnen. »Auf der Reeperbahn nachts um halb eins« war die Adaption des gleichnamigen Films mit Hans Albers und Heinz Rühmann in den Hauptrollen.[2] Als Comic umgesetzt hatte sie der Zeichner Heinrich Meyer-Mengede[3], der hier mit »Mey-Meng« signierte. Als Copyright war Berolina/Herzog/Mey-Meng angegeben. Der Comic stand auf der Rückseite der Zeitschrift, mit fünf Strips zu drei bis vier Bildern. Die Streifen waren durchgehend numeriert, was vermuten lässt, dass sie für eine Veröffentlichung in der Tagespresse gedacht waren. Eine solche Veröffentlichung konnte bisher nicht ausfindig gemacht werden. Der Film kam 1954 in die Kinos, der Comic wurde 1955 gedruckt – es ist anzunehmen, dass beim Start im *Sonntagsbraten* das gesamte Material vorlag, dass der Zeichner also nicht im Auftrag der Zeitschrift tätig war.

Als Comiczeichner ist Meyer-Mengede nicht bekannt. Zu seinem Leben schreibt er 1950 die »Daten in Stichworten« auf:

Aufgewachsen im Zirkusmilieu, Kunstschule, Konservatorium, 1926 – 1928 Akademie Berlin, danach Staatsoper Berlin, Bühnenbildner. Tätigkeit als Journalist, Illustrator, Leben mit fahrenden Leuten, dazwischen Film. Bilder und Zeichnungen entstehen nebenher, ohne Rücksicht auf Ausstellung und Veröffentlichung.[4]

Im Vergleich des Comics »Auf der Reeperbahn nachts um halb eins« mit den Arbeiten Meyer-Mengedes im Bereich der »Hochkunst« ist keine künstlerische Verwandtschaft festzustellen. Aus der Biografie verweist lediglich die Nähe des Zeichners zu Bühne und Film auf das Thema dieser Comicadaption.

Und »Auf der Reeperbahn nachts um halb eins« ist eine Adaption, eine Interpretation, keine einfache Umsetzung oder Illustration. »Eine heitere Bildergeschichte nach dem Farbfilm mit Hans Albers und Heinz Rühmann« hat der Redakteur des *Sonntagsbraten* hinzugefügt, aber heiter ist die Geschichte ganz und gar nicht, wie man weiß. Ein tragisches Nachkriegsschicksal mit Happy end, unterfüttert mit einer Kriminalhandlung, dem gefährlichen und illegalen Versuch, in der Ostsee einen Schatz aus der Nazizeit zu bergen – diesem Bergungsversuch gibt der Comic weit mehr Raum als der Film. So etwas ist im Comic ohne großen Aufwand leicht darstellbar.

Die Sprache des Comic beherrscht Meyer-Mengede, die Bildsprache des Strips mit Cliffhanger und gekonnter Weiterführung der Handlung ebenso wie den Einsatz der Dialoge. Obwohl in den insgesamt 87 Streifen die Geschichte weitestgehend über diese Dialoge bekanntgegeben wird, zeigt

Unten: Hans Albers alias Hannes kehrt von weiter Fahrt nach Hamburg zurück und besucht als erstes seine Freunde auf der Reeperbahn (Heinrich Meyer-Mengede: Auf der Reeperbahn nachts um halb eins; *Der Sonntagsbraten* 1/1955).

[2] Von 1954. Regie Wolfgang Liebeneiner, Produktion Berolina, Verleih Herzog-Film.

[3] Auch: Heinz Meyer-Mengede. Lebensdaten unbekannt.

[4] Heinrich Meyer-Mengede über seinen inneren Weg. In: *Kunst* 6/1950, S. 200-203; hier S. 203.

[5] Diese Vorgeschichte lief 1947 unter dem Titel »Arend Stork« in *De Geïllustreerde*. Nachdruck 1972 in *Stripschrift* 41/42.

Heinrich Meyer-Mengede: Auf der Reeperbahn nachts um halb eins (*Der Sonntagsbraten* 15/1955). Die Schatzsuche auf der Ostsee ist gegenüber der Darstellung im Film höchst dramatisch inszeniert.

Der Pilot Arend Sturm ist Flieger, Flieger mit Leib und Seele. Das Reich über den Wolken ist seine Welt — ein gefährliches Leben. Aber Sturm liebt lie Gefahr. Er sucht sie nicht, aber sie kommt zu ihm, und — er zeigt sich ihr in jeder Lage gewachsen. In die erregendsten Abenteuer wird der Pilot verwickelt. Mehr als einmal ist sein Leben bedroht — es scheint keinen Ausweg mehr zu geben — und doch kommt er durch, meistert auch die schwierigste Si‘‘ation.
Sie dürfen neugierig sein, liebe Leser, auf die atemraubenden Erlebnisse des geheimnisvollen Piloten Sturm. Heute finden Sie im SONNTAGSBRATEN den Anfang der neuen Bildserie: „Pilot Sturm". Lesen Sie mit! Sie werden so gefesselt sein, daß Sie vor Spannung kaum die nächste Fortsetzung erwarten können. Pilot Sturm — erregende Abenteuer — unheimliche Ereignisse — geheimnisvolle Begebenheiten! Versäumen Sie nicht, die neue Bildserie zu lesen! In jedem Heft des SONNTAGSBRATENs.
Die Abenteuer DES PILOTEN STURM
Arend Sturm, Flieger mit Leib und Seele, sitzt in New York gerade einmal ohne Stellung und wartet sehnsüchtig die Antwort auf ein Bewerbungsschreiben ab.
Sein Freund Buck Ryan bastelt in seiner Freizeit an Verbesserungen für seine kleine Düsenmaschine.
Um Sturm abzulenken, lotst Buck ihn mit in die Montagehalle. Sie ahnen nicht, daß das kleine Flugzeug einmal die ganze Wolkenkratzerstadt in Atem halten wird . . .
RADIOGRAMME
PH-RAX
Endlich ist die lang erwartete Antwort eingetroffen. Die KLM stellt ihn als Piloten ein!
Mit dem Wagen bringt Buck seinen Freund zum La Guardia-Feld.
Eine der großen Viermotorigen steht mit Kurs nach Schottland bereit. Ein letztes Winken — dann startet die Maschine.
(Fortsetzung folgt)

Oben die erste Folge von »Die Abenteuer des Piloten Sturm« in *Der Sonntagsbraten* 3/1956. Der Text desTelegramms ist französisch; es wurden beim *Sonntagsbraten* offenbar französischsprachige Vorlagen verwedet.

Unten das holländische Original in *Tom Poes Weekblad* (1947)

der Zeichner doch eine große Variationsbreite in der Darstellung der Figuren. Sein Stil ist nur bedingt »realistisch«, es spielen Elemente des Expressiven und der Karikatur hinein, besonders in der Porträtierung der beiden bekannten Schauspieler Albers und Rühmann. Dass im *Sonntagsbraten* immer fünf Strips aneinandergeklebt wurden und die Abstände zwischen diesen Streifen aus layout-technischen Gründen zumeist zu schmal geraten sind, ist der Redaktion zuzuschreiben, nicht dem Zeichner.

Von Meyer-Mengede sind keine weiteren Comics bekannt. Der *Sonntagsbraten* fand nach dem Ende des Reeperbahn-Klassikers zunächst nichts, mit dem man hätte anschließen können. Erst Anfang 1956 stieß man auf eine Fundgrube an Comics, die allerdings so ergiebig war, dass die Zeitschrift über zehn Jahre darauf zurückgreifen konnte. Ihrem Ursprung nach kam dieses Material aus den holländischen Toonder-Studios, hatte dementsprechend keine Sprechblasen, sondern die in Holland lange üblichen Untertexte als Träger von Dialogen und Handlungsgerüst.

Den Anfang macht in Heft 3 von 1956 »Die Abenteuer des Piloten Sturm« (angekündigt als »neue Bildserie«). Das Original, »Piloot Storm«, stammte von Henk Sprenger (1919-2005) und war ab Ende November 1947 in der damals neuen Comiczeitschrift *Tom Poes Weekblad* erschienen (dort in Farbe). Arend Sturm, ein gebürtiger Holländer, hat im Krieg auf seiten der Alliierten als Flieger gekämpft[5] und ist auf dem Weg von New York, um in seiner Heimat einen Job als Pilot der zivilen Luftfahrt anzutreten. Sturm hat einen Freund namens Buck Ryan, der eine Düsenmaschine entwickelt hat. Die Serie bewegt sich im Genre Abenteuer/Fliegercomic und entwickelt sich im Laufe der Jahre zu einem Science-Fiction-Comic.

In *Der Sonntagsbraten* wurde »Pilot Sturm« vom Anfang der Serie an veröffentlicht, allerdings in Schwarzweiß. Mit der fünften Folge erweiterte die Zeitschrift von einer halben auf eine ganze Seite.[6] Die Serie lief im *Sonntagsbraten* bis Heft 19/1963. Im darauffolgenden Heft 20 begann der Abdruck einer weiteren Serie aus den Toonder Studios, »Kapitän Rob« (orig. »Kapitein Rob«) von Pieter Kuhn (Zeichnungen) und Evert Werkman (Text). Als Zeitungsstrip waren die Abenteuer des Kapitäns seit 1945 in *Het Parool* zu lesen, wo die Serie erst 1966, nach dem frühen Tod Kuhns, beendet wurde. »Kapitein Rob« gilt als eine der wichtigsten »realistisch« gezeichneten Comicserien der Niederlande.

Links eine Folge der Abenteuer des Kapitän Rob (*Der Sonntagsbraten* 18/1966).

In Deutschland waren 1952/53 im Kölner Comel Verlag drei Hefte der Serie erschienen, beginnend mit dem 18. Originalabenteuer. Auch *Der Sonntagsbraten* brachte nicht die Anfänge des Comics: »Der Schatz des Scheichs« war in Holland bereits die 39. Folge gewesen. *Der Sonntagsbraten* behielt die typisch holländischeManier der Untertexte bei, reduzierte diese jedoch auf wenige Zeilen. In der deutschen Fleischerzeitschrift erschienen wenigstens sechs Abenteuer der Serie. Da wir bisher nicht wissen, wie lange *Der Sonntagsbraten* existierte – das letzte bekannte Heft ist die Nummer 1/1967 – ist auch ungewiss, wie lange der Comic hier abgedruckt wurde. Dasselbe gilt für die Laufzeit der einfach gezeichneten Kinderserie »Die Wuschelköpfe« (im Original »Lappy Loup«, erschienen in *Trouw*), von der eine Folge 1966 gesichtet wurde. Ihr Zeichner Alexo (d. i. Lex Overeijnder) stammt ebenfalls aus Holland.

Der Sonntagsbraten ist nur in drei Bibliotheken zu finden[7], und auch dort nicht vollständig. Die Informationen zu den Jahrgängen aus der Mitte der 60er Jahre stammen von Einzelfunden beziehungsweise von den Sammlern Heiner Jahncke und Harald Kiehn. Kundenzeitschriften haben besonders in den 50er und 60er Jahren regelmäßig Comics geboten. Hier gibt es noch viel zu entdecken, wohl auch an originär deutschen Comics, wie das Beispiel Meyer-Mengede in *Der Sonntagsbraten* zeigt.

[6] Von den Heften der 60er Jahre konnten nur einige gesichtet werden. So wurde in *Der Sonntagsbraten* 13/1962 zusätzlich zu »Die Abenteuer des Piloten Sturm« auf der Kinderseite halbseitig der niederländische Strip »Nicky und das Zauberlehrbuch« abgedruckt (d. i. »Nikkie« von Peter Wienk; Bildfolge mit Untertexten).

[7] In den beiden Nationalbibliotheken Leipzig und Frankfurt sowie in der Hamburger Staats- und Universitätsbibliothek (dort zur Zeit wegen der schlechten Erhaltung nicht einsehbar).

Oben der Abschluss der Geschichte »Die Million im Eimer« in der Broschüre »... noch mal 100 neue Abenteuer«.

Dieselbe Folge in *Quick* 46/1957.

»Nick Knatterton« – die vier verschollenen Folgen

Von Eckart Sackmann

Seit 1998 nahm man an, dass Manfred Schmidts »Nick Knatterton« komplett als Nachdruck vorliegt. Dem ist aber nicht so. Der Grund, warum in den 50er Jahren vier Folgen der Serie unterschlagen wurden, erschließt sich erst durch einen Vergleich mit der Erstveröffentlichung in der Illustrierten »Quick«.

Bei der Vorbereitung der Ausstellung »Nick Knatterton«, die von Januar bis April 2013 im Wilhelm-Busch-Museum Hannover zu sehen war, entdeckte der Kurator Kai Gurski vier Folgen der Serie, die in dem beim Lappan Verlag erschienenen Nachdruck fehlen. Sie gehören zu der Geschichte »Die Million im Eimer«. In der Illustrierten *Quick* war diese Episode in den Heften 29 bis 50 des Jahrgangs 1957 erschienen, mit einer Einleitung und 20 Comicfolgen. Schon der im selben Jahr im Verlag Th. Martens erschienene Nachdruck als querformatige Broschüre (»... noch mal 100 neue Abenteuer«) enthielt lediglich 16 der 20 Comicfolgen.

Warum aber fehlten diese vier Folgen von »Die Million im Eimer« in der Martens-Broschüre? Das Museum (das 1998 das Gros der noch erhaltenen »Knatterton«-Originale als Schenkung erhalten hat) machte den Grund am Inhalt fest. Dem schloss sich auch der Kommentator der Zeitschrift *COMIX* an:

> Die gesamte Staffel und speziell diese vier Folgen nehmen unmissverständlich Bezug zur damaligen Diskussion um die Bewaffnung der noch jungen Bundeswehr mit Atomwaffen. Vermutlich waren diese Folgen, die nach dem Abschluss des eigentlichen Falls von der »Million im Eimer« noch einen weiteren, in sich geschlossenen Kriminalfall dranhängen, 1958 aus der Sicht der Herausgeber politisch zu brisant, weshalb man die Staffel in der Buchpublikation früher enden ließ, so dass die vier Folgen im Nachlass von Manfred Schmidt in Vergessenheit gerieten.[1]

Politisch zu brisant? War es nicht gerade das Prinzip von Schmidts Comic, politisch brisant zu sein? Einmal fällt in zweideutiger Weise der Name Strauß. Linda: »Der Strauß ist weg!« Knatterton: »Das nützt jetzt auch nichts mehr!« Murx: »Mein bester Kunde...« Franz Josef Strauß war nach dem grandiosen Wahlerfolg der CDU 1957 wieder Verteidigungsminister geworden. Ihn im Comic zu kritisieren, hatte also überhaupt keine Wirkung, von politischer Brisanz ganz zu schweigen.

Der Grund, warum Stalling auf die vier Folgen verzichtet hatte, war vermutlich weit banaler. Die Broschüre sollte einen Umfang von 48 Seiten haben. Mit den zusätzlichen Folgen wäre dieser kostengünstige Rahmen überschritten worden – also ließ man sie weg und bat den Zeichner um ein neues Ende der Episode.[2] Das war allen recht: Die Käufer der Broschüre merkten es vielleicht nicht einmal (wenn sie sie nicht mit der *Quick*-Veröffentlichung verglichen, was wohl kaum einer getan haben wird).

Es gibt übrigens noch weitere Unstimmigkeiten, und zwar zwischen dem Abdruck des Comics in der *Quick* und der Broschüre von 1957[3] und den späteren Nachdrucken bei Stalling[4]. Diese Differenzen betreffen nicht nur »Die Million im Eimer«, sondern auch die dieser Episode zeitlich vorangehende Geschichte »Veridium 275«.[5] Werfen wir zunächst einen Blick auf »Veridium 275«: Die ersten beiden Comicseiten der *Quick* bzw. der Broschüre fehlen in den späteren Nachdrucken. Die Stalling-Startseite entspricht der Seite 3 der *Quick* und der Broschüre unter Auslassung des dritten Panels.

Die ersten beiden Original-Comicseiten von »Veridium 275« bilden bei Stalling den Anfang von »Die Million im Eimer«. Die ursprüngliche Startseite dieser Geschichte wurde um ein Panel gekürzt, ummontiert und durch zwei Panels von Seite 3 aus »Veridium 275« ergänzt. Diese beiden Panels tauchen seither in beiden Geschichten auf. Warum Stalling diese Umstellungen vornahm, ist wohl nicht mehr zu klären. Bei den in Hannover vorhandenen Originalen sieht man, dass die beiden doppelten Panels nach Verwendung wieder auf die Anfangsseite von »Veridium 275« zurückgeklebt wurden.

[1] anon.: Expo: Museum Wilhelm Busch. In: *COMIX* 02/2013, S. 16.

[2] Da die Broschüre wegen des Weihnachtsgeschäfts schon im Oktober 1957 in den Handel kam (vgl. die Ankündigung in *Quick* 42/1957, S. 71), muss der verfrühte Abschluss im voraus geplant gewesen sein. Bei Erscheinen der Broschüre waren in der Zeitschrift erst 13 von 20 Folgen abgedruckt worden.

[3] Bis auf die erwähnten vier Seiten ist der Abdruck in der *Quick* und der Broschüre identisch.

[4] Vom Stalling-Nachfolger Lappan bei dessen Ausgaben unkommentiert übernommen.

[5] »Veridium 275« in *Quick* 41/1956–13/1957; »Die Million im Eimer« in *Quick* 29–50/1957. Stalling kehrte die Reihenfolge um: »Die Million im Eimer« erschien in der »Gedenkausgabe« Bd. 1 von 1971; »Veridium 275« erst in der »Gedenkausgabe« Bd. 2 von 1972.

Unten die beiden »verdoppelten« Panels, die bei Stalling und Lappan sowohl in »Veridium 275« als auch in »Die Million im Eimer« auftauchen. Das ist um so erstaunlicher, als hier etwas Einmaliges geschildert wird: »Jetzt sieht der Leser etwas, was er noch nie sah und auch nie wieder sehen wird: Der stahlharte Nick weint!«

Unten und auf der nächsten Seite die vier Folgen, wie sie in *Quick* 47 bis 50/1957 erschienen. Diese Seiten fehlen in der Broschüre »... noch mal 100 neue Abenteuer«.

Manfred Schmidt: Nick Knattertons neues Abenteuer

17. Fortsetzung

Die Million im Eimer

Dank Knattertons Bemühungen hat Murx seine Million wiedergefunden, aber nicht seine Ruhe: Die Gangsterbande, die ihm sein Patent abjagen will, wartet nur auf den günstigen Moment! Aber Knatterton weicht Murx nicht von der Seite. — Murx, Linda und Knatterton sind Trauzeugen bei Saldos und Tillys Hochzeit. Der QUICK-Leser ist jetzt Augenzeuge, wie anregend der Anblick des Brautpaares auf den alten Junggesellen Murx wirkt:

Der neue Nick-Knatterton-Band — „Veridium 275", „Die Million im Eimer" — wird Ihnen Spaß machen!
Für 2,80 DM in Buchhandlungen oder im Verlag TH. MARTENS & CO., GMBH, MÜNCHEN 3

Nächste Fortsetzung: **Der Strauß ist weg!**

Manfred Schmidt: Nick Knattertons neues Abenteuer

18. Fortsetzung

Die Million im Eimer

Auf dem Wege zur Hochzeitsfeier von Sigmund und Tilly Saldo entdeckte Murx im Boden seines Zylinders eine handgeschriebene Drohung: Man kündigt ihm sein Ableben an, wenn er sein Produktionsgeheimnis nicht herausgibt. In zwei Stunden will man es abholen!

Der neue Nick-Knatterton-Band — „Veridium 275", „Die Million im Eimer" — wird Ihnen Spaß machen!
Für 2,80 DM in Buchhandlungen oder im Verlag TH. MARTENS & CO., GMBH, MÜNCHEN 3

Nächste Fortsetzung: **Ein Bart brennt ab**

Manfred Schmidt: Nick Knattertons neues Abenteuer

19. Fortsetzung

Die Million im Eimer

Während der Hochzeitsfeier des Ehepaares Saldo im Dachgarten-Casino der Murx AG. rief man Nick ans Telefon. Kaum war er in der Zelle, wurde sie von einem Kran der nebenanliegenden Baustelle in die Luft gehoben. Die Gaunerbande hat jetzt freie Bahn!

Von der Geheimformel gibt es keine Kopie! Nun können wir endlich verraten, worum es sich bei diesem Produktions-Geheimnis handelt: Es war ein Halbfett-Käse, der durch gewisse Zusätze demjenigen, der ihn ißt, ungeheuren Mut verleiht. Dieser sogenannte Wehrfreudigkeits-Käse sollte vor allem an Soldaten verfüttert werden. Die Beschaffungsämter aller Armeen waren in Ost und West sehr interessiert. Aber nun ist das Patent zum Teufel . . .

Der neue Nick-Knatterton-Band — „Veridium 275", „Die Million im Eimer" — wird Ihnen Spaß machen!
Für 2,80 DM in Buchhandlungen oder im Verlag TH. MARTENS & CO., GMBH, MÜNCHEN 3

Nächste Fortsetzung: **Der Adventskranz als Rettungsring**

Manfred Schmidt: Nick Knattertons neues Abenteuer

20. Fortsetzung

Die Million im Eimer

Ein als Weihnachtsmann verkleideter Gangster erwartete Murx in seinem Büro, um ihm sein Patent abzunehmen. Die Formel des Patents war in Murxens Hornbrillenrand. Knatterton, der draußen am Baukran hängt, zerschoß die Brille im Moment der Übergabe.

Diese reichlich unmilitärische Äußerung wollen wir Nick in Anbetracht der Vorweihnachtszeit verzeihen. Unser ganzes Mitgefühl gilt Murx und Daisy, die mit den vorhandenen Millionen ihr Auskommen finden müssen. Damit ist das große Abenteuer zu

ENDE

Nick tat nur seine Pflicht, und nun bleibt ihm und seiner liebreizenden Gattin nichts weiter zu tun, als allen Quick-Lesern (und auch den Nicht-Lesern) ein frohes, von keinem Kriminalfall getrübtes Weihnachtsfest und ein baldiges Wiedersehen zu wünschen.

Der neue Nick-Knatterton-Band — „Veridium 275", „Die Million im Eimer" — wird Ihnen Spaß machen!
Für 2,80 DM im Zeitungs-, Zeitschriften-, Buch- und Bahnhofsbuchhandel

Nan Ba-tiän ist noch im Traum befangen, da ist er bereits gefesselt. Hung Tschangtjing wirft Nan Ba-tiän einen verächtlichen Blick zu und befiehlt, mit drei Feuersignalen Zeichen zu geben, damit die Rote Armee draußen und andere Frauenarmee-Einheiten die Nan Ba-tiäns Dorfwehr angreifen sollen.

Gleichzeitig sind die in der Feste heimlich versteckten Kämpferinnen der Frauenarmee in das Wachgebäude eingedrungen. Der „Große Goldzahn" leistet Widerstand und wird von einer Kugel der Kompanieführerin getötet.

Zwei Seiten aus dem Buch »Die Rote Frauenkompanie« (Peking 1966).

Maos Comics in Deutschland

Von Helmut Kronthaler

Von Mitte der 1950er Jahre bis in die 1980er Jahre hinein versuchte Rotchina, seine gesellschaftlich-kulturellen Ideologie-Vorstellungen auch über Comics zu verbreiten. Die fanden nicht nur bei der westdeutschen Neuen Linken Aufnahme, sondern bereits frühzeitig auch in einer Kinderzeitschrift der DDR.

Als der Rowohlt Taschenbuch Verlag im April 1972 unter dem Titel »Das Mädchen aus der Volkskommune« einen umfangreichen Sammelband zeitgenössischer chinesischer Comics veröffentlichte[1], war Mao Zedongs gescheiterte Kulturrevolution bereits in ihrer Endphase angekommen. In großen Teilen der sogenannten Neuen Linken Westeuropas genoss der Terror seiner Roten Garden jedoch noch immer große Sympathien. Nicht nur in den im Gefolge der Studentenrevolte 1967/68 in allen größeren Städten gegründeten linken oder linksalternativen Buchhandlungen, sondern auch auf den Uni- und Mensa-Büchertischen diverser K-Gruppen konnte man damals neben der obligatorischen »Mao-Bibel« immer auch meist kleinformatige Bildhefte mit Titeln wie »Die Rote Frauenkompanie«[2] oder »Die Kühnheit des Bergadlers«[3] erwerben. Sie enthielten politische Bildgeschichten, die von den Segnungen der maoistischen Revolution erzählten und die Heldentaten ihrer teils realen, teils fiktiven Protagonistinnen und Protagonisten als Vorbild für das gemeine Volk inszenierten.

Produziert wurden diese Propaganda-Comics meist vom Verlag für fremdsprachige Literatur in Peking, der ja auch die »Worte des Vorsitzenden Mao Tse-Tung« im Vertrieb hatte. Sie erschienen nicht nur auf Deutsch, sondern waren parallel auch in englischer und französischer Sprache sowie zum Teil in weiteren länderspezifischen Ausgaben erhältlich. Ursprünglich freilich wurden diese Bildgeschichten gar nicht für den Export geschaffen, sondern dienten im Heimatland erst einmal der Belehrung und Unterhaltung der eigenen Landsleute[4]. Dass diese Bild-Erzählungen in China auf eine eigenständige Tradition zurückblicken können, die schon lange Zeit vor Mao begonnen hat, erfuhr der deutsche Leser im 1976 in der sogenannten Gelben Reihe des Eugen Diederichs Verlags veröffentlichten Taschenbuch »Chinesische Comics«, das im Untertitel »Gespenster, Mörder, Klassenfeinde« gleich drei der zentralen Themen chinesischer Bildgeschichten benannte.[5] Der von Wolfgang Bauer zusammengestellte und kenntnisreich eingeleitete Band erweiterte die bis dato vor allem durch die offiziellen Pekinger Propaganda-Comics geprägte Perspektive der deutschen Leser um Beispiele aus der Zeit vor der Gründung der Volksrepublik China 1949 und um zeitgenössische Comics aus Hongkong, Singapur und Taiwan.

Innerhalb der deutschen Comicleser- und -sammler-Szene dürfte die Rezeption der chinesischen Bildgeschichten damals allerdings eine eher exotisch anmutende Randerscheinung gewesen sein. Dies wird um so deutlicher, wenn man sich zwei frühe Veröffentlichungen zum Thema aus der unmittelbaren Fan-Szene vergegenwärtigt. So erscheint im *INCOS Jahrbuch* 1979 eine erste Darstellung in Deutschland verbreiteter Comics aus China, zusammengetragen von Klaus Gärtner.[6] Es handelt sich hierbei primär um eine bibliografische Checkliste mit etlichen Coverabbildungen der im Zeitraum von 1956 bis 1977 in monografischer Form in deutscher Sprache verlegten Bildgeschichten mit Verweis auf die beiden Sammelbände von 1972 und 1976 sowie auf einige Zeitungs- bzw. Zeitschriftenveröffentlichungen im offiziellen Pekinger Propagandamagazin *China im Bild* und in der *Roten Fahne* der KPD/ML. Gärtner stellt einleitend klar, dass er »keine Analyse der Comics aus der Volksrepublik China« liefern will, und verweist zugleich auf ein »gewaltiges Informationsdefizit«. Dem an der Sache weiter-

Oben: Eine Biografie Mao Zedongs in Comicform, deren Autor Rius (d. i. Eduardo del Rio) in seinen Illustrationen auch originale chinesische Comics zitiert (1979; dt. 1980).

gehend Interessierten empfiehlt er die Anschaffung von »Das Mädchen aus der Volkskommune« und schließt die Einleitung mit den Worten:

> Die sieben Mark sind hier jedenfalls besser angelegt, als bei dem Schmutz, von dem unsere Kioske überquillen.

Ob Gärtner dabei bewusst war, dass er mit diesem Satz alte Argumentationsstrategien um »gute« und »böse« Comics aus den 1950er Jahren wieder aufgegriffen hat, sei dahingestellt. Eigenartig wirkt die Aussage im Jahr 1979 auf jeden Fall, vor allem in einer Publikation der sonst doch eher am Mainstream von Hansrudi Wäscher bis zu US-amerikanischen Superhelden orientierten Interessengemeinschaft Comic Strip e.V. (INCOS).

Während Klaus Gärtner also für die Lektüre klassenkämpferischer Geschichten plädiert, stützt Herbert Kampl seine Überlegungen zu »Comics in China« im *Comic Forum* 32 von 1986 vor allem auf Wolfgang Bauers Sammelband von 1976.[7] Wie Bauer sieht Kampl im Jahr 1949 eine wesentliche Zäsur in der Geschichte und Entwicklung chinesischer Bildgeschichten. Die Produktion aus der Volksrepublik charakterisiert er denn auch durchaus mit einer gewissen kritischen Distanz:

> Es ist ungeheuer schwierig, dem rotchinesischen Comic, der praktisch ausschließlich der politischen Lehre und Propaganda dient, vom Standpunkt des westlichen, des europäischen Betrachters aus gerecht zu werden. Sie sind zweifellos sorgfältig gemacht und würden in punkto Qualität einem Vergleich mit kommerziellen westlichen Comics durchaus standhalten, sind sie doch ebenso wie diese dazu bestimmt, in Millionenauflagen hergestellt zu werden. Obwohl sie mit Unterhaltung in unserem Sinne kaum etwas zu tun haben, werden sie von der chinesischen Bevölkerung bereitwillig als solche akzeptiert und mit größter Begeisterung gelesen. Grundsätzlich sind Comics, bis auf einige didaktische Ausnahmen, mit denen den Kindern lesen gelehrt wird, in Rotchina Erwachsenenliteratur.[8]

Dass dem letzten Satz Kampls nur bedingt zuzustimmen ist, werden wir im Folgenden noch sehen, doch in seiner grundsätzlichen Beurteilung der Funktion und Rezeption der Comics innerhalb der damaligen chinesischen Gesellschaft hat er mit Sicherheit recht. Sie dienten als Propaganda und Unterhaltung zugleich, wobei allerdings zu beachten ist, dass mit der Kulturrevolution von 1966 eine weitere wesentliche Zäsur in der Entwicklung chinesischer Bildgeschichten stattgefunden hat. Die Intellektuellen- und Bildungsfeindlichkeit Maos und seiner Strategie der »proletarischen« Revolution, die ja bekanntlich zur Zerstörung zahlreicher, oft jahrhundertealter Zeugnisse chinesischer Kunst und Kultur führte, machte auch vor Literatur und bildender Kunst nicht

Halt. So verloren auch die Bildgeschichten ihre bis zu diesem Zeitpunkt selbst im kommunistischen China noch mögliche Vielfalt und dienten fortan ausschließlich der politisch-ideologischen Indoktrination.[9] Erst nach Maos Tod 1976 kommt es bei den Lianhuanhua (so der chinesische Begriff für die Bildgeschichten) zu einer »Renaissance der klassischen Unterhaltung«[10].

Doch Kampl legt den Schwerpunkt seines Essays im *Comic Forum* auch gar nicht auf die »rotchinesischen« Comics, sondern widmet sich vor allem traditionellen Geschichten und neueren Beispielen aus Hongkong. In der der Anthologie von Bauer entnommenen humoristischen Bildgeschichte »Die drei Freunde« sieht er einen Semi-Funny, der stilistische Ähnlichkeiten zu belgischen Comics aus dem Umfeld der Ecole Marcinelle aufzuweisen habe. Sein Fazit:

> Es handelt sich bei dem Comic »Die drei Freunde ohne Zweifel um einen westlich beeinflußten Comic, doch ist er gerade deshalb ein typischer chinesischer Comic aus dem nationalen Schmelztiegel Hongkong, denn so wie sich in Hongkong nicht nur Völker, sondern durch sie auch Vergangenheit und Zukunft treffen, um gemeinsam die Gegenwart zu bilden, so treten in diesem Comic historische Figuren in zeitlosen Situationen auf, um auf diese Weise die Zustände im Hongkong der Gegenwart mit satirischen Anachronismen zu kritisieren.[11]

Schon vor der Gründung der Volksrepublik gab es in China eine kontroverse Diskussion über den künstlerischen und pädagogischen Wert von Bildgeschichten. Sogar der Schriftsteller Lu Xun (Lu Hsün; 1881-1936), der als Begründer der modernen chinesischen Literatur des 20. Jahrhunderts gilt, beschäftigte sich in einem Aufsatz aus dem Jahr 1932 ausführlich mit dieser Fragestellung.[12] Als Erwiderung auf den Essay eines Kunstkritikers, der »Bildergeschichten rundweg« ablehnte, verteidigte er die literarisch-künstlerische Praxis, eine Geschichte in fortlaufenden Bildern zu erzählen, nicht nur mit Beispielen aus der eigenen kulturellen Tradition; er erwies sich zugleich als profunder Kenner westlicher Kunst.

So nennt Lu Xun Holzschnittfolgen von Käthe Kollwitz, Carl Meffert und Frans Masereel, aber auch grafische Folgen von William Siegel (»The Paris Commune. A Story in Pictures«. New York 1932), William Gropper (»Alay-oop«. New York 1930) und Robert Gibbings (»The Seventh Man. A True Cannibal Tale of the South Seas«. Waltham Saint Lawrence 1930). Auch wenn Xun sich hier dezidiert nur auf künstlerische grafische Folgen bezieht, also nicht auf die gleichzeitig bereits in Millionenauflagen vertriebenen Bildhefte mit volkstümlichen Geschichten, wird sein Statement später von den Befür-

wortern der Lianhuanhua in der Volksrepublik China als Legitimation ihrer Propaganda-Comics umgedeutet.[13]

Primär pädagogisch-propagandistische Überlegungen sind es dann auch, die die frühe Beschäftigung mit chinesischen Comics in Deutschland prägen. Michael F. Scholz hat darauf hingewiesen, dass in der DDR-Zeitschrift *Frau von heute* bereits 1950 ein Artikel erschien, der die aktuellen Lianhuanhua in positiver Weise als »unmittelbar« im »Dienst der demokratischen Erziehung des Volkes« stehend würdigte.[14] Kein Wunder also, dass die ersten deutschen Übersetzungen dieser Bildgeschichten ebenfalls in der DDR erschienen sind. Seit Heft 6/1955 wurden in der Kinderzeitschrift *Fröhlich sein und singen* (*Frösi*) immer wieder sporadisch chinesische Comics abgedruckt.[15] Den Anfang machte die zweiseitige Erzählung »Schulmeister Tungkuo«, die allerdings zumindest vordergründig keinen Bezug zur aktuellen politischen Entwicklung in China erkennen lässt. Sie handelt von einem »freundlichen« und »gutherzigen« Lehrer, der »vor einigen tausend Jahren« in China gelebt habe. Dessen zu Beginn der Geschichte geäußertes Credo, dass »es zuallererst darauf ankäme, ein guter Mensch zu sein« und man somit auch Mitleid mit »Bösewichten« haben solle, wird im Laufe der Handlung ad absurdum geführt, da ein Wolf, den Meister Tungkuo vor Verfolgern schützt, ihn später dennoch fressen will. Der Lehrer wird durch die List eines Bauern gerettet und sieht den Irrtum seiner Moralprinzipien ein. »Ein Narr ist jeder, der vor lauter Gutmütigkeit es versäumt, sein Leben zu schützen,« schreibt er am Ende als neues Lebensmotto über einen Aufsatz.

Auch wenn diese Erzählung nicht unmittelbar von den Maximen des revolutionären Kommunismus handelt, wird in ihr doch parabelhaft eine Überlegenheit marxistisch-materialistischer Weltanschauung gegenüber christlichen Vorstellungen postuliert. Die Geschichte wird als fortlaufende Texterzählung präsentiert und von einer Folge von insgesamt 16 Bildern begleitet, die zum Teil sogar Sprechblasen aufweisen. Eine Variante dieser Geschichte erscheint 1956 auch als selbstständige deutsche Buchausgabe im Pekinger Verlag für fremdsprachige Literatur und in Auszügen in Wolfgang Bauers Sammelband von 1976.

Chinesische Bildgeschichten in der Zeitschrift »Fröhlich sein und singen«
(zusammengestellt von Guido Weißhahn)

6/1955	Schulmeister Tungkuo (Autoren unbekannt; 2 Seiten)
4/1956	Die entscheidende Meldung (Text: Manfred Streubel; Zeichnungen: Liu Chi-Yu; Kolorit: Ludwig Nawrotzki; über 13 Seiten gezogen)
5/1957	Frau Allmächtig (Text: Hsiung Sai-Scheng und Yu Tschin; Zeichnungen: Tschen Yuan-Tu; 4 Seiten)
4/1958	Das kleine weiße Huhn (ohne Zeichnerangabe; Nacherzählung: Ilse Korn; 2 Seiten)
10/1959	Verse der Bauern (Zeichnungen: Miao Di; Übertragung: Erhard Scherner; 1 Seite)
10/1960	Das Mädchen und der Starmatz (Text: Liu Dschaolin; Nachdichtung: Li Ming; Illustrationen: Tscheng Sche-fa; Nachzeichnung: Günter Hain; 4 Seiten)
12/1960	Ohne Titel (Zeichnungen: Günter Hain; Text: Manfred Streubel; nach einer chinesischen Bilderzählung; gestreckt über 6 Seiten)
3/1961	Der Wunderpinsel (Text: Hung Hsun-Tao; Zeichnungen: Ludwig Nawrotzki nach Wan-Lai-Ming; 4 Seiten)
7/1961	Der stolze General (Text: Hua Djün-wu; Zeichnungen: To Wei; 2 Seiten)

[1] Das Mädchen aus der Volkskommune. Chinesische Comics. Mit einer Einleitung von Gino Nebiolo und Kommentaren von Jean Chesneaux und Umberto Eco. Reinbek 1972. Der Band basiert auf dem Buch »I fumetti di Mao«. Bari 1971.

[2] Die Rote Frauenkompanie. Text von Liang Hsin und Sung Yü-djiä. Illustriert von Li Dsi-dschun. Bearbeitet vom Kunstverlag der Provinz Liaoning. Peking 1966. In Deutschland später auch als Raubdruck unzer dem Titel »Das Rote Frauenbataillon« verbreitet.

[3] Die Kühnheit des Bergadlers. Verfasst vom Volksverlag Kuangtung. Illustrationen von Kuang Ming-yin, Dsuo Yi, Liu We-hsiung und Dschung Hsiän-tschang. Peking 1975.

[4] Zur Geschichte und Rezeption der Comics in China grundsätzlich: Andreas Seifert: Bildgeschichten für Chinas Massen. Comic und Comicproduktion im 20. Jahrhundert. Köln/Weimar/Berlin 2008.

[5] Chinesische Comics. Gespenster, Mörder, Klassenfeinde. Übersetzt und eingeleitet von Wolfgang Bauer. Düsseldorf/Köln 1976.

[6] Klaus Gärtner: Deutsche China-Comics. In: INCOS (Hg.): Jahrbuch 1979. Berlin 1979. S. 68-75.

[7] Herbert Kampl: Comics in China. In: *Comic Forum* 32 (Mai 1986). S. 13-17.

Auf dieser und der vorhergehenden Seite drei Beispiele chinesischer Comics, die Mitte bis Ende der 1950er Jahre in der DDR in der Zeitschrift *Fröhlich sein und singen* veröffentlicht wurden.

Weitere der in *Fröhlich sein und singen* veröffentlichten Bildgeschichten aus China erzählen auch direkt von den Kämpfen kommunistischer Partisanen (»Die entscheidende Meldung«; *Frösi* 4/1956), von Kindern, die sich in den Kriegshandlungen zwischen revolutionären und reaktionären Kräften gleichsam instinktiv »auf die richtige Seite« schlagen (»Das kleine weiße Huhn«; *Frösi* 4/1958) oder zeigen einfach nur humoristische Episoden (»Verse der Bauern«; *Frösi* 10/1959). Das sich Ende der 1950er Jahre abzeichnende Zerwürfnis zwischen Maos China und der Sowjetunion bedeutet schließlich auch das Aus für die Übernahme von Bildgeschichten aus China. Die letzte dieser Erzählungen, »Der stolze General«, erscheint in Heft 7/1961.

Bereits im Jahr 1956 produziert auch der Verlag für fremdsprachige Literatur in Peking Comicbücher bzw. -hefte für den deutschsprachigen Markt. Zu den ersten Titeln gehört der Band »Gaos Jugendjahre«[16], eine Art Comic-Biografie des revolutionären chinesischen Schriftstellers Gao Yü-bao. Auf den ersten Seiten findet sich eine »Anmerkung des Herausgebers«, die dem deutschen Leser Form und Inhalt der Bildgeschichte näherbringen soll:

> Schon seit mehr als vierzig Jahren erfreuen sich »Bildergeschichten« einer ungemeinen Beliebtheit beim chinesischen Lesepublikum, insbesondere aber bei der Jugend.

[8] ebd., S. 13.

[9] Vgl. dazu Andreas Seifert: Bildgeschichten für Chinas Massen. a. a. O., S. 96 ff.

[10] ebd.

[11] Herbert Kampl: Comics in China. a. a. O., S. 16.

[12] Lu Hsün: Zur Verteidigung von »Bilderbüchern«. In: Holzschnitt im Neuen China. Zeitgenössische Graphik aus der Volksrepublik China ausgewählt von der Gesellschaft des Chinesischen Volkes für Freundschaft mit dem Ausland, Peking. Ausstellungskatalog. Berlin 1976. S. 86-88.

[13] Vgl. dazu Andreas Seifert: Bildgeschichten für Chinas Massen. a. a. O., S. 37-41.

[14] Michael F. Scholz: Zur Anti-Comic-Debatte der DDR in den 50er Jahren. In: Eckart Sackmann (Hg.): Deutsche Comicforschung 2009. Hildesheim 2008. S. 104-117; hier S. 106.

[15] Für Informationen und wertvolles Bildmaterial dazu danke ich Guido Weißhahn, Dresden, der auch eine komplette Aufstellung chinesischer Comics in *Frösi* erarbeitet hat (siehe Kasten S. 136).

[16] Gaos Jugendjahre. Verfasser: Gao Yü-bao. Illustration: Wang Schü-yang, Lu Tan, Pen Tsching-Yü, Tao Dschi-an, Dschou Li. Peking 1956.

Unten eine Seite aus »Sun Wukung besiegt das Weisse-Knochen-Gespenst dreimal« (deutschsprachige Erstausgabe Peking 1964).

Tang Seng springt dazwischen und stellt sich schützend vor den Alten. Mit finsterer Miene spricht er: „Die Jünger Buddhas üben als Grundtugend die Barmherzigkeit. Selbst einen bösen Geist muß man ermahnen, daß er sich vom Bösen zum Guten bekehrt; auch ihn darf man nicht töten!" Wu-kung entgegnet: „Meister, du rettest ihn, er aber wird dich nie verschonen."

Es handelt sich hier um bildlich dargestellte Erzählungen, deren kurze Begleittexte in solch einfacher Sprache gehalten sind, dass sie selbst von Leuten, die nur über begrenzte Schriftkenntnisse verfügen, leicht verstanden werden können (...). In der Vergangenheit enthielten diese Büchlein für gewöhnlich Geschichten, in denen die überirdischen Mächte, Geister und Dämonen, in sinnwidriger Weise verherrlicht, abergläubische Vorstellungen verbreitet, Bilder falscher Ritterlichkeit vorgetäuscht und das Tun und Treiben einer sittenlosen Welt in gleissenden Farben dargestellt wurden. Der Einfluss, der von solchen Büchern ausging, musste naturgemäss verderblich auf den Leser wirken. Im Neuen China wünscht das Volk bessere Bücher, sowohl für Erwachsene als auch für Kinder. Diesem Wunsche entsprechend haben die Schriftsteller und Maler Chinas ihr Bestes getan, Bildergeschichten eines neuen Typus zu schaffen (...). Dank diesen Bemühungen verfügen wir nunmehr bereits über eine Menge Bildergeschichten-Bücher, in denen volkstümliche Persönlichkeiten aus der Geschichte Chinas, historische Ereignisse und Leben und Streben des chinesischen Volkes von heute künstlerische Gestaltung finden. Diese Bildergeschichte schildert die Jugendjahre von Gao Yü-bao, jetzt Soldat-Schriftsteller in der Chinesischen Volksbefreiungsarmee, wie er während der japanischen Besetzung in einer Untergrundorganisation am Widerstandskampf gegen Japan teilnimmt. Das Heft beschreibt anschaulich die unbarmherzige Unterdrückung und Ausbeutung der chinesischen Arbeiter durch die japanischen Imperialisten und schildert realistisch den heldenhaften Kampf und die revolutionäre Bereitschaft der Arbeiterklasse unter der Führung der Kommunistischen Partei Chinas.

In diesem Vorwort zur schwarzweiß gedruckten Bildgeschichte findet sich, in wenigen Sätzen zusammengefasst, wie die Volksrepublik China unter Mao einerseits eine volkstümliche Tradition aufgreift, diese aber andererseits den neuen politischen, ideologischen und pädagogischen Ansprüchen anzupassen versucht. Neben neuen oder neu gedeuteten Inhalten bedeutet dies übrigens (auch in den chinesischen Originalausgaben) die Aufgabe der chinesischen Leserichtung von hinten nach vorne und von rechts nach links zugunsten einer Anpassung an westliche Lesegewohnheiten.

Dass in diesen Heften und Büchern nicht nur Geschichten aus dem Befreiungskampf gegen die japanischen Besatzer oder über die »Helden« der Revolution erzählt wurden, belegt das Beispiel der 1957 im Verlag für fremdsprachige Literatur erschienenen Geschichte »Die bemalte Haut«.[17] Dieses kleinformatige Heft enthält in farbigen Bildern das Abenteuer eines Gelehrten namens Wang, der von einem Dämon verhext und beinahe getötet wird. Das teuflische Wesen verkleidet sich mit Hilfe einer »bemalten Haut« als junges Mädchen, das den Gelehrten täuscht und so ins Verderben stürzt. Nur dem beherzten Eingreifen eines Priesters, der den Dämon durchschaut und im Kampf mit dem Schwert besiegt, ist es zu verdanken, dass Wang am Ende durch »Zauberkraft« wieder zum Leben erweckt werden kann. Die an ihn gerichteten Worte des Priesters enthalten schließlich auch die Moral für den Leser der Geschichte: »Teufel erscheinen oft in schöner Gestalt, um die Menschen leichter verschlingen zu können. Zukünftig müßt Ihr Euch besser vorsehen, daß man Euch nicht mehr täusche.«

Zehn Jahre später wäre eine solche Erzählung um hinterhältige Dämonen und heldenhafte Priester im China der Kulturrevolution nicht mehr möglich gewesen. Überhaupt fällt auf, dass zwischen 1966 und 1974 offenbar keine deutschsprachigen Ausgaben chinesischer Bildgeschichten veröffentlicht wurden. Dass aber in Peking auch

in diesen Jahren zumindest teilweise Comics für den westlichen Markt produziert wurden, belegen einige englischsprachige Titel aus den Jahren 1971 und 1972. Diese von der Foreign Language Press publizierten Titel wie zum Beispiel »Mine Warfare« (1971; Fotoroman nach einem gleichnamigen Film), »Fighting North and South« (1972) oder »Tunnel Warfare« (1972) enthalten ausschließlich Geschichten aus dem Krieg gegen die japanischen Besatzer oder aus der Revolutionszeit.

Im Jahr 1974 setzt dann auch die deutschsprachige Produktion erneut mit

37 Als sie hinstürzte, fiel auch die Menschenhaut von ihr. Ein gräßlicher Dämon lag da, der sich stöhnend auf dem Boden krümmte.

[17] Die bemalte Haut. Tuschzeichnungen von Tschen Schi-fa nach einer Erzählung aus den »seltsamen Geschichten aus der chinesischen Studierstube«. Deutsch von E. Scherner. Peking 1957.

zahlreichen, zum Teil auch nachgedruckten Titeln ein. Neben in gewohnter Manier gezeichneten heldenhaften Revolutionsepen wie »Ein funkelnder roter Stern«[18] finden sich nun zudem wieder moderne Comic-Adaptionen älterer chinesischer Literatur, wie z. B. das Buch »Sun Wu-kung besiegt das Weisse-Knochen-Gespenst dreimal«[19]. Neu sind aber eine ganze Reihe von Titeln, die sich bewusst vor allem an Kinder und Jugendliche richten. So erscheinen jetzt auch Hefte wie »Hahnenschrei um Mitternacht«[20] oder »Zwei kleine Schwestern im Schneesturm«[21], die auf Puppen- bzw. Zeichentrickfilmen des Schanghaier Studios für Trickfilme basieren und zum Teil in einem größeren Format und farbig gedruckt werden.

Eine Besonderheit stellt das 1975 publizierte, querformatige Heft »Geschichten der Roten Kindergardisten«[22] dar, das kurze textlose, farbige und in einem stark reduzierten humoristischen Stil gezeichnete Strips mit Kindern enthält. Im Vorwort ist dazu zu lesen:

> Diese Karikaturen hat ein Drucker in seiner Freizeit geschaffen. Anschaulich spiegeln sie die Hilfsbereitschaft und die Liebe der Roten Kindergardisten zum Kollektiv in ihrem alltäglichen Leben wider. Die Rote Kindergarde ist eine Grundschüler-Organisation unter der Führung der Kommunistischen Partei Chinas. Die Mitglieder tragen als Abzeichen ein rotes Halstuch.

Noch aufwendiger gedruckt und gestaltet präsentiert sich das ebenfalls im Jahr 1975 erschienene Album »Hai Hua«[23]. Die ganzseitigen farbigen Illustrationen dieses Bandes zeigen eine delikate Mischung aus Sozialistischem Realismus, traditioneller chinesischer Malerei und einer zumindest den westlichen Betrachter an die Formensprache

[18] Ein funkelnder roter Stern. Bildergeschichte, nach dem gleichnamigen Roman von Li Hsin-tiän. Peking 1974.

[19] Sun Wu-kung besiegt das Weisse-Knochen-Gespenst dreimal. Text: Wang Hsing-be. Illustrationen: Dschao Hung-ben, Tjiän Hsiao-dai. Nachdruck. Peking 1974. Eine erste deutschsprachige Ausgabe erschien bereits 1964.

[20] Hahnenschrei um Mitternacht. Peking 1974.

[21] Zwei kleine Schwestern im Schneesturm. Peking 1974.

[22] Geschichten der Roten Kindergardisten. Verfasst und illustriert von Peng Guo-liang. Peking 1975.

[23] Hai Hua. Verfasst von Yü Sung-yän. Illustriert von Tschen Yän-ning. Peking 1975.

von Jugendstil und Art déco, aber auch der Pop Art erinnernden Bildkunst. Auch dieses Werk wendet sich dezidiert an ein kindliches Lesepublikum, wie dem bewusst einfach formulierten Vorwort der Redaktion zu entnehmen ist:

> Liebe kleine ausländische Leser, damit ihr unsere Bildergeschichte besser versteht, wollen wir euch kurz einiges über den Inhalt erklären. Die Geschichte spielt in Südchina in der Produktionsbrigade Tsaohsi. Eine Produktionsbrigade ist etwa so groß wie ein Dorf. In der Geschichte ist oft von der »Miliz« die Rede. China ist ein sozialistisches Land. In einem sozialistischen Land ist das Volk bewaffnet, damit es sich besser gegen in- und ausländische Klassenfeinde verteidigen kann. Die bewaffneten Menschen werden »Miliz« genannt, und eine solche Milizeinheit gibt es auch in Tsaohsi. In der Miliz sind natürlich nur Erwachsene. Die Schülerin Hai Hua ist, wie andere Kinder der Grundschule des Dorfes, ein »Roter Kindergardist«. Die Roten Kindergardisten in unserer Geschichte helfen, zwei Klassenfeinde zu beobachten. Sie sind dabei sehr mutig, denn diese Klassenfeinde sind grausame Menschen und wollen die Kinder in die Irre führen. Früher unterdrückten die Klassenfeinde die Fischer und Bauern usw., beuteten sie aus, folterten und töteten viele. Darum werden sie »Despoten« genannt. Da sie heute nicht mehr an der Macht sind, haben sie üble Pläne und versuchen, das Volk zu verraten. Durch die Leitung der Parteizelle von Tsaohsi und die Zusammenarbeit der Miliz und der Roten Kindergardisten werden zwei Klassenfeinde schließlich gestellt.

Diese offensichtliche und durchaus aggressiv vorgetragene Indoktrination aus Peking, die nun vor allem auf »ausländische« Kinder und Jugendliche zielte, ging in dieser Zeit auch einher mit Veröffentlichungen aus dem Umfeld deutscher K-Gruppen, Parteien und Kleinverlage, die sich der menschenverachtenden Ideologie von Maos Kulturrevolution besonders verbunden fühlten. So publizierte etwa die KPD/ML-Zeitung *Rote Fahne* in Fortsetzungen die chinesischen Bildgeschichten »Lenin im Oktober«[24] und »Norman Bethune in China«[25]. In der Internationalen Reihe des Oberbaumverlags Berlin erschien der Comic »Die barfüßige Ärztin«[26], im Selbstverlag der Gesellschaft für Deutsch-Chinesische Freundschaft e.V. der Band »Gemeinsam fliegen die Wildgänse«[27] und im Esperantischen Zentrum gegen den Sprach-Imperialismus Mailand das Heft »Auch ich will zur Schule gehen«[28]. Mit der

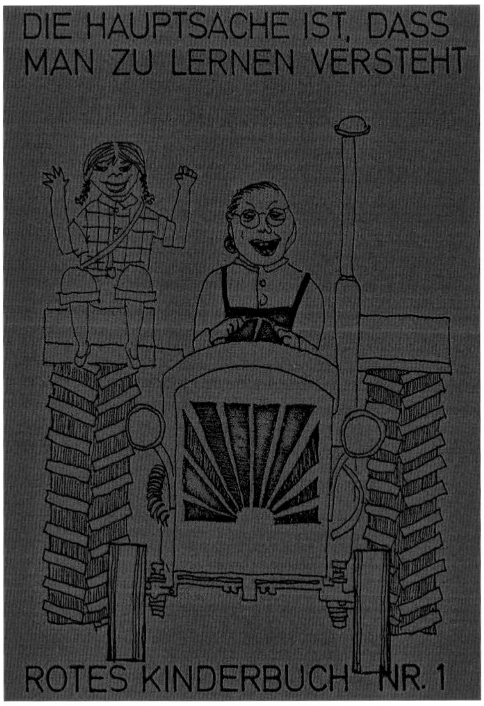

[24] Buchausgabe: Lenin im Oktober. Chinesische Bildergeschichte. Köln 1977.

[25] Buchausgabe: Norman Bethune in China. Text: Dschung Dschi-tscheng. Illustrationen: Hsü Jung-tschu, Hsü Yung, Gu Liän-tang, Wang Yi-scheng. Peking 1975.

[26] Die barfüßige Ärztin. Klassenkampf und medizinische Versorgung. Chinesische Bildergeschichte. Berlin 1973.

[27] Gemeinsam fliegen die Wildgänse. Berlin 1976.

[28] Auch ich will zur Schule gehen. Schulerinnerungen eines Soldaten der chinesischen Roten Armee. Mailand 1977.

[29] Konfuzius und der Räuber Zhi. Neue Bildergeschichten und alte Anekdoten aus China. Herausgegeben und aus dem Chinesischen übersetzt von Christoph Harbsmeier. Frankfurt am Main 1978.

[30] Die Geschichte von Chin aus dem Dorf Liu-Ling. Die Hauptsache ist, dass man zu lernen versteht. Rotes Kinderbuch Nr. 1. Berlin 1969.

sogenannten Konfuzius-Debatte am Ende der Zeit der Kulturrevolution beschäftigt sich das Insel-Taschenbuch »Konfuzius und der Räuber Zhi«[29].

Besonders kurios wirken zudem selbst gezeichnete Eigenproduktionen, die Stil und Inhalt chinesischer Bildgeschichten bzw. Kinderbücher zu imitieren versuchen. Als »Rotes Kinderbuch Nr. 1« publizierte zum Beispiel die Berlinerin Katinka Nierenstein nach einem Text von Jan Myrdal im Selbstverlag das Heft »Die Geschichte von Chin aus dem Dorf Liu-Ling«[30].

Obwohl in den späten 1970er und frühen 1980er Jahren noch zahlreiche weitere chinesische Bildgeschichten meist in Ausgaben des Verlags für fremdsprachige Literatur Peking erschienen, war der Zenit ihrer Popularität im linken und linksalternativen Milieu bereits überschritten. Aus den überzeugten Maoisten und Parteigängern von Massenmördern wie Idi Amin oder Pol Pot, die sich zuletzt vor allem noch im Kommunistischen Bund Westdeutschland (KBW) sammelten, wurden nach und nach basisdemokratisch und ökologiebewegt gewandelte Grüne.

In der deutschen Comicszene selbst fanden die ideologisch überfrachteten Bildgeschichten aus Rotchina ohnehin kaum Interesse. Und einige westliche Comiczeichner spielten längst selbst in ironischer Manier mit der Ästhetik ihrer chinesischen Kollegen. Die radikalsten Werke schuf wohl der Franzose Romain Slocombe, der sich in Alben wie »Prisonnière de l'armée Rouge!« (Paris 1978) oder »Yeun Ok, l'Infirmière héroïque« (Paris 1984) vor allem über die so oft im Zentrum der maoistischen Propagandacomics stehenden weiblichen Protagonisten lustig machte und sie zugleich zum Objekt seiner fetischistischen Obsessionen werden ließ.

In Italien schufen Milo Manara und Silverio Pisu mit »Lo Scimmiotto« (1979) ihre eigene (erotische) Version der Abenteuer des Affenkönigs Sun Wu-kung (deutsche Ausgabe 1983), während der US-Underground-Zeichner Jay Kinney in *Young Lust* Nr. 5 von 1977 Maos Rotgardisten mal ein wenig Sex als Entspannung im mühsamen Kampf gegen die Bourgeoisie gönnte (»Red Guard Romance«; deutsch in *U-Comix Sonderband* 32, 1982, mit Farbposter des Titelmotives). Und auch Petr Sadeckýs Underground-Fake »Oktobriana« (1971/72) hätte ohne das Vorbild der rotchinesischen Kampfgenossinnen wohl niemals das Licht der Welt erblickt.

Im Zuge der anhaltenden Popularität japanischer Manga und südkoreanischer Manhwa nimmt in den letzten Jahren auch das Interesse an chinesischen Comics in Deutschland wieder zu. So waren etwa anlässlich des Comicsalons in Erlangen 2008 neben aktuellen Manhua aus Taiwan, China und Hongkong auch wieder einige historische Beispiele aus den Jahren von 1949 bis zum Ende der Kulturrevolution zu sehen, so z. B. Arbeiten von Altmeister He Youzhi, dessen politische und autobiografische Comics 1988 schon einmal zu Gast in Erlangen waren.

Rechts das Cover von *U-Comix Sonderband* 32, auf dem Jay Kinneys berühmte Rotgardisten-Persiflage ihren Abdruck fand.

Die Autoren

Harald Kiehn

Jahrgang 1960. Sammler mit den Schwerpunkten internationale Comics um 1900, frühe Kinderzeitschriften und erste Disney-Übernahmen in Deutschland. Lebt in Hamburg.

Dr. Helmut Kronthaler

Jahrgang 1960. Studium der Kunstgeschichte, Byzantinischen Kunstgeschichte und Theaterwissenschaft in München. Danach Mitarbeit in Museen und Auktionshäusern in München, Dresden und Berlin. Derzeit Redakteur des »Lexikons der Illustration im deutschsprachigen Raum seit 1945« (Stiftung Illustration/edition text + kritik), des »Allgemeinen Künstlerlexikons« (DeGruyter) und freier Kunstkritiker. Buch-, Lexikon- und Zeitschriftenbeiträge u. a. über Comics sowie moderne und zeitgenössische Kunst. Lebt in Unterhaching bei München.

Gerd Lettkemann

Jahrgang 1950. Seit Ende der 70er Jahre Buch- und Zeitschriftenbeiträge über Comics. Lebt in Berlin.

Dr. Eckart Sackmann

Jahrgang 1951. Befasst sich seit Anfang der 70er Jahre mit Comics. Studium Kunsterziehung, Anglistik und Germanistik in Hamburg, Aberdeen und Paris. 1982-1985 Lektor für Comics im Carlsen Verlag. Danach Verleger comicplus+ und comic.de. 1987-2001 Herausgeber des Fachmagazins *RRAAH!*. 2000 Promotion über »Die deutschsprachige Comic-Fachpresse«. 1990-2001 Mitglied der Arbeitsstelle für Grafische Literatur (Uni Hamburg). Gründungsmitglied des ICOM und der Gesellschaft für Comicforschung. Max-und-Moritz-Preisträger 1994 und 2000. Lebt in Hildesheim.

Dr. Michael F. Scholz

Jahrgang 1958. Professor für die Geschichte der Neuesten Zeit an der Uppsala University (Campus Gotland/Visby). Forschungsschwerpunkte: Geschichte der deutsch-skandinavischen Beziehungen im 20. Jahrhundert, Tourismusgeschichte, Propaganda und Comics. Seit den 1980er Jahren Publikationen, Ausstellungen und Lehrangebote zum Thema Comics.

Klaus Spillmann

Jahrgang 1951, aufgewachsen in Markranstädt bei Leipzig. Leser und Sammler von Comics seit 1957. Schwerpunkte Disney (Barks und Murry), Kauka (»Fix und Foxi«), Lehning (Wäscher). Beiträge für etliche Comic-Fachzeitschriften, Verfasser des ersten deutschen Barks- und Murry-Index. Lebt seit 1957 in Ostwestfalen.

Klaus Wintrich

Jahrgang 1957. Anerkannter Spezialist für die Comicpublikationen von Rolf Kauka von 1953 bis 1994 sowie für das Merchandising und sonstige Produkte mit Kauka-Bezug von 1953 bis 1980. Im Juni 2007 zusammen mit Ralf Palandt Kurator für die beiden Ausstellungen »Fix und Foxi – zwei Füchse aus München« und »40 Jahre Bussi Bär« im Rahmen des Münchner Comicfestivals. Mitarbeiter bei kaukapedia.com. Lebt in München.

Andreas Teltow

Jahrgang 1958. Studium der Museologie in Leipzig und Studium der Kunstgeschichte in Halle/Saale. Seit 1985 am Märkischen Museum in Berlin (heute Stiftung Stadtmuseum Berlin) tätig. 1988 wissenschaftlicher Mitarbeiter in der Graphischen Sammlung, seit 2004 deren Leiter. Kuratierung von und Mitarbeit an zahlreichen Ausstellungsprojekten mit entsprechenden Veröffentlichungen zur Berlin-Thematik. Lebt in Berlin.

Bildnachweis

Eckart Sackmann 8 (4), 9 (4), 10 (5), 11 (3), 13, 14 (2), 15, 17 (2); Deutsche Nationalbibliothek/Anne-Katrin Müller 12; Wilhelm-Busch-Museum Hannover 15; Landesarchiv Berlin 71; Büro für Stadtgeschichte Markranstädt 105; Klaus Spillmann 105; Rudolf Kauka Erben 105, 106 (2), 107; Der Spiegel 111, 116. Sollten wir einen Bildnachweis übersehen haben, geben Sie uns bitte Bescheid, damit wir das in späteren Auflagen ergänzen.